■ 土地招标拍卖挂牌主持人资格考试辅导教材 ■

U1018976

TUDIZHAOBIAOPAIMAIGUAPAILILUNYUSHIWU

土地招标拍卖挂牌理论与实务

■ 岳晓武　雷爱先 主编

中国财政经济出版社

图书在版编目（CIP）数据

土地招标拍卖挂牌理论与实务／岳晓武，雷爱先主编．—北京：中国财政经济出版社，2008.10

土地招标拍卖挂牌主持人资格考试辅导教材

ISBN 978-7-5095-0992-0

Ⅰ．土…　Ⅱ．①岳…②雷…　Ⅲ．①土地使用权-招标-中国-资格考核-教材②土地使用权-拍卖-中国-资格考核-教材

Ⅳ．F321.1

中国版本图书馆CIP数据核字（2008）第152200号

责任编辑：吕小军　　责任校对：胡永立

封面设计：天女来　　版式设计：兰　波

中国财政经济出版社出版

URL：http：//www.cfeph.cn

E-mail：cfeph@cfeph.cn

社址：北京市海淀区阜成路甲28号　邮政编码：100142

发行处电话：88190406　财经书店电话：64033436

北京财经印刷厂印刷　　各地新华书店经销

787×960毫米　16开　26.25印张　389 000字

2008年10月第1版　2011年5月北京第2次印刷

印数：12 061—15 060　定价：41.00元

ISBN 978-7-5095-0992-0/F·0822

（图书出现印装问题，本社负责调换）

本社质量投诉电话：010-88190744

土地招标拍卖挂牌主持人
资格考试辅导教材

编委会人员名单

《土地招标拍卖挂牌理论与实务》

主　　编： 岳晓武　雷爱先

编写人员： （以姓氏笔画为序）

仁　杰　毛　茵　王卫真　王小雨

王肇翔　邓岳方　冯现学　冯洪山

申　亮　刘光标　刘祥元　纪成旺

吴学伟　沈　飞　肖顺良　陈小宁

陈晓光　陈　辉　岳晓武　易和平

段春华　赵春华　钟松钇　常　明

黄启才　黄　建　黄　强　雷爱先

前言

Preface

国土资源部《关于进一步推行招标拍卖出让国有土地使用权的通知》（国土资发［1999］30号）明确要求，通过考试、评审进行国有土地使用权招标和拍卖中介人员的资质认证工作；《国有土地使用权招标拍卖挂牌出让规范》（国土资发［2006］114号）明确规定，国有土地使用权招标拍卖挂牌出让活动，应当由符合国土资源部确定的土地招标拍卖挂牌主持人条件并取得资格的人员主持进行。参加国土资源部组织的土地招标拍卖挂牌主持人考试，是取得土地招拍挂主持人资格的唯一途径。1999年以来，通过组织培训和考试，国土资源部公布认证了一大批土地招标拍卖挂牌主持人，这对于提高土地招标拍卖挂牌主持人的业务素质与知识技能，规范国有土地出让行为，贯彻落实国有土地使用权招拍挂出让制度，推进土地资源市场化配置，发挥了十分重要的作用。

为配合土地招标拍卖挂牌主持人资格考试工作，更好地为广大考生服务，土地招标拍卖挂牌主持人资格考试辅导教材编委会组织有关专家、教授，按照土地招标拍卖挂牌主持人资格考试的考试范围与内容，编写了土地招标拍卖挂牌主持人资格考试辅导教材。全套教材包括四本：（一）《土地管理制度与政策》，介绍耕地保护、土地用途管制、土地征收与征用、国有建设用地供应、农村集体建设用地管理、土地市场运行与监管、地籍与土地登记、土地执法监察等土地管理制度与政策。

（二）《土地资产管理理论与实务》，着重介绍国有土地有偿使用制度、国有建设用地使用权协议出让、国有土地租赁与作价出资（入股）、集体建设用地流转、国有土地使用合同、国有土地出让收支使用管理等土地资产管理内容。（三）《土地招标拍卖挂牌理论与实务》，着重介绍土地招标拍卖挂牌出让的理论与工作实务，土地招标拍卖挂牌主持人礼仪和主持技巧，以及福建、湖州、重庆、深圳、日照、长沙六省、市在土地招标拍卖挂牌方面的实践与探索。（四）《土地相关经济理论和法律》，介绍财政、税收、金融、会计等土地相关经济理论，以及物权法、公司法、合同法、行政法、城乡规划法、拍卖法、招标投标法等土地相关法律。

由于编写时间仓促，书中难免存在疏漏和不足，恳请读者批评指正。

土地招标拍卖挂牌主持人资格考试辅导教材编委会

2008 年 10 月 10 日

目录

Contents

第一章　绪　论

第一节　招标拍卖挂牌的历史与现状

一、招标的历史与现状

（一）招标的产生和发展

招标是应用技术经济的评价方法和市场经济竞争机制的作用通过有组织地开展择优成交的一种相对成熟、高级和规范化的交易方式。它是招标人在依法进行某项适宜于竞争性活动过程中，事先公布招标条件，邀请投标人投标并从中择优选定中标人，以实现投资综合效益最大化为目标的一种经济行为。招标是商品经济发展的产物，大约开始于18世纪末、19世纪初的西方建筑业，经过近200年的发展，已成为政府、企业、事业单位用来采购原材料、器材、机械设备的主要方式。

在早期的商品经济时期，个别买主为了获得更多的利润，在开展某项购买业务时，有时会有意识地邀请多个卖主与他接触，借以选出供货价格和质量比较理想的成交对象，这可以说是一种早期的招标活动。

比较规范的招标活动首次出现于较大规模的投资项目或大宗物品的

购买活动中。一方面是由于只有较大规模的投资商或买主才愿意采用招标这种比普通交易更为规范而严密的方式；另一方面，是由于只有在那些较大规模的投资项目或大宗货品交易中，才会使招标方感到采用招标方式节省成本和建设费用。

19 世纪上半叶属于自由资本主义的上升时期，机器大规模生产的应用从生产方式上为买方经济创造了供给条件，同时，社会专业化分工协作的发展也达到了前所未有的发达程度。这一时期成为现代成熟而独立的招标方式正式产生和发展的历史起点。

自第二次世界大战以来，招标影响力不断扩大，先是西方发达国家，接着世界银行在货物采购、工程承包中大量推行招标方式，近二三十年来，发展中国家也日益重视和采用设备采购、工程建设招标。招标作为一种成熟而高级的交易方式，其重要性和优越性在国内、国际经济活动中日益被各国和各种国际经济组织广泛认可，进而在相当多的一些国家和国际组织中得到立法推行。

（二）招标活动在我国的产生和发展

我国最早于 1902 年采用招标比价方式确定工程承包人。当时张之洞创办湖北皮革厂，五家营造商参加招标比价。但是，由于当时特殊的封建和半封建社会形态，招标投标并没有就此在我国发展起来。

从 20 世纪 80 年代初开始，我国先后在国家基本建设项目、机械成套设备、进口机电设备、科研课题、出口商品配额、项目融资等领域推行招标投标制度。国务院于 1980 年 10 月在《关于开展和保护社会主义竞赛的暂行规定》中首次提出："对一些适于承包的生产建设项目和经营项目，可以试行招标投标的办法。"1981 年，吉林省吉林市和深圳特区率先试行工程招标投标，并取得良好效果。这个尝试在全国起到了示范作用，并揭开了我国招标投标的新篇章。经过 10 多年的实践，我们不断摸索和积累经验，并借鉴国外的通行做法，相继制定和颁布了一些部门和地方性法规或规章，对指导和规范招标投标工作起到了重要作用：

（1）在国家基本建设项目方面。早在 1984 年，国家计委与建设部就发布了《建设工程招标投标暂行规定》，率先在工程建设领域推行招标投标。此后，又先后发布了《国家计委、建设部建设工程设计招标投标暂行办法》、《建设部工程建设施工招标投标管理办法》、《国家计委关于加强国家重点建设项目及大型建设项目招标投标管理的通知》等。1997 年，国家计委在系统总结实践经验的基础上，顺应社会主义市场经济体制的发展要求，制定并发布了《国家基本建设大中型项目实行招标投标的暂行规定》。这个规定，是我国目前基本建设项目招标中具有基本规范和指导意义的法规性文件。

此外，其他有关部门也颁布了相应项目建设的招标投标规定，如铁道部的《铁道工程勘测设计招标实施办法》、电力部的《电力工程施工招标投标管理规定（暂行）》、广电部的《关于加强广播电影电视工程设计施工招标管理工作的规定》等等。

（2）在机械成套设备采购方面。1995 年，国内贸易部发布了《建设工程设备招标投标管理试行办法》，规定建设工程设备应采用公开招标或邀请招标的方式进行。

（3）在进口机电设备采购方面。1985 年以来，有关部门先后发布了《申请进口机电设备国内招标暂行办法》、《机电设备招标投标指南》和《机电设备招标投标管理办法》。上述文件规定，机电设备的招标采用国内招标和国际招标、公开招标和邀请招标的方式进行，而且以政府投资为主的公益性、政策性项目需采购的机电设备，应委托有资格的招标机械代理进行招标。

（4）在出口商品配额方面。1994 年，外经贸部出台了《出口商品配额招标办法（试行）》和《出口商品配额招标办法实施细则》，明确规定，对实行国家计划配额、主动配额管理的出口商品实行配额招标，并分别不同情况采用公开招标、协议招标、邀请招标或定向招标的方式。

（5）在国际招标方面。我国利用国际金融组织或外国政府贷款项目，贷款方一般都要求进行国际竞争性招标。为此，我国有关部门根据国际组织或外国政府的有关规定，颁布了一系列有关的国内实施办法。如国家计委、财政部、中国人民银行 1994 年《关于颁布世界银行和亚洲开发银行贷款项目国际招标代理机构委托指南的通知》、1991 年财政部《关于世界银行贷款项目招标采购采用标准文本的通知》、1991 年财政部《世界银行贷款项目机电设备招标采购审查办法》等等。

（6）在土地使用权出让方面。1990 年，国务院第 55 号令发布施行后，招标开始成为我国国有土地使用权有偿出让的一种重要形式。

1999 年 8 月，在认真总结我国推行招标投标制度的实践经验，研究借鉴国际上招标投标的通行做法的基础上，第九届全国人民代表大会常务委员会第十一次会议通过《中华人民共和国招标投标法》（以下简称《招标投标法》），使我国的招标投标活动走上了规范化、法制化的道路，有力地推动了招标投标在我国经济生活中的发展。

与此同时，有关省市也相继出台了上述各领域招标投标的地方性法规或政府规章。所有这些规定，构成了我国目前招标投标法律制度的基本框架体系。

二、拍卖的历史与现状

（一）拍卖的起源与发展

拍卖产生于奴隶社会，是个古老的行业，世界各国都存在，发展轨迹大同小异。然而，拍卖出现的具体时间如今已无从考证。

1. 拍卖行为的出现。人类历史上的拍卖行为最早见诸于文字记载，是公元前 500 年左右古希腊著名历史学家希罗多德对古巴比伦（公元前 1894—前 729 年）婚姻市场上的一段描述，即拍卖史上赫赫有名的“新娘拍卖”事件。在公元前末期，拍卖活动又开始较大规模地兴起于古希腊、古埃及和古罗马。有奴隶拍卖、采矿场和诉讼罚没财产、王仓磨粉设备、国有打谷工具、王室土地、公共工程等拍卖。古巴比伦、古希腊、古埃及的拍卖是世界拍卖史上的第一个里程碑。其特点是：拍卖内容单一，拍卖标的匮乏，拍卖以人为主，兼拍其他；拍卖人均为社会贤达之类，或由宫廷选派的人士主持拍卖；拍卖亦未形成规模，表现为零星性、散见式的一种拍卖活动。

2. 拍卖机构的产生。拍卖行产生于古代罗马。罗马共和时期（公元前 510—前 27 年），拍卖得到空前发展，原本分散兼营拍卖的拍卖人便逐渐被专门从事拍卖的拍卖商所取代，后来一些拍卖商又单独或合伙组建机构，开设了拍卖行。古罗马拍卖是世界拍卖史上的第二个里程碑。其特点是：拍卖内容丰富，拍卖标的广泛，举凡动产和不动产，有形财产和无形财产，小到衣布酒茶，大到房屋土地；上至皇位国家，下至隶畜官爵，无一限制，均可拍卖。罗马时期的拍卖为近代拍卖奠定了基础，构造了轮廓，确立了模式，创制了法规，积累了经验，堪称近现代拍卖的源泉和鼻祖，是当今国际通行和最时兴的“增价拍卖”方式的起始和雏形。

3. 拍卖行业的形成。拍卖行业正式恢复和形成是在17—19世纪的近代欧洲。近代欧洲拍卖是世界拍卖史上的第三个里程碑，并因此出现人类历史上拍卖发展过程中的第二个高峰。主要表现为：拍卖机构大量出现；拍卖市场初步形成，以专营某些拍卖标的特色拍卖中心相继出现；拍卖法规逐渐完善。

（二）国际拍卖机构的运营

拍卖行的营运变化主要表现在拍卖方式和操作手段两个方面，它使旧式拍卖行和现代拍卖行截然分开。

1. 拍卖方式。增价拍卖古往今来始终占统治地位。所谓增价拍卖，亦称“英国式拍卖”，它是指在拍卖中，拍卖标的竞价由低至高，依次递增，直到以最高价格成交为止。

与增价拍卖同时出现的，还有减价拍卖，亦称“荷兰式拍卖”，因其发端于荷兰而得名。它是指在拍卖中，拍卖标的竞价由高到低，依次递减，直到以适当价格成交为止。

荷兰不仅发明了减价拍卖，而且又于19世纪70年代创立了投标式拍卖，亦称“封闭出价式拍卖”、“邮递拍卖”。它是指在拍卖中，竞买人将出价载入密封标单寄交拍卖人，再由拍卖人统一开标，比较各方递价，最后确定最高出价者成交。

还有一种投标式拍卖是从日本兴起的，即所谓“日本式拍卖”。它要求可能的竞买人在同一时间当场口头报价，并允许每人再调整一次报价，最后由拍卖人确定最高出价者成交。

2. 操作手段。

拍卖宣传工作逐步完善化。起初，拍卖行在组织正式拍卖前，一般是采取古罗马传令官所常用的那种张贴手抄告示的方法，集中发布信息，以便造成声势。

交易手段逐步现代化。早期举行拍卖会时，由于各方面条件的限制，买主必须亲自到场，参加竞价。随着科学技术的更新和发展，先进的通讯设备也被引入拍卖。从19世纪起，电话开始广泛使用，这使一些不愿或不能到场的买主，可以通过电话方式或以电话指挥代理人参加拍卖。进入20世纪后，电报、传真机、越洋电话、移动式通讯的普及，更使拍卖活动如虎添翼，方便快捷。此外，为了节省时间，提高效率，免去喊叫及清点的劳苦，在拍卖生产资料、农副产品等大宗货物的场合，荷兰还首先发明了“表盘式”竞价法，促进了拍卖交易手段的进一步机械化和电子化。

（三）我国的拍卖业

1. 我国拍卖业的产生。我国古代封建社会时期开始出现的拍卖活动，来源于佛教处理亡僧衣物的方式。近代，随着对外贸易的增加，特别是鸦片战争失败，我国沦为半殖民地半封建社会以后，西方资本主义国家将更加先进的拍卖机制引入中国。我国最早的新式拍卖活动发生在广州，来华外商经常以此销售商品，如印花布的拍卖。

2. 近代我国拍卖业的发展。上海是我国拍卖行的发源地，中英《南京条约》以后，旅沪英侨曾于1872年在上海开设鲁意师摩洋行，主营拍卖业务，欧洲人也曾在上海开设“幸福拍卖行”，并在北京建立了分行。法国人品德曾于19世纪末最先开设一家“品德拍卖洋行”，专门主持王公大臣、高官显宦家藏的珍奇文物、古董字画的拍卖。不久，随着上海商业地位的日益突出，国人仿效“洋人”从事的拍卖活动也逐步兴起，国人创办的拍卖行也应运而生，并渐成规模，其鼎盛时期多达二三十家。北京自光绪庚子年（1900年）后始有国人经营的拍卖行。这些拍卖行拍卖各类物品，又因其以叫价方式营销，故亦称“叫卖行”。进入民国年间，外资北京幸福拍卖行改为由国人接办。不久，中资“公易拍卖行”在西长安街诞生。这两家拍卖行当时专以拍卖法院罚没财产和大户废弃物品为主。

3. 新中国拍卖业的发展。新中国在20世纪50年代曾实行过一段时间的拍卖制度，主要用于司法判决和赈灾救济等方面，均起过一定的积极作用。1958年，拍卖行在国内被全部取缔。改革开放后，拍卖业复苏。1986年11月，新中国第一家拍卖行——国营广州拍卖行，在政策开放的大潮中破土而出。1987年10月，沈阳市拍卖行正式挂牌营业，从而成为新中国第二家、北方第一家国有拍卖机构。1988年5月，在信托贸易公司基础上组建了北京市拍卖行。1988年11月，我国第一部企业破产法开始正式实施，这使更多的企业被迫依法“死去”，纷纷被推上拍卖台。1990年10月，我国第一个运用拍卖方式进行大宗粮食交易的市场在河北省郑州市成立。1991年6月，我国第一家综合性的动产拍卖行在深圳挂牌开业。1992年8月，国务院办公厅发出《关于公物处理实行公开拍卖的通知》，决定改革现行的公物处理办法，逐步建立和完善公物处理的公开拍卖制度。自1986年我国改革开放之后，拍卖企业数量从1986年的1家发展到4055家，国家注册拍卖师已有7221人，拍卖从业人员突破6万人，拍卖业务的触角已经涉及了社会经济生活的各个方面。

三、挂牌的历史和现状

（一）挂牌交易的产生和发展

挂牌交易作为一种商品交易的方式，已有相当长的历史。在欧洲早期，如意大利的威尼斯等。当时商业发达的城市挂牌交易已是常态。在英国，伦敦证券交易所之前的证券交易街，挂牌交易被认为是最流行的交易方式。

我国的挂牌交易起于何时，学界尚无定论。除了香港作为英殖民地较早使用挂牌交易外，我国大陆的挂牌交易，一般都认为起于民国初期，随着大量外国资本的涌入，上海等地开始证券交易。

现代意义的挂牌交易，是指在规范的交易所对商品进行的挂牌交易。参与挂牌交易的商品，往往是品性明了、交易无特殊要求、且大量经常性交易的商品，如黄金、粮食、钢铁等。特点是简单、明了，交易便捷，交易操作成本低。所以一直为市场尤其是期货、期权市场等广泛接受和采用。

（二）土地使用权挂牌在我国的产生与确立

土地使用权挂牌出让的产生，是土地资源市场配置过程中的产物，是土地市场发展的必然。在20世纪，土地出让方式包括协议出让、招标出让和拍卖出让三种。2001年左右，福建、广东等地在国有建设用地使用权出让实践中，开始尝试采用挂牌方式出让国有土地使用权。国土资源部及时对这些地方的挂牌出让活动进行了调研和总结，认为挂牌出让是一种公开配置土地资源的方式，并兼有招标和拍卖的优点，具有较强的操作性和可行性，因此，国土资源部开始将挂牌出让向各地推行。同时，在起草招标拍卖出让政策规定的过程中，对挂牌出让的原则、操作程序和规则等进行了总结和规范，正式将挂牌作为公开出让的一种方式确立下来。2002年5月，国土资源部正式发布实施了《招标拍卖挂牌出让国有土地使用权规定》（国土资源部11号令），明确了国有土地使用权招标、拍卖和挂牌出让的原则、范围和实施程序。通过部门规章的形式，明确挂牌出让成为我国继土地公开招标、拍卖之后，实施土地透明管理、规范土地市场的又一重要制度和重大举措。2002年以来，土地挂牌制度与招标、拍卖制度同时被作为市场配置土地资源的基本制度，在国有土地市场化进程中发挥着越来越重要的作用。

第二节 土地招标拍卖挂牌的概念和分类

一、土地招标拍卖挂牌的概念

土地招标拍卖挂牌，简称土地“招拍挂”，是土地招标、土地拍卖、土地挂牌的统称。从理论上讲，招标拍卖挂牌是一种公开交易的方式，除了国有建设用地使用权可以采取这种交易方式外，其他土地权利的移转也可以采取这种交易方式，因此，土地招标拍卖挂牌实际上是一个相当宽泛的概念。土地招标拍卖挂牌是指以招标、拍卖或挂牌的方式达成国有土地使用权交易。

二、土地招标拍卖挂牌的分类

按照组织主体不同，土地招标拍卖挂牌可以分为两大类，第一类是指政府供地过程中，市、县人民政府土地行政主管部门以招标、拍卖或挂牌方式出让、租赁国有建设用地使用权。第二类是指在土地市场中，以出让或租赁方式取得出让或承租建设用地使用权的土地使用者，依法以招标拍卖挂牌方式转让或转租建设用地使用权。

（一）政府供地中的国有建设用地使用权招标拍卖挂牌

我国城市土地实行国家所有制，政府作为土地所有者，采用行政划拨、出让、租赁和作价出资（入股）等方式，为各类建设提供用地。在这四类供地方式中，划拨属于无偿的行政配置，作价出资（入股）属于向特定对象的一种配置方式，这两类供地方式都无法通过招标、拍卖或者挂牌等市场公开竞争的方式确定土地使用者。而出让和国有土地租赁这两种供地方式，土地使用者一般都不是特定的，因此，可以通过招标、拍卖、挂牌或者协议的方式，由市场选择土地使用者。

1. 招标出让国有建设用地使用权。招标出让国有建设用地使用权是指市、县人民政府国土资源行政主管部门发布招标公告，邀请特定或者不特定的自然人、法人和其他组织参加国有建设用地使用权投标，根据投标结果确定国有建设用地使用权人的行为。

2. 拍卖出让国有建设用地使用权。拍卖出让国有建设用地使用权是指市、县人民政府国土资源行政主管部门发布拍卖公告，由竞买人在指定时间、地点进行公开竞价，根据出价结果确定国有建设用地使用权人的行为。

3. 挂牌出让国有建设用地使用权。挂牌出让国有建设用地使用权是指市、县人民政府国土资源行政主管部门发布挂牌公告，按公告规定的期限将拟出让宗地的交易条件在指定的土地交易场所挂牌公布，接受竞买人的报价申请并更新挂牌价格，根据挂牌期限截止时的出价结果或者现场竞价结果确定国有建设用地使用权人的行为。

4. 协议出让国有建设用地使用权。协议出让国有建设用地使用权，是指市、县国土资源管理部门以协议方式将国有建设用地使用权在一定年限内出让给土地使用者，由土地使用者支付建设用地使用权出让金的行为。

此外，市、县国土资源部门在出让管道通过权等他项土地权利，以及在组织实施集体建设用地流转过程中，根据需要，也可采用招标拍卖挂牌方式配置。

国有土地出让、租赁直接涉及投资者、国家、社会等各方面的利益，从上述四种供地方式的定义可以看出，在政府供地中大力推行国有建设用地使用权招标、拍卖或挂牌出让方式，限制和规范协议出让方式具有重要意义。首先招标拍卖挂牌集中体现了公平、公正、公开的原则，同时招标拍卖挂牌是推行主动供地的重要手段，招标拍卖挂牌可以改变过去单纯随项目供地的方式，形成政府先供地再由市场选择用地者的主动供地机制，有助于实现政府按规划统一转用、统一供地，以供应引导和制约需求，充分发挥市场优化配置资源的机制，同时，招标拍卖挂牌还可以从源头上和制度上防治土地批租中的不正之风和腐败行为，保障依法行政。

（二）土地转让、转租中的招标拍卖挂牌

国有土地使用权转让、转租中的招标、拍卖或挂牌是指出让或承租建设用地使用权人通过招标、拍卖或挂牌方式转让或出租其出让或承租建设用地使用权的行为。根据我国土地管理的法律、法规，在土地使用年限内，出让建设用地使用权人或承租建设用地使用权人取得出让或承租建设用地使用权，并达到约定的开发建设条件后，有权将出让或承租建设用地使用权转让、出租、抵押。出让或承租建设用地

使用权是建设用地使用权人的法定财产，建设用地使用权人在转让、出租出让或承租建设用地使用权时，可以根据自己的需要，采用协议、招标、拍卖或挂牌方式达成交易。具体采用何种方式，应由土地权利人自行决定。

此外，土地他项权利人以及集体建设用地使用权人，根据需要，也可采用招标拍卖挂牌方式转让其拥有的相应土地权利。

本书内容主要集中在政府供地中的招标拍卖挂牌问题。

三、国有建设用地使用权招标拍卖挂牌出让的特点

（一）出让主体的确定性

国有建设用地使用权招标拍卖挂牌出让主体，依法只能是市、县人民政府国土资源行政主管部门，任何其他的部门、组织、团体，均不能成为招标拍卖挂牌出让的法定主体。

（二）受让主体的无限制性

国有建设用地使用权招标拍卖挂牌出让时，我国境内外的自然人、法人和其他组织，均可以依法参加投标和竞买活动。

（三）出让活动的公开性

市、县人民政府国土资源行政主管部门在以招标、拍卖或者挂牌方式出让国有建设用地使用权时，应当公开整个招标拍卖挂牌出让过程。

（四）国有建设用地使用权人确定标准的从价性

在招标拍卖挂牌出让国有建设用地使用权活动中，投标价格或竞买价格的高低通常是确定建设用地使用权人的最重要的标准。拍卖、挂牌出让中，根据价高者得原则确定用地者；招标出让中，投标价格也是定标的重要标准。

第三节 招标拍卖挂牌出让制度的形成与发展

一、深圳的实践探索与法律修改（1987—1994 年）

在改革开放之前，我国长期实行的是计划经济模式，与此相应的土地使用制度也是计划分配、行政划拨的无偿、无限期、无流动的模式，土地不允许出让、转让，当然也谈不上招标、拍卖了。1987 年，作为经济特区的深圳市开创了我国国有土地使用权出让和招标、拍卖的先河。1987 年 9 月，深圳市规划国土局以协议方式第一次向企业出让了国有土地使用权。同年 11 月 25 日，深圳市规划国土局又以公开招标形式出让了一宗国有土地使用权，9 家房地产开发公司参加竞投。首宗国有土地使用权拍卖出让，则由深圳市规划国土局于同年 12 月 1 日举行，时任深圳市规划国土局副局长的刘佳胜主槌拍卖，包括 9 家境外企业在内，共有 44 家房地产开发公司参加竞价，最终被深圳市房地产开发公司以 525 万元取得了该宗地 50 年的使用权。1987 年 10 月，深圳市政府修改了 1982 年实施的《深圳特区土地管理暂行规定》，将原规定中“土地使用权不能转让”条款改为“土地使用权可以有偿出让、转让、抵押”，同时该文件更名为《深圳经济特区土地管理条例》，报请广东省人民政府审定。1987 年 12 月，广东省人大常委会通过了这个条例，并于 1988 年 1 月 3 日起施行。深圳市土地使用权有偿出让的成功尝试，直接促进了我国土地使用制度的改革。1988 年，我国《中华人民共和国宪法》（以下简称《宪法》）作出修改，将原来的“任何组织或个人不得侵占、买卖、出租或者以其他形式转让土地”，修改为“任何组织或个人不得侵占、买卖或者以其他形式转让土地，土地使用权可以依照法律的规定转让”。1988 年 12 月，依照《宪法》修正案，《中华人民共和国土地管理法》(以下简称《土地管理法》)也做了相应修正,规定"国家依法实行国有土地有偿使用制度"。自此,原来无偿、无限期、无流动的土地使用制度被有偿、有限期、有流动的新型土地使用制度替代,国有土地使用权与所有权相分离,可以作为商品在土地市场中交易。

二、法律法规明确土地招标拍卖出让方式

1990 年 5 月 19 日,国务院发布实施《城镇国有土地使用权出让和转让暂行条例》(国务院令 55 号),条例规定:土地使用权出让可以采取协议、招标、拍卖方式。出让土地使用权的具体程序,由省、区、市人民政府规定,从而从行政法规层面确立了招标、拍卖方式出让国有土地使用权的法律依据。自此,各地依据国务院令 55 号令的规定,加大了土地使用制度改革步伐,在实践中探索运用各种土地出让方式。这一期间的出让实践中,大部分采用的还是协议出让方式,只有少数地方的少数宗地探索了招标拍卖方式。

1994 年 7 月 5 日全国人大常委会通过、第 29 号主席令公布《中华人民共和国城市房地产管理法》(以下简称《城市房地产管理法》),1995 年 1 月 1 日起施行。该法明确规定:土地使用权出让,可以采取拍卖、招标或者双方协议的方式;商业、旅游、娱乐和豪华住宅用地,有条件的,必须采取拍卖、招标方式;没有条件,不能采取拍卖、招标方式的,可以采取双方协议的方式。我国《城市房地产管理法》从法律层面确立了国有土地使用权招标拍卖出让方式,这是有关国有土地使用权招标拍卖出让的最早的法律。

尽管国务院 55 号令和《城市房地产管理法》都明确了国有土地使用权招标拍卖出让方式,但由于《城市房地产管理法》规定:"有条件的,必须采用拍卖、招标方式;没有条件,不能采取拍卖、招标方式的,可以采取双方协议的方式。"很多地方都以不具备条件为由而不采用招标拍卖方式,因此,招标拍卖出让仍停留在提倡和探索上,并未成为土地出让的主要形式,更未形成招标拍卖出让制度。

三、国有建设用地使用权招标拍卖挂牌出让制度的形成与发展

（一）招标拍卖挂牌出让制度的确立和完善

1998 年颁布的新《中华人民共和国土地管理法实施条例》（以下简称《土地管理法实施条例》）第二十二条明确要求："通过招标、拍卖方式提供国有建设用地使用权的，由市、县人民政府土地行政主管部门会同有关部门拟订方案，报市、县人民政府批准后，由市、县人民政府土地行政主管部门组织实施，并与土地使用者签订土地有偿使用合同。"

1998 年，国土资源部成立后就将招标拍卖作为公开配置土地资源和发挥市场配置土地资源的主要方式，大力推进。1999 年 1 月 27 日，国土资源部下发了《关于进一步推行招标拍卖出让国有土地使用权的通知》（国土资发［1999］30 号），明确要求：商业、旅游、娱乐和豪华住宅等经营性用地，有条件的，都必须招标、拍卖出让国有土地使用权。

1999 年 5 月 10 日，《国务院办公厅关于加强土地转让管理严禁炒卖土地的通知》（国办发［1999］39 号）提出，商业、旅游、娱乐和豪华住宅等经营性用地，原则上必须以招标、拍卖方式提供。这是国土资源部成立以来，国务院首次对招标拍卖出让土地使用权提出新的和更为严格的要求。

1999 年 7 月，国土资源部下发《规范国有土地租赁若干意见》（国土资发［1999］222 号），明确：国有土地租赁，可以采用招标、拍卖或者双方协议方式，有条件的，必须采取招标、拍卖方式。

2001 年 4 月，国务院发出《关于加强国有土地资产管理的通知》（国发［2001］15 号），明确要大力推行招标拍卖制度。"为体现市场经济原则，确保土地使用权交易的公开、公平和公正，各地要大力推行土地使用权招标、拍卖。国有建设用地供应，除涉及国家安全和保密要求外，都必须向社会公开。商业性房地产开发用地和其他土地供应计划

公布后同一地块有两个以上意向用地者的，都必须由市、县人民政府土地行政主管部门依法以招标、拍卖方式提供，国有土地使用权招标、拍卖必须公开进行。要严格限制协议用地范围。确实不能采用招标、拍卖方式的，方可采用协议方式。采用协议方式供地的，必须做到在地价评估基础上，集体审核确定协议价格，协议结果向社会公开。”国务院15号文件在国家层面的政策上，第一次明确具体地提出了国有土地使用权招标拍卖的范围和界限，第一次对商业性房地产等经营性土地协议出让亮出红灯，成为经营性土地由非市场配置的协议方式向市场配置的招标拍卖挂牌方式转变的制度分水岭，也成为国有建设用地使用权招标拍卖出让的纲领性文件。

按照国务院15号文件要求，2001年6月国土资源部下发了《关于整顿和规范土地市场秩序的通知》（国土资发［2001］174号），要求建立健全建设用地总量控制、城市建设用地集中统一供应、土地使用权公开交易等土地市场规范运行的六项制度。明确：建立健全土地使用权公开交易制度；计划出让的土地必须在指定场所或通过有关媒体向社会公布；按规定应招标拍卖的，必须公开招标拍卖；协议出让的，必须公布协议结果。

2002年中纪委第七次会议明确要求：经营性土地使用权出让必须公开招标拍卖，不允许领导个人说了算。2002年2月，国务院第四次廉政工作会议明确规定：各地区、各部门都要实行经营性土地出让招标拍卖、建设工程项目公开招标投标、政府采购、产权交易进入市场等制度。

2002年5月9日，国土资源部发布《招标拍卖挂牌出让国有土地使用权规定》（国土资源部令11号），2002年7月1日起施行。国土资源部11号令明确规定：“商业、旅游、娱乐和商品住宅等各类经营性用地，必须以招标、拍卖或者挂牌方式出让。前款规定以外用途的土地的供地计划公布后，同一宗地有两个以上意向用地者的，也应当采用招标、拍卖或者挂牌方式出让。”“以招标拍卖挂牌方式租赁国有土地使用权的，参照本规定执行。”这也标志着国有土地招标拍卖挂牌出让制度的初步形成。经营性土地实行招标拍卖挂牌出让制度，终结了协议供地方式，土地供应进入了一个公开交易的新时代，这一制度改革被称为是一场“土地革命”。

2002年8月，国土资源部、监察部联合下发了《关于严格实行经营性土地使用权招标拍卖挂牌出让的通知》，明确要求进一步规范领导干部从政行为，严禁干预招标拍卖挂牌出让，将其作为国土资源管理的重要制度和政治纪律。

2003年2月，中央纪委二次全会明确提出：认真落实经营性土地使用权招标拍卖挂牌出让制度，严禁以其他方式出让经营性土地使用权；规范和限制协议出让行为。在全会的报告中，从领导干部自律、查处案件、源头治理到行政执法监察等各方面，先后五次提到经营性土地使用权和土地市场问题。3月27日在国务院廉政工作会议上，温家宝总理对经营性土地使用权招标拍卖挂牌工作提出了明确要求。

2003年6月国土资源部颁布了《协议出让国有土地所有权规定》(国土资源部令第21号)，要求协议出让也必须公开和引入市场竞争机制。

2004年年初，中纪委监察部下发了3号文件，就领导干部利用职权违反规定干预和插手经营性土地使用权出让行为明确了处理规定，加大了对违法违纪行为的查处和惩治力度。

2004年3月，国土资源部、监察部联合下发了《关于继续开展经营性土地使用权招标拍卖挂牌出让情况执法监察工作的通知》(国土资发［2004］71号)，明确要求严格和规范执行经营性土地使用权招标拍卖挂牌出让制度，明确了历史遗留问题的界定和处理时限，要求加大公开力度。文件明确：“各地要严格和规范执行经营性土地使用权招标拍卖挂牌出让制度。2002年7月1日《招标拍卖挂牌出让国有土地使用权规定》(国土资源部令第11号）实施后，除原划拨土地使用权人不改变原土地用途申请补办出让手续和按国家有关政策规定属于历史遗留问题之外，商业、旅游、娱乐和商品住宅等经营性用地必须采用招标拍卖挂牌方式供应，其他土地的供地计划公布后，同一宗地有两个或两个以上意向用地者的，也要采用招标拍卖挂牌方式供应。各地要严格按国家政策规定界定《招标拍卖挂牌出让国有土地使用权规定》实施前的历史遗留问题，不得擅自扩大范围，不得弄虚作假、变相搭车，并要加快工作进度，于2004年8月31日前将历史遗留问题处理完毕。对8月31日后以历史遗留问题为由采用协议方式出让经营性土地使用权的，要从严查处。”被各界称为“8·31大限”。

2006年6月，国土资源部颁布了《招标拍卖挂牌出让国有土地使用权规范》和《协议出让国有土地所有权规范》，进一步明确了招标拍卖挂牌出让的具体范围、程序和操作规范。

2006年8月国务院下发《关于加强土地调控有关问题的通知》（国发［2006］31号），明确要求工业用地也必须招标拍卖挂牌出让。

2007年1月，国土资源部、财政部、解放军总后勤部联合下发《关于加强军队空余土地转让管理有关问题的通知》（国土资发［2007］29号），将军队空余土地转让纳入招标拍卖挂牌出让范围。

2007年3月颁布的《中华人民共和国物权法》（以下简称《物权法》），充分肯定了上述的国有土地出让探索和实践，并上升为法律规定。《物权法》规定：建设用地使用权可以在土地的地表、地上或者地下分别设立。新设立的建设用地使用权，不得损害已设立的物权。设立建设用地使用权，可以采取出让或者划拨等方式。工业、商业、旅游、娱乐和商品住宅等经营性用地以及同一土地有两个以上意向用地者的，应当采取招标、拍卖等公开竞价的方式出让。严格限制以划拨方式设立建设用地使用权。采取划拨方式的，应当遵守法律、行政法规关于土地用途的规定。从法律层面确立了土地招标拍卖挂牌出让制度。

2007年4月，国土资源部、监察部联合下发了《关于落实工业用地招标拍卖挂牌出让制度有关问题的通知》（国土资发［2007］78号），明确了工业用地招标拍卖挂牌出让的具体问题。

依照《物权法》，国土资源部对2002年发布实施的《招标拍卖挂牌出让国有土地使用权规定》（国土资源部11号令）进行了修订，2007年9月28日，发布《招标拍卖挂牌出让国有建设用地使用权规定》（国土资源部第39号令），11月1日实施。国土资源部39号令进一步规范和完善了招标拍卖挂牌出让制度，明确规定：“工业、商业、旅游、娱乐和商品住宅等经营性用地以及同一宗地有两个以上意向用地者的，应当以招标、拍卖或者挂牌方式出让。前款规定的工业用地包括仓储用地，但不包括采矿用地。”

（二）招标拍卖挂牌出让的制度效应

在国有土地出让的四种方式（协议、招标、拍卖、挂牌）中，招标拍卖挂牌出让方式最大限度地体现了公开、公平、公正的市场法则，最大限度地显化了国有土地资产应有的市场价值，最能体现价值规律、供求规律和竞争规律，最能发挥政府宏观调控下市场配置资源的基础性作用，也最能体现资源配置的市场经济方向。招标拍卖挂牌出让制度的确立和完善，为充分发挥市场配置土地资源的基础性作用奠定了基础，由此带来了明显的制度效应。

一是在国有土地出让中，招标拍卖挂牌出让面积不断扩大，所占比例明显提高。从表 1－1 可以看出，1999—2007 年，招标拍卖挂牌出让国有土地的面积，占同期全部出让土地的比例分别为 2.38%、5.71%、7.27%、14.57%、27.94%、29.15%、34.55%、28.54%、50.93%，总体上呈逐年快速增长态势。

表 1－1　1999—2007 年全国招标拍卖挂牌出让情况　单位：公顷

年份	出让总面积	招拍挂出让面积	招拍挂出让所占比例（%）
1999	45391	1082	2.38
2000	48633	2778	5.71
2001	90394	6609	7.27
2002	124230	18100	14.57
2003	193604	54100	27.94
2004	178700	52097	29.15
2005	165586	57212	34.55
2006	233018	66500	28.54
2007	226456	115338	50.93

二是招拍挂出让价款增长较快，占出让总价款的比例逐年上升。从表 1－1 和表 1－2 可以看出，2001—2007 年，招拍挂出让面积占出让

总面积的比例均大大低于招拍挂出让价款占出让总价款比例。特别是2006年国务院31号文件明确要求工业用地必须招标拍卖挂牌出让、2007年出台的《物权法》将工业用地招标拍卖出让作为法定配置方式以来，在招拍挂出让的面积明显扩大的同时，招标拍卖挂牌出让的价款也显著增长。招拍挂出让的价款占出让总价款的比例，从2006年的67.99%，提高到2007年的79.94%。

表1-2 2001—2007年全国招拍挂出让价款占出让总价款比例 单位：亿元

年份	出让总价款	招拍挂出让价款	招拍挂价款占出让总价款比例（%）
2001	1296	492	37.96
2002	2416	969	40.11
2003	5421	3072	54.67
2004	5894	3254	55.21
2005	5884	3920	66.62
2006	8078	5492	67.99
2007	11948	9551	79.94

三是招拍挂的市场交易价格稳中有升，相对合理。根据1999年以来的《国土资源年鉴》、《国土资源公报》和相关统计中的招拍挂出让面积和招拍挂出让价款资料，可以计算出6年来的招拍挂出让价格，如表1-3所示。

表1-3 1999—2007年全国招拍挂出让单价一览表 单位：元/平方米

年份	招拍挂单位面积地价	比上年增长（%）
2001	744.4	—
2002	535.4	-28.1
2003	566.1	5.7
2004	624.6	10.3
2005	685.2	9.7
2006	825.9	20.5
2007	828.1	0.2

从2005年、2006年和2007年3年情况来看，全国招拍挂交易的单位面积地价分别为685.2、825.9和828.1元/平方米，环比增长速度分别为20.5%、0.2%。但从实际运行情况看，作为反映土地招拍挂市场变化的重要指示器，招拍挂成交价呈稳中有升走势，并未出现畸高和大幅上扬的情况。

第四节 推行国有土地招标拍卖挂牌的意义

一、有利于建立和完善社会主义市场经济体制

建立和完善社会主义市场经济体制，就是要从制度上发挥市场配置资源的基础性作用，通过供求、价格和竞争之间的相互作用，推动资源的合理流动和优化配置。市场经济是以市场机制为基础的配置资源的经济体制，通过市场实现资源的有效配置是市场经济的共同特征。实行经营性土地招标、拍卖、挂牌制度，有利于促进土地市场信息公开，提高市场运行效率，提高土地交易行为的市场化程度，规范市场秩序，形成公开、公平、公正的市场交易环境；有利于土地资源在不同使用者之间的转移，促进土地资源的合理利用，发挥土地要素在推动经济发展方面的重要作用；同时，招标拍卖挂牌也因其公平、公开、竞争等特点，能使土地实现最大的使用价值和价值，因而成为土地市场建设中不可缺少的组成部分。

二、有利于实现政府对土地市场的管理和宏观调控

建立健全国有土地使用权招标拍卖挂牌制度，确立健康有序的土地供应渠道，可以有效地遏制土地隐形市场存在，有利于实现政府按规划统一开发、统一供地，以供应引导需求，实现土地优化配置。加强政府对土地市场的引导和宏观调控能力，有利于土地市场的健康发展和实现土地资源的合理利用。

三、有利于实现国有土地资产的价值

土地使用制度改革的核心内容就是要充分肯定土地所有权、使用权的价值和保护国家土地权益。实行经营性土地招标拍卖挂牌制度，通过市场机制形成土地价格，可以最大限度地发挥土地资源的经济效益、社会效益和环境效益，促进可持续发展；有利于国有土地资产价值的科学量化，使政府能够通过市场价格和价值规律显化土地资产价值，有效遏制国有土地资产流失，有利于最大化地实现国有土地资产的价值。

四、有利于廉政建设，从源头上防治腐败

建立完善的制度体系，是加强党风廉政建设，从源头上防治腐败的基础和保障。经营性土地出让制度建设，是建立健全惩治和预防腐败体系的重要内容。经营性土地招标拍卖挂牌制度的确立，把土地资源的供给由行政审批转为市场确定，提高了土地资源配置的透明度，有利于减少权力滥用和以权谋私、权钱交易等行为的发生，有利于行政权力退出市场，有利于从源头上防治腐败。

第二章 土地招标拍卖挂牌出让概述

第一节 法律政策依据和适用标准

一、法律政策依据

通过土地招标拍卖挂牌活动，土地权利发生的出让和转让等移转行为，是土地产权设定和完善的基本方式，体现了土地资源市场化配置的基本特征。国家法律法规政策、部门规章以及规范性文件对土地招标拍卖挂牌进行了明确规定，成为从事土地招标拍卖挂牌工作的法律政策依据。

（一）法律和行政法规

1. 《中华人民共和国物权法》
2. 《中华人民共和国土地管理法》
3. 《中华人民共和国城市房地产管理法》
4. 《中华人民共和国城乡规划法》（以下简称《城乡规划法》）
5. 《中华人民共和国行政许可法》（以下简称《行政许可法》）
6. 《中华人民共和国合同法》（以下简称《合同法》）
7. 《中华人民共和国城镇国有土地使用权出让和转让暂行条例》

（以下简称《城镇国有土地使用权出让和转让暂行条例》）

8.《中华人民共和国土地管理法实施条例》

（二）国务院和中央纪委文件

1.《国务院办公厅关于加强土地转让管理严禁炒卖土地的通知》（国办发［1999］39号）

2.《国务院关于加强国有土地资产管理的通知》（国发［2001］15号）

3.《国务院关于深化改革严格土地管理的决定》（国发［2004］28号）

4.《国务院关于加强土地调控有关问题的通知》（国发［2006］31号）

5.《国务院关于促进节约集约用地的通知》（国发［2008］3号）

6.《中共中央纪委 监察部关于领导干部利用职权违反规定干预和插手建设工程招投标、经营性土地使用权出让、房地产开发与经营等市场经济活动，为个人和亲友谋取私利的处理规定》（中纪发［2004］3号）

（三）部门规章和规范性文件

1.《招标拍卖挂牌出让国有建设用地使用权规定》（国土资源部令第39号）

2.《招标拍卖挂牌出让国有土地使用权规范》（国土资发［2006］114号）

3.《国土资源部 监察部关于继续开展经营性土地使用权招标拍卖挂牌出让情况执法监察工作的通知》（国土资发［2004］71号）

4.《国土资源部 监察部关于严格实行经营性土地使用权招标拍卖挂牌出让的通知》（国土资发［2002］265号）

5.《国土资源部 监察部关于落实工业用地招标拍卖挂牌出让制度有关问题的通知》（国土资发［2007］78号）

6.《国土资源部 财政部 解放军总后勤部关于加强军队空余土地转让管理有关问题的通知》（国土资发［2007］29号）

7.《国土资源部关于进一步推行招标拍卖出让国有土地使用权的

通知》（国土资发［1999］30号）

8.《违反土地管理规定行为处分办法》（监察部、人力资源和社会保障部、国土资源部令15号）

（四）地方出台的规范性文件

除了上述已有法律政策以外，随着土地资源配置市场化程度的不断提高，招标拍卖挂牌的范围不断扩大，将来出台的涉及土地招标拍卖挂牌的国家法律法规政策及地方性法规政策，也成为土地招标拍卖挂牌的法律政策依据。

二、需要遵循的标准和文件

土地招标拍卖挂牌是一项程序性、技术性较强的工作，在操作中需要遵循大量的技术标准和规范。目前，已经公布、并在国有建设用地使用权招标拍卖挂牌出让中适用的标准和规范主要有：

（1）《城镇土地估价规程》（GB/T18508—2001）

（2）《土地利用现状分类》（GB/T21010—2007）

（3）《国有建设用地使用权出让合同》示范文本（国土资发［2008］86号）

（4）《全国工业用地出让最低价标准》（国土资发［2006］307号）

（5）《工业建设项目用地控制指标》（国土资发［2008］24号）

由于所有标准和文件都会被修订，也会增加新的标准，因此，在土地招标拍卖挂牌工作中，应当应用届时有效的标准和文件。

第二节 原则与范围

一、基本原则

土地招标拍卖挂牌，必须坚持公开、公平、公正和诚实信用原则，简称“三公一诚”原则。在招标拍卖挂牌出让国有建设用地使用权的相关政策中，对该原则进行了明确规定。《招标拍卖挂牌出让国有土地使用权规定》提出：招标拍卖挂牌出让国有土地使用权应当遵循公开、公平、公正和诚实信用的原则。《招标拍卖挂牌出让国有建设用地使用权规定》对这一原则再次做了重申：招标拍卖挂牌出让国有建设用地使用权，应当遵循公开、公平、公正和诚实信用的原则。

（一）公开原则

公开原则是指国有建设用地使用权招标拍卖挂牌活动应当公开进行，整个过程要公开、透明。在公开、公平、公正三个原则中，公开原则是首要的、第一位的，如果没有充分的公开，就谈不上公平，也实现不了公正。就国有建设用地使用权招标拍卖挂牌出让活动来说，体现公开原则，就是要实行公开出让计划、公开宗地信息、公开出让程序、公开集体决策、公开竞价、公开出让结果等“六公开”。

（二）公平原则

公平原则是指在招标拍卖挂牌出让活动中，各方当事人之间的法律关系平等，即出让方与受让方、委托方与受托方、竞买（投）人与招标拍卖挂牌主持人等招标拍卖挂牌活动中的各方当事人，在招标拍卖挂牌出让活动中民事权利义务平等，民事法律关系平等，保证招标拍卖挂牌活动自始至终公平进行。就国有建设用地使用权招标拍卖挂牌出让活动来说，坚持公平原则，就是要制定平等的竞买、竞投规则，公平对待所有参加土地招标拍卖挂牌出让活动的竞买人。

（三）公正原则

公正原则是指在招标拍卖挂牌活动中，各方当事人应当依据公正、正义的观念，行为公正，保证招标拍卖挂牌活动自始至终公正进行。在国有建设用地使用权招标拍卖挂牌出让活动中，坚持公正原则，就要求作为出让方的国土资源管理部门，公正对待所有竞买人，不得袒护一方，损害他方；不得滥用行政权力，损害国家利益和当事人利益。在招标拍卖挂牌活动中，当事人提供虚假文件、隐瞒事实、行贿、恶意串通等行为，都属于影响公正原则的违法违规行为。

（四）诚实信用原则

诚实信用原则是民事法律的基本原则。运用于土地招标拍卖挂牌活动中，该原则是指参与招标拍卖挂牌活动的所有当事人，在整个招标拍卖挂牌活动中，都要诚实，讲信用，以诚实、善意的方式行使权利，以自觉、守信的方式履行义务。

二、招标拍卖挂牌出让范围

建设用地使用权有不同的类型和不同的交易情形。政府供应国有建设用地、原划拨土地使用权改变用途、原划拨使用权转让、出让土地使用权改变用途等，均有可能涉及土地招标拍卖挂牌问题，因此，国有建设用地的使用和管理十分复杂。各地在开展国有建设用地使用权出让活动中，要依据相应的法律政策来确定土地出让是采取协议方式还是采取招标拍卖挂牌方式。

就国有建设用地使用权出让来说，以下几种情形的土地必须实行招标拍卖挂牌方式：

1. 政府供应的工业、商业、旅游、娱乐和商品住宅等各类经营性用地，必须采取招标拍卖挂牌方式。

2007 年发布实施的《物权法》明确规定："工业、商业、旅游、娱乐和商品住宅等经营性用地以及同一土地有两个以上意向用地者的，应当采取招标拍卖挂牌等公开竞价的方式出让。"为落实《物权法》，2007 年，国土资源部对 2002 年发布实施的《招标拍卖挂牌出让国有土地使用权规定》（国土资源部 11 号令）进行了修订完善，发布实施《招标拍卖挂牌出让国有建设用地使用权规定》（国土资源部 39 号令）。国土资源部 39 号令第四条对招标拍卖挂牌出让的范围进行了明确规定："工业、商业、旅游、娱乐和商品住宅等经营性用地以及同一宗地有两个以上意向用地者的，应当以招标、拍卖或者挂牌方式出让。前款规定的工业用地包括仓储用地，但不包括采矿用地。"

依据上述法律法规规定，对于政府供应的国有建设用地，属于工业（仓储）、商业、旅游、娱乐和商品住宅用地的，必须实行招标拍卖挂牌方式供应。考虑到采矿用地的取得和使用要以取得探矿权或采矿权为前提条件，因此，工业用地包括仓储用地，而不包括采矿用地。

对于什么是政府供应的建设用地，在实际出让活动中，可以把握以下两个原则。

第一，农用地征收转用后形成的国有建设用地，必须实行招标拍卖挂牌供应。这是因为，通过办理农用地转用和土地征收审批手续，将集体农用地转为国有建设用地，这类国有建设用地的供应属于政府供应。由于政府在供应这类建设用地之前，土地上只有土地的所有权人——国家，还没有产生新的土地使用权人，土地经济法律关系简单、清晰，政府以招标拍卖挂牌方式出让和租赁，没有法律制度和产权经济关系上的障碍。因此，凡是农转用后的国有建设用地用于工业、商业、旅游、娱乐和商品住宅等项目的，必须采取招标拍卖挂牌方式供应。

第二，政府收购、收回的国有建设用地，必须实行招标拍卖挂牌供应。这是因为，收购、收回国有建设用地使用权后，该建设用地只有国家所有权，建设用地使用权已经灭失。政府再以工业、商业、旅游、娱乐和商品住宅用途供应时，也不存在法律制度和产权关系上的障碍，因此同样必须采取招标拍卖挂牌方式。

2. 政府供应不属于上述五类用途的国有建设用地时存在竞争情形的，必须采取招标拍卖挂牌方式。

同一宗地有两个以上意向用地者，就产生了竞争。因此，属于政府供应的建设用地，尽管不是工业、商业、旅游、娱乐和商品住宅用途，但如果出现两个以上意向用地者的竞争时，不能以协议方式确定土地使用权人，而必须采取招标拍卖挂牌方式。

3. 原划拨土地使用权改变用途有明确规定应当收回土地使用权的，必须采取招标拍卖挂牌方式供应。

我国《土地管理法》规定，划拨土地使用权人确需改变土地使用权划拨批准文件规定的土地建设用途的，应当经市、县人民政府土地行政主管部门同意，报原批准用地的人民政府批准，在城市规划区内的，在报批前，应当经城市规划行政主管部门同意。经批准改变土地用途的，应当依法重新办理用地手续。《国务院关于深化改革严格土地管理的决定》（国发［2004］28 号）第十六条规定，今后供地时要将土地用途、容积率等使用条件的约定写入土地使用合同，土地使用权人不按照约定条件使用土地的，要承担相应的违约责任。

建设用地使用权人以划拨方式取得建设用地使用权后，应当按照《划拨决定书》规定的土地用途开发利用，不得擅自改变土地用途。经批准改变划拨土地用途，改变后的土地用途符合《划拨用地目录》的，经批准，可以继续以划拨方式使用，办理相应的划拨用地手续，换发新的《国有土地划拨决定书》。改变后的土地用途不再符合《划拨用地目录》的，应当依法办理有偿用地手续。地方法规或行政规定明确划拨土地改变用途应当收回土地使用权的，或者《国有土地划拨决定书》明确改变用途应当收回土地使用权的，应当由市、县人民政府收回划拨土地使用权，依法有偿供应，属于工业、商业、旅游、娱乐、商品住宅等经营性用地的，应当依法以招标拍卖挂牌方式供应。

综合分析，对于原划拨土地改变用途是否实行招标拍卖挂牌出让，要把握以下两个原则：

第一，《国有土地划拨决定书》或法律、法规、行政规定等明确应当收回土地使用权的，可以实行招标拍卖挂牌出让；

第二，《国有土地划拨决定书》或法律、法规、行政规定等没有明确收回土地使用权的，原划拨土地使用权不实行招标拍卖挂牌出让。

4. 划拨土地使用权转让有明确规定应当收回土地使用权后公开出让的，必须采取招标拍卖挂牌方式供应。

我国《城市房地产管理法》规定，划拨土地使用权转让，应当报有批准权的人民政府批准。有批准权的人民政府准予转让的，应当由受让方与市、县人民政府土地行政主管部门办理土地使用手续。转让后土地用途符合《划拨用地目录》的，办理相应的划拨用地手续，颁发新的《国有土地划拨决定书》。转让后土地用途不符合《划拨用地目录》的，应当由受让方办理出让等土地有偿使用手续。地方法规、行政规定明确划拨土地转让应当收回土地使用权的，或者《国有土地划拨决定书》明确划拨土地转让应当收回土地使用权的，应当由市、县人民政府对划拨土地使用权人给予相应补偿后，收回原划拨土地使用权人——转让人的划拨土地使用权，依法有偿供应，属于工业、商业、旅游、娱乐、商品住宅等经营性用地的，应当依法以招标拍卖挂牌方式供应。

原划拨土地使用权转让是否实行招标拍卖挂牌方式，也要视具体情况而定。在实际操作中，至少要把握两点：

第一，原划拨土地使用权转让，《国有土地划拨决定书》、法律、法规和行政规定等明确应当收回土地使用权的，履行土地使用权收回手续后，市、县人民政府可以实行招标拍卖挂牌方式出让。

第二，原划拨土地使用权转让，《国有土地划拨决定书》、法律、法规和行政规定等没有明确收回土地使用权的，原划拨土地使用权不实行招标拍卖挂牌方式出让。

5. 出让土地使用权改变用途，明确应当收回土地使用权后公开出让的，必须采取招标拍卖挂牌方式供应。

我国《城市房地产管理法》规定，土地使用者需要改变土地使用权出让合同约定的土地用途的，必须取得出让方市、县人民政府城市规划行政主管部门的同意，签订土地使用权出让合同变更协议或者重新签订土地使用权出让合同，相应调整土地使用权出让金。《国务院关于深化改革严格土地管理的决定》（国发［2004］28 号）第十六条规定，供地时要将土地用途、容积率等使用条件的约定写入土地使用合同，土地使用权人不按照约定条件使用土地的，要承担相应的违约责任。因此，在 2008 年国土资源部和国家工商行政管理总局联合发布实施的《国有建设用地使用权出让合同》示范文本中，明确规定：受让人应当按照出让合同约定的土地用途、容积率利用土地，不得擅自改变。在出让期限内，需要改变出让合同约定的土地用途的，既可以约定由出让人有偿收回建设用地使用权，也可以约定由受让方依法办理改变土地用途批准手续，签订国有建设用地使用权出让合同变更协议或者重新签订国有建设用地使用权出让合同，补缴国有建设用地使用权出让价款，办理土地变更登记。

在实际操作中，对于出让土地使用权改变用途的情形，应依据法律法规规定和出让合同的具体约定来处理。如果在国有建设用地使用权出让合同中，双方当事人约定改变土地用途应当收回土地使用权，或者地方法规和行政规定明确规定改变土地用途应当收回土地使用权的，那么，一旦在出让年限内土地使用者改变了土地用途，就应当按照合同约定和政策规定，收回土地使用权，并以招标拍卖挂牌方式供应。也就是说，出让土地使用权改变用途是否实行招标拍卖挂牌供应，也分为两种情况：

第一，国有建设用地使用权出让合同约定和法律、法规、行政规定等明确应当收回土地使用权的，履行土地使用权收回手续后，实行招标拍卖挂牌方式出让；

第二，国有建设用地使用权出让合同约定和法律、法规、行政规定等未明确收回土地使用权的，不实行招标拍卖挂牌方式出让。

上述五种情形已经对招标拍卖挂牌出让的范围进行了细化，但实际出让工作非常复杂，很多情形难以明确判定是否属于上述五种情形，为此，在 2006 年国土资源部发布实施的《招标拍卖挂牌出让国有土地使用权规范》中，在细化基础上建立了国有土地出让的集体认定机制。这一集体认定机制的基本原理是，对国有建设用地出让过程中遇到的复杂问题，通过公开程序，集体决策，形成解决方案并付诸实施。就具体宗地出让而言，一般情况下，根据确定的规划条件和土地使用条件，可以明确界定是否属于招标拍卖挂牌出让的范围。但在特殊情况下，对具体出让宗地不能确定是否符合协议或招标拍卖挂牌方式的，就由国有土地使用权出让协调决策机构集体认定出让的具体方式。因此，对不能确定是否符合上述招标拍卖挂牌出让范围五种情形的出让宗地，经国有土地使用权出让协调决策机构集体认定应当采取招标拍卖挂牌方式的，必须采取招标拍卖挂牌方式出让。

三、关于招标拍卖挂牌出让历史遗留问题的认定与处理

在 2003—2004 年土地市场秩序治理整顿期间，为防止一些地方以历史遗留问题的名义大量违规协议出让经营性用地，国土资源部 2003

年下发了国土资发［2003］365号文件明确历史遗留问题的标准和处理办法，2004年国土资源部、监察部又联合下发了《关于继续开展经营性土地使用权招标拍卖挂牌出让情况执法监察工作的通知》（国土资发［2004］71号），两个文件明确了历史遗留问题的定义、解决方法和处理时限。但一些人对此问题仍有模糊认识，认为只要有关部门出具过立项批复、规划选址意见甚至受理了相关申请都可以作为历史遗留问题允许协议出让，扩大了历史遗留问题的范围，还有人认为2004年8月31日作为处理历史遗留问题的最后期限给出的时间太短，会影响房地产市场的稳定。

应当指出的是，经营性土地招标拍卖挂牌出让制度是2001年4月《国务院关于加强国有土地资产管理的通知》就明确要求建立的。关于历史遗留问题应明确三个问题：

一是历史遗留问题有严格的条件，不能随便搭车和扩大范围。尽管国务院2001年5月就明确实行经营性土地招标拍卖挂牌出让制度，但考虑到政策过渡问题，本着“尊重历史、明确政策、区别对待、慎重处理”的原则，在国土资源部商有关部门后下发的《关于进一步整顿土地市场秩序中自查自纠若干问题的处理意见》文件（国土资发［2003］365号），明确历史遗留问题的范围是：各市、县确定历史遗留问题截止时间不得超过2002年7月1日，在截止日期前，市、县政府已经进行前置审批，或者市、县政府已经与开发商签订书面项目开发协议的经营性用地，作为历史遗留问题，可继续以协议方式出让。

二是历史遗留问题有明确的处理时限要求。为防止出现历史遗留问题久拖不决，甚至不断增加新的历史遗留问题，在2004年国土资源部与监察部联合下发的《关于继续开展经营性土地使用权招标拍卖挂牌出让情况执法监察工作的通知》（国土资发［2004］71号）中明确：“要严格按国家政策规定界定11号令实施前的历史遗留问题，不得擅自扩大范围，不得弄虚作假、变相搭车，并要加快工作进度，于2004年8月31日前将历史遗留问题处理完毕。”选择2004年8月31日作为历史遗留问题的处理时限，主要是考虑开发商取得的计划立项批准文件和规划选址意见书、规划许可证等批准文件的有效期均不超过两年，如果从国务院15号文件下发到2004年8月31日计算，处理历史遗留问题的时限为3年4个月，如果从国土资源部11号令正式实施算起，也已达两年两个月，均超过了各批准文件的两年有效期。一些媒体报道认为，从2004年9月1日开始所有经营性用地实行招标拍卖挂牌出让，这种认识是错误的，按照国务院15号文件的要求，全面推行经营性用地的招标拍卖挂牌出让的时间应从2001年5月开始，此次2004年9月1号的时限只是解决历史遗留问题的最后时间。

三是按照以上规定作为历史遗留问题处理的项目，只是表明在行政审批上不再作为问题处理，但是并不代表其中有钱权交易等严重违法行为的可以免于追究。只要发现存在钱权交易，严重侵犯国家和农民利益的，都应当认真查处、严肃处理。

2004年8月31日后，不应当再存在此类历史遗留问题，也不得以历史遗留问题为名协议出让经营性用地。

第三节 组织实施程序

一、组织实施主体

国有建设用地使用权招标拍卖挂牌出让的法定组织实施主体，是市、县人民政府国土资源行政主管部门。对此，法律法规有明确规定。我国《城市房地产管理法》第十一条规定：土地使用权出让，由市、县人民政府土地管理部门实施。《土地管理法实施条例》第二十二条规定：“通过招标拍卖挂牌方式提供国有建设用地使用权的，由市、县人民政府土地行政主管部门组织实施。”《国务院关于加强国有土地资产管理的通知》要求：商业性房地产开发用地和其他土地供应计划公布后同一地块有两个以上意向用地者的，都必须由市、县人民政府土地行政主管部门依法以招标拍卖挂牌方式提供。《招标拍卖挂牌出让国有建设用地使用权规定》第六条规定：市、县人民政府国土资源行政主管部门应当按照出让年度计划，会同城市规划等有关部门共同拟订拟招标拍卖挂牌出让地块的出让方案，报经市、县人民政府批准后，由市、县人民政府国土资源行政主管部门组织实施。因此，招标拍卖挂牌作为国有建设用地使用权出让的具体方式，其法定实施主体是市、县人民政府国土资源行政主管部门。

二、组织实施方式

（一）交易代理机构在交易中的地位和作用

商品交易是财产所有权人或有权处分人根据自己的意愿与求购者达成交易行为的过程。根据有无中介代理机构参与，交易一般可以分为自主交易和委托中介代理交易两种，产权人可以自行达成交易，也可根据需要委托中介代理交易，具体采用哪种形式，应由产权人自行决定。

根据达成交易的方式不同，交易又可以分为协议、招标或拍卖三种方式，选择哪种交易方式同样由产权人自行决定。招标、拍卖和协议都是合理的交易方式，这三种方式同样可以由产权人自行协议、自行招标、自行拍卖，或者委托协议、委托招标、委托拍卖。产权人自行协议、自行招标、自行拍卖是由产权人根据自己的意愿自行选择交易方式，并且自行办理相关事宜，自行达成交易。委托协议、委托招标、委托拍卖是由产权人根据自己的需要委托相应的交易代理机构代理交易，如委托律师行或交易代理机构起草交易协议，通过代理机构协商达成交易协议，委托招标代理机构代办招标事宜，委托拍卖行代办拍卖事宜等。

拍卖行、招标代理机构和交易代理机构等都属于中介机构，中介服务机构是市场的重要组成部分，是市场经济的润滑剂，有利于活跃和规范市场秩序，因此，应当大力培育和发展各类中介服务组织，充分发挥各类中介机构的作用，但中介组织必须合理定位，中介组织是按照产权人的要求提供代理和服务的，是交易的协助者而不是交易的决定者，是受产权人的委托代理有关事务的，决不能因为强调发挥中介机构的作用而否认产权人的决定权，进而损害产权人的利益。市场经济和法制经济的首要原则是要依法保护产权人的合法权益。产权人可自主处置自己的合法财产，招标、拍卖、协议只是产权人处置财产的三种具体方式，产权人可自主选择适宜的方式，任何单位和个人不能强制其采用某一种方式；只要产权人自身有达成交易的能力，任何单位和个人不能强制其委托代理机构交易，更不能强制其必须委托进行招标、拍卖。拍卖行等中介代理机构的作用就如同婚姻介绍所一样，可以为找对象的男女提供交友信息和机会等服务，当事人可以自由恋爱，也可根据需要借助婚姻介绍所代为介绍对象，是否找婚姻介绍所应由当事人自行决定，决不能因为婚姻介绍所的存在，或者为发挥婚姻介绍所的作用而否认当事人自由恋爱的合法性，况且从某种意义上讲，自由恋爱还是应该提倡的主要方式。

（二）土地招标拍卖挂牌出让与《拍卖法》、《招标投标法》的关系

认为土地拍卖、招标必须委托拍卖行等交易代理机构进行的观点，不仅不符合市场经济和法制经济原则，也是不符合我国现行法律的有关规定。

第一，我国《招标投标法》第二条规定："在中华人民共和国境内进行招标投标活动，适用本法。"第十二条规定："招标人具有编制招标文件和组织评标能力的，可以自行办理招标事宜。任何单位和个人不得强制其委托招标代理机构办理招标事宜。"可见，《招标投标法》适用于所有招标投标活动，并区分自行招标和委托招标分别进行了规定。

第二，我国《拍卖法》的调整范围有明确的规定。1996 年 7 月 4 日，全国人大法律委员会主任薛驹在全国人大常务委员会审议通过《拍卖法》时所作的《关于拍卖法（草案修改稿）修改意见的汇报》中，就《拍卖法》（草案修改稿）第二条"本法适用于中华人民共和国境内拍卖人进行的拍卖活动"提出："本条规定的拍卖法的调整范围不够明确。国有资产的产权交易、土地使用权出让与转让、人民法院强制执行的物品的拍卖应当由其它法律调整，并非都由拍卖企业拍卖。考虑到本法是调整拍卖企业进行的拍卖活动，建议该条款修改为：'本法适

用于中华人民共和国境内拍卖企业进行的拍卖活动'。"《拍卖法》立法中采纳了此项建议，《拍卖法》第二条明确规定："本法适用于中华人民共和国境内拍卖企业进行的拍卖活动。"将《拍卖法》草案稿中的"适用于拍卖人进行的拍卖活动"调减为"适用于拍卖企业进行的拍卖活动"。可见，与《招标投标法》相比，《拍卖法》的调整范围有明显的局限性，《拍卖法》明确其调整范围只限于拍卖企业的拍卖活动，即产权人委托拍卖企业的拍卖活动。产权人自行拍卖并不违反《拍卖法》，对于产权人自行组织的拍卖活动，《拍卖法》也没有对此进行规范和调整。任何单位和个人不能自行解释法律，更不能擅自扩大《拍卖法》的调整范围。

第三，我国《城市房地产管理法》、《土地管理法》和《城镇土地使用权出让和转让暂行条例》明确规定，国有土地使用权出让由市、县人民政府负责，由市、县人民政府土地行政主管部门具体组织实施。通过上述法律授权，市、县土地部门作为出让方，具体组织实施土地出让、出租事务是其法定职责，国有土地使用权拍卖、招标出让作为国有土地使用权出让的具体方式，同样必须由市、县人民政府土地行政主管部门组织实施。我国《土地管理法实施条例》第二十二条明确："通过招标、拍卖方式提供国有建设用地使用权的，由市、县人民政府土地行政主管部门会同有关部门拟订方案，报市、县人民政府批准后，由市、县人民政府土地行政主管部门组织实施。"《国务院关于加强国有土地资产管理的通知》（国发［2001］15号）中进一步明确了这一点："……都必须由市、县人民政府土地行政主管部门依法以招标、拍卖方式提供，国有土地使用权招标、拍卖必须公开进行。"《招标拍卖挂牌出让国有建设用地使用权规定》（国土资源部39号令）进一步明确规定："市、县人民政府国土资源行政主管部门应当按照出让年度计划，会同城市规划等有关部门共同拟订拟招标拍卖挂牌出让地块的出让方案，报经市、县人民政府批准后，由市、县人民政府国土资源行政主管部门组织实施。"上述法律政策明确规定，国有土地使用权出让属于市、县国土资源管理部门的法定职责，招标拍卖挂牌是土地使用权出让的具体配置方式，招标拍卖挂牌出让依法由市、县国土部门组织实施。

因此，在组织实施土地使用权招标拍卖活动中，市、县土地行政主管部门自身有能力的，完全可以自行组织招标、拍卖活动，任何单位或个人不得强制其委托招标、拍卖企业承担。如果片面认为土地出让中的拍卖必须委托拍卖行，那么招标是不是也必须委托招标代理机构，协议是不是也必须委托协议代理机构呢？如此推论，土地部门就无权出让土地了，这显然是与法律法规不一致的。当然，土地部门在实施招标拍卖过程中，根据自身需要，也可委托有资格的招标拍卖企业代办招标拍卖事宜。

市场经济条件下，政府部门确实不应从事经营性和中介性拍卖活动，如不宜作为中介机构接受他人委托代理交易，但不等于政府无权作为招标人或拍卖人以招标拍卖方式处置自己的财产，正如政府财政部门不应从事中介性会计活动，但可为政府理财和编制政府预决算报表一样，如不加区分，要求土地使用权出让一律委托拍卖企业承担，不仅违背产权人自行处置财产的经济规律，也会直接加重财政负担，阻碍土地使用权出让招标拍卖工作的顺利开展。

事实上，很多国家和地区的国有土地也多实行政府自行拍卖、招标的方式。在我国香港地区，土地招标拍卖一直由政府地政部门自行组织实施。根据《香港特别行政区基本法》，香港的土地属于国家所有，招标、拍卖是香港政府批租土地的主要形式，具体由地政总署组织实施，由地政总署官员组织和主持招标、拍卖活动。在英国，公物除船舶由法院直接拍卖外，一般都委托拍卖行拍卖，但土地一般是由法院交由土地主管部门拍卖。

第四，国有土地招标拍卖具有特殊性。国有土地使用权出让在法律上体现了政府与受让人的关系，包含着土地利用方向、国家产业政策和宏观调控意向等多项内容，不同于一般的商品交易关系，从而使国有土地使用权招标拍卖具有特殊性。

国有土地使用权拍卖前必须进行供地计划编制、部门协调、确定规划和用地条件、测量、清理地块、前期开发、确定拍卖方案、审查竞投人资格等，拍卖成交后还要签订国有土地出让合同、协调工程立项、开发、土地登记发证等，这一切均需要由土地行政主管部门协调政府有关部门共同完成，而拍卖、招标代理机构作为中介机构，根本无法完成上述职能。

从土地招标拍卖业务本身看，也和一般的招标拍卖有明显不同之处。招标拍卖土地不是卖汽车、邮票等一般物品，买地不是买土地本身，而是购买今后开发利用土地的权利，要考虑规划，后期开发方案，投资总额和融资计划等等，因此，在公告时间、公告内容、标的展示、标的介绍、拍卖底价确定、拍卖节奏、成交协议方面等等均有明显不同。

同时，委托拍卖、招标要支付相当比例的佣金，无论是由土地使用权受让人支付，还是由土地行政主管部门支付，均会降低政府所得的土地收益，从而影响政府财政收入，需要说明的是，土地部门组织实施国有土地招标拍卖出让是其法定职责和必须履行的正常职能，并不存在额外的佣金。

因此，决不能人为强制国有土地拍卖，招标必须委托拍卖行办理，但是，政府并不反对中介机构，包括拍卖企业参与国有土地批租活动，相反，也希望有更多的拍卖企业能够参与这项事业，提高自身素质，在土地行政主管部门（或其他产权人）根据需要委托拍卖时，能够积极争取业务，做好土地拍卖业务，而不是强制要求必须委托。

（三）招标拍卖挂牌出让的组织方式

从上面的分析可以看出，在招标拍卖挂牌出让国有土地使用权活动中，市、县国土资源管理部门可以根据实际情况，自行确定招标拍卖挂牌的具体组织方式。一般来说，有三种方式可供选择：

（1）自行办理。即由市、县人民政府国土资源行政主管部门自行组织实施国有建设用地使用权招标拍卖挂牌出让活动。

（2）指定办理。即由市、县人民政府国土资源管理部门指定或授权下属事业单位具体承办国有建设用地使用权招标拍卖挂牌出让活动。

（3）委托办理。即由市、县人民政府国土资源管理部门委托具有相应资质的交易代理中介机构承办国有建设用地使用权招标拍卖挂牌出让活动。

在各地出让实践中，国有建设用地使用权招标拍卖挂牌出让活动，既可以由市、县国土资源管理部门自主实施，也可以授权事业单位或委托交易代理机构实施，这完全由国土资源管理部门自主确定。任何单位和个人不得强制委托交易代理机构办理招标拍卖挂牌事宜。

三、出让协调决策机构

2006 年，国土资源部发布《招标拍卖挂牌出让国有土地使用权规范》和《协议出让国有土地使用权规范》，两个规范都明确："国有土地使用权出让实行集体决策。市、县国土资源管理部门可根据实际情况成立国有土地使用权出让协调决策机构，负责协调解决出让中的相关问题，集体确定有关事项。"协调决策机构的建立，实际上是将集体决策制度化、程序化，为解决国有建设用地使用权出让的复杂问题和重大事项提供了有效的解决途径。这是因为，由于国有土地出让的复杂性，在实际操作中，就某一宗地的出让而言，仍有可能存在出让方式选择上的不确定性。设立协调决策机构，通过集体决策程序，有利于解决此类问题，对不能确定是否符合两个规范规定条件、采取招标拍卖挂牌出让或协议出让的具体宗地，可由国有土地使用权出让协调决策机构集体认定，从而使出让更具可操作性。

四、土地招标拍卖挂牌主持人

（一）土地招标拍卖挂牌主持人资格认定

为推进国有土地招标拍卖挂牌出让工作，提高国土资源部门及其工作人员组织实施招标拍卖挂牌出让工作的能力和水平，1999 年，国土资源部下发了《关于进一步推行招标拍卖出让国有土地使用权的通知》（国土资发［1999］30 号），明确要求：省级土地行政主管部门要加强人员培训，国土资源部在各省培训的基础上，通过考试、评审，进行国有土地使用权招标拍卖挂牌中介人员的资质认证工作。2006 年，国土资源部发布《招标拍卖挂牌出让国有土地使用权规范》（国土资发［2006］114 号），进一步明确规定：国有土地使用权招标拍卖挂牌出让活动，应当由符合国土资源部确定的土地招标拍卖挂牌主持人条件并取得资格的人员主持进行。

（二）土地招标拍卖挂牌主持人制度

为规范国有建设用地使用招标拍卖挂牌出让行为，提高招标拍卖挂牌主持人的业务能力，自20世纪90年代末，我国开始逐步建立和实行土地招标拍卖挂牌主持人制度。1999年以来，国土资源部先后举办若干期国有土地使用权招标拍卖挂牌培训班，通过培训考试，认证了一批土地招标拍卖挂牌主持人，并在国土资源部官方网站进行了公告，招拍挂主持人队伍的建立，对落实国有土地使用权招拍挂出让制度，规范国有土地出让行为，推进土地资源市场化配置，发挥了十分重要的作用。

五、土地招标拍卖挂牌出让程序

国有建设用地使用权招标拍卖挂牌出让，是一项政策性、程序性很强的工作。每一宗国有建设用地的供应，都要经过出让前期的充分准备，出让过程中各个环节的精心组织，以及土地出让成交后办理相关用地手续，才能进行开发建设。根据国土资源部《招标拍卖挂牌出让国有土地使用权规范》的规定，对招标拍卖挂牌出让国有建设用地使用权的操作程序，有以下11个操作步骤或阶段：

（1）公布国有建设用地使用权出让计划，确定供地方式；

（2）编制、确定国有建设用地使用权出让方案；

（3）进行地价评估，确定出让底价；

（4）编制招标拍卖挂牌出让国有建设用地使用权出让文件；

（5）发布国有建设用地使用权出让公告；

（6）申请和资格审查；

（7）招标拍卖挂牌活动实施；

（8）签订国有建设用地使用权出让合同，公布出让结果；

（9）核发《建设用地批准书》，交付土地；

（10）办理土地登记；

（11）资料归档。

第三章 出让方案与出让文件编制

第一节 国有建设用地使用权出让计划的编制与公布

一、概念与内容

国有建设用地使用权出让计划，是指市、县人民政府对计划期内拟出让的国有建设用地数量、结构、布局和供应进度的具体安排。它是国有土地供应计划的重要内容，是国有建设用地使用权招标拍卖挂牌出让的依据。我国《城市房地产管理法》规定："土地使用权出让，由市、县人民政府有计划、有步骤地进行。"目前，一些市、县人民政府在国有建设用地供应中，编制并公布了本市、县的年度建设用地出让计划，有的城市，如北京、深圳、上海等地，编制了覆盖全部用地类型和供地方式的城市建设用地供应计划，在年度土地供应计划中，既包括新增建设用地，也包括存量建设用地；既有划拨供地，也有出让等有偿方式供地。

一般来讲，国有建设用地使用权出让计划至少应当包括以下内容：

（1）建设用地出让总量。在出让计划中，明确年度出让计划安排出让建设用地的总规模。

（2）土地用途结构。在建设用地出让总量中，用于基础设施、工矿仓储、科教文卫体、行政办公、商品住宅、商业服务业等用地的指标数量。

（3）土地空间布局。即根据市、县的土地利用总体规划、城市总体规划、近期建设规划确定的城市空间布局和功能定位，建设用地出让计划中各项指标的具体分配。

（4）供应进度安排。

二、编制程序与方法

城市国有建设用地出让供应计划应由城市国土资源部门会同发展改革、城市规划、建设等部门组织编制，报市人民政府批准后实施。出让计划编制应当遵循下列原则：

（1）严格执行土地利用总体规划和城市规划，合理控制建设用地总量，优化城市土地利用结构；

（2）严格执行土地利用年度计划，严格控制新增建设用地，切实保护耕地和基本农田；

（3）运用土地政策参与宏观调控，以土地供应引导需求，促进经济增长方式转变；

（4）促进土地集约利用，提高土地利用效率；

（5）有保有压，优先保证普通商品住宅等民生项目和基础设施项目用地，严格控制高档房地产类用地；

（6）充分发挥市场配置土地资源的基础性作用，维护市场平稳、安全运行。

城市土地出让计划一般按下列程序编制：

（一）确定计划期内城市建设用地可出让量

计划期内城市建设用地可出让量包括：可出让的新增建设用地、政府储备库中可出让的储备土地及通过转让等市场方式可提供的其他存量建设用地。其中，新增建设用地可出让量，应当依据土地利用总体规划、土地利用年度计划等所确定的计划期内新增建设用地指标以及农用地转用和土地征收具体实施进度确定；储备土地的可出让量，应当根据政府土地储备库存量、政府土地收购储备计划及其实施进度确定。

通过转让等市场方式可提供的土地数量，可以根据各用地单位提出的转让申请等确定。

（二）确定计划期内各类建设用地需求量

要在对城市土地市场运行情况进行详细、科学的调查分析基础上，综合确定各类建设用地需求量。确定方法可以采用利用人口增长预测法、各类专项建设规划核算法、投资核算法、时间序列法等方法。

（三）根据供地政策，分析确定各类建设用地需求的可满足度

计划期内各类建设用地需求量确定后，应当与计划期内的建设用地可出让量进行比较，当需求量大于可出让量时，应当按照供地政策进行分析排序，分别确定各类建设用地需求的满足度。第一优先保证出让类用地是两限商品住房等普通住宅用地和城市基础设施用地，需求满足度按争取达到100%确定；第二优先保证出让类用地是商业服务业用地、工矿仓储类用地和科教文卫体和行政办公用地，需求满足度根据计划期内城市建设用地可出让量综合确定；最后根据剩余可出让量确定可用于高档商品住房等其他类用地满足度。

（四）确定计划期内各类建设用地的供应安排，形成供地计划草案

根据计划期内城市建设用地可出让量和各类建设用地的需求满足度，确定计划期内各类建设用地的出让数量。按照土地利用总体规划、城市总体规划以及土地征收、拆迁和收购储备工作进度，分类确定计划期内各类拟供应的建设用地位置布局及供地进度安排。在此基础上，编制计划期内城市建设用地出让计划建议草案，征求有关部门的意见论证完善后，形成城市建设用地出让计划建议。

三、国有建设用地使用权出让计划的批准与公布

（一）出让计划的批准

建设用地出让计划建议报市、县人民政府批准，形成城市建设用地出让计划。

（二）公布出让计划

市、县人民政府批准国有建设用地出让计划后，由市、县国土资源管理部门将该出让计划在电台、电视台、报刊、政府网等媒体上向社会公布。有条件的地方，可以根据本地供地进度安排，分阶段将国有土地使用权出让计划细化落实到地段、地块。也就是说，国有建设用地使用权出让计划的公布，只是向社会发布了年度出让土地的总量、结构、区位等一般信息，而将出让计划落实到具体的地段或地块，从一般信息到具体宗地信息的披露，更有利于意向用地者进行决策和申请用地。

（三）出让计划的公开

我国《招标拍卖挂牌出让国有土地使用权规范》明确规定，经批准的国有土地使用权出让计划，以及细化的地段、地块信息，应当同时在中国土地市场网上公布。在具体操作中，各地可以在多个媒体上公开出让计划和宗地信息，如未在中国土地市场网上公开，则违反了国家政策规定。

需要注意的是，市、县国土资源管理部门在公开国有土地使用权出让计划和细化的地段、地块信息时，应当同时明确用地者申请用地的途径和方式，公开接受用地申请。这是因为，公开不是目的，公开的目的是通过信息的披露，使更多的人进入土地市场，参加国有建设用地使用权的竞买。出让信息的及时、充分公开，有利于需要用地的单位、个人和组织尽可能早地了解政府发布的供地安排，更加理性地参与土地竞买。

附：土地供应计划

1. 深圳市 2007 年度土地供应计划
2. 北京市 2007 年度土地供应计划

附 1. 深圳市 2007 年度土地供应计划

单位：公顷

项目名称	总计	城镇建设用地															独立选址重点建设项目用地		
		合计	产业用地					住宅用地			城镇公共服务配套用地								
			小计	工业用地	仓储用地	工业区配套用地	宿舍	小计	商品房	政策性住房	小计	商服用地	公共建筑用地	公用设施用地	特殊用地	小计	交通设施	水利设施用地
总计		1026.0	402.1	297.0	83.0	22.1	11.6	192.1	127.0	65.1	431.8	28.0	310.5	93.3		992.0	530	462
不含弹性 特区		139.2	66.0	35.9	30.1			9.4		9.4	63.8	5.0	35.3	23.5		76.0		
不含弹性 宝安区	2018.0	449.4	158.5	127.4	20.6	10.5		86.7	58.3	28.4	204.2	16.0	165.2	23.0		543.0	530	462
不含弹性 龙岗区		437.4	177.6	133.7	32.3	11.6	11.6	96.0	68.7	27.3	163.8	7.0	110.0	46.8		373.0		
弹性指标	112.5	112.5	100.0					12.5										
总计（含弹性指标）	2130.5	1138.5	502.1					204.6			431.8					992.0		

续表

项目名称	总计	城镇建设用地															独立选址重点建设项目用地		
		合计	产业用地					住宅用地			城镇公共服务配套用地								
			小计	工业用地	仓储用地	工业区配套用地	宿舍	小计	商品房	政策性住房	小计	商服用地	公共建筑用地	公用设施用地	特殊用地		小计	交通设施	水利设施用地
一、协议方式供应	1460.9	468.9						65.1		65.1	403.8		310.5	93.3			992.0	530	462
不含弹性 特区		68.2						9.4		9.4	58.8		35.3	23.5			76.0	530	462
不含弹性 宝安区		216.6						28.4		28.4	188.2		165.2	23.0			543.0		
不含弹性 龙岗区		184.1						27.3		27.3	156.8		110.0	46.8			373.0		
二、招拍挂方式供应	557.1	557.1	402.1	297.0	83.0	22.1	11.6	127.0	127.0		28.0	28.0					—	—	—
不含弹性 特区		71.0	66.0	35.9	30.1						5.0	5.0							
不含弹性 宝安区		232.8	158.5	127.4	20.6	10.5		58.3	58.3		16.0	16.0							
不含弹性 龙岗区		253.3	177.6	133.7	32.3	11.6	11.6	68.7	68.7		7.0	7.0							

备注：公用设施用地中不包括郊野公园。

附 2. 北京市 2007 年度土地供应计划

2007 年是奥运筹备决战之年，也是全市各行业和专项规划全面实施的一年。依据 2007—2010 年土地供应中期计划，结合 2007 年的社会经济发展形势，制定本计划。

一、计划指标

（一）总量

2007 年土地供应总量控制在 6300 公顷以内，其中新增建设用地严格控制在 3500 公顷以内，鼓励和引导利用存量建设用地 2800 公顷左右。

（二）用途结构

北京市 2007 年度土地供应计划用途结构表 单位：公顷

	合计	基础设施用地	工矿仓储用地	科教文卫体和行政办公用地	住宅用地				商服用地
					合计	经济适用住房类及廉租住房用地	“两限”普通商品房用地	其他商品房用地	
面积	6300	2900	1200	300	1600	220	180	1200	300

（三）空间布局

中心城区（首都功能核心区和城市功能拓展区）土地供应量不高于土地供应总量的 30%，远郊区县（城市发展新区和生态涵养区）土地供应量不低于土地供应总量的 70%。

二、土地供应导向

（一）保障奥运相关设施和轨道交通等城市基础设施土地供应

优先保证 M9（白石桥—郭公庄）、L2 线（宋家庄—亦庄）、M10 线二期（劲松—万柳）、M8 线（地安门—回龙观）、M6 线一期（五路—定福庄）和大兴线（马家楼—黄村）等轨道交通建设项目和奥运相关设施用地的土地供应；优先支持首都机场扩建、机场南线、京平南线等公路（高速公路）、城市快速路、城市主干路、城市道路微循环系统改善项目的土地供应；大力支持南水北调工程、污水水厂和垃圾焚烧厂、垃圾填埋场等一批城市市政基础建设项目的土地供应；基础设施用地的供应应严格执行国家有关用地标准。

严格按照规划道路红线供应交通基础设施用地；禁止用地面积超过标准的城市游憩集会广场项目的用地供应。

（二）优化住宅用地供应结构和规模，增加廉租住房、经济适用住房和“两限”普通商品房的土地供应

增加廉租住房、经济适用住房、“两限”普通商品房和其他中低价位、中小套型普通商品房的土地供应，其供应量不低于住宅用地供应总量的70%。保障配建的廉租住房30万平方米，市区政府集中建设的经济适用住房200万平方米、“两限”普通商品房300万平方米及其他比照经济适用住房政策的保障性项目用地的土地供应，合理引导住宅需求，促进房地产市场的健康发展。

严格限制住宅小区建筑容积率低于1.0、单套住房建筑面积超过140平方米的低密度、大套型住宅项目的土地供应；继续禁止别墅类房地产开发项目土地供应。

（三）鼓励盘活存量用地发展文化创意产业的土地供应

鼓励盘活存量用地，保障各部门、各区县发展有特色有优势的文化创意产业项目土地供应，土地供应优先支持规划新城内的文化创意产业项目；支持通州宋庄原创艺术与卡通产业集聚区、中国（怀柔）影视基地、石景山北京数字娱乐产业示范基地等一批文化创意产业项目的土地供应。

（四）积极支持城市公共服务设施体系和新农村建设的土地供应

重点支持沙河和良乡高教集中建设园区、卫生、文化等公共服务设施项目的建设；支持面向基层的教育、科技、文化、体育、卫生等基础公共服务设施的供应，构建覆盖城乡、功能完善的综合公共服务体系；支持道路、供水、环卫等农村基础设施和公共服务设施的土地供应，适度支持商贸设施的土地供应，扎实推进新农村建设。

公共服务设施用地的供应要坚持节约集约利用土地的原则，严禁擅

自改变用途，从严控制党政机关新建办公楼项目用地的供应，禁止党政机关、国有企业、事业单位新建培训中心项目的土地供应；严格限制机动车交易市场、家具城、建材城、赛车场等大型商业设施项目的供应，禁止高尔夫球场（含练习场）、赛马场、滑雪场和新建汽车配件市场的土地供应。

（五）支持重点功能区及市级（含）以上开发区的产业用地供应

优先支持中关村科技园区、国家软件产业、生物医药产业等重点产业基地建设项目的土地供应；重点保障北京经济技术开发区等市级（含）以上开发区高端制造业项目的土地供应，以促进产业结构的升级调整。

突出土地供应“有保有压”的原则，严禁高能耗、高物耗、高污染、低附加值产业项目用地；严格限制规模较小、生产能力不高的化工、建材、有色金属项目的供应；坚决关闭破坏资源、污染环境和不具备安全生产条件的“五小”企业，收回土地使用权。

三、计划的执行

（一）计划指标分配

本着“全市统筹、区域协调，落实四个服务、保障重点”的原则，2007 年土地供应计划指标分市、区（县）两级管理：

市级指标 2550 公顷，包括中央单位、国务院在京机关（含所属单位）以及直属企业集团和驻京部队项目 450 公顷、市政府重点建设工程和市级项目 2000 公顷、预留机动指标 100 公顷，机动指标主要用于安排本市临时重大、急需项目。

区县级指标 3750 公顷，包括住宅用地 1600 公顷，商服用地 300 公顷，产业用地 1200 公顷，基础设施和科教文卫体行政办公等用地 650 公顷，由区县政府根据市政府的部署和要求，会同市政府相关委办局结合本区县的城市功能定位统筹安排。

（二）年度计划实施保障机制

1. 加强奥运相关设施、轨道交通等城市基础设施和公共服务设施土地供应前的征地、拆迁、审批等组织协调力度，确保计划供应土地达到供应条件。各区县政府和市政府相关部门要加强协作联动，加强征地拆迁等前期工作协调，简化审批程序并积极支持加快办理相关手续，确保按照年度计划目标实现供应。

2. 完善土地储备开发机制，落实政府确定的政策性保障住房用地供应计划，提高政府调控房地产市场能力。

一是编制并实施土地储备规划，合理确定年度土地储备开发规模，强化规划储备与实物储备的有机衔接。通过落实土地供应中期计划政府主导作用的具体措施，完善土地储备和一级开发机制，加大政府土地储备开发力度，建立并落实政府土地储备库，保持适当规模并梯次成熟的政府土地储备量，逐步提高政府储备土地在年度土地供应中的比例，从土地供应来源上保障土地供应计划中政策性住房用地和经营性用地供应。

二是适度加大政府投入，规范土地一级开发市场，简化审批工作机制，提高政府土地实物储备的效率和能力。通过对现行一级开发项目进行清理，区别情况分类拿出处理意见，加强项目进度和成本控制监管，促进项目有序开发，尽快形成政府实物储备，为年度廉租住房、经济适用住房和"两限"普通商品房用地供应提供保障，为提高政府调控年度其他商品房等经营性用地供应提供基础。

3. 建立市政府各相关部门和区县政府主动实施供应计划的工作机制。

市政府各相关部门和区县政府要高度重视本市土地供应计划的实施工作，切实履行政府职能、充分发挥组织协调作用，加大协调征地、拆迁工作力度，积极保障年度土地供应计划的顺利完成。市国土局和市发展改革委牵头，加强与规划、建设等部门的协作，支持、指导区县政府和项目责任单位落实年度土地供应计划项目和地块，并积极办理相关手续，共同推进年度计划实施。

对市政府相关部门负责的重点工程、折子工程和基础设施等市级指标项目，责任单位和牵头部门要结合项目前期工作情况，及时主动办理土地供应手续；对区县级指标安排的项目，区县政府要根据本辖区的功能定位和建设空间和时序安排，结合具体地块或具体项目具备的条件，及时主动确定和提出本辖区安排供应总量、结构并落实地块（或具体项目），报市国土局和市发展改革委会同相关部门审查备案后实施。

4. 试行分批公布年度土地供应计划地块或项目制度，接受社会监督，引导用地需求。

本市土地供应计划公布实施后，区县政府和市政府相关委办局依据计划安排和具体项目进度，提出本年度内拟供应地块报市国土局、市发展改革委汇总，市国土局、市发展改革委会同相关部门审查平衡后，向社会公布。

计划公布后半个月内，区县政府和市政府相关委办局提出12月底前拟达到供应条件的地块。

5. 建立年度计划执行过程协调、监督和通报制度。

年度土地供应计划地块公布后，市政府各部门要主动服务、简化审批程序、提高办事效率，积极支持并加快办理相关手续；市国土局和市发展改革委等部门要切实加大中期计划执行过程中的协调力度，建立对具体地块的跟踪、协调和监督机制，支持、指导区县政府做好年度计划安排和实施工作；区县政府要及时主动地与市国土局、市发展改革委等部门沟通，及时研究解决计划执行过程中的问题和困难。对因特殊原因影响供应计划安排的，市国土局和市发展改革委应及时会同相关部门和相关区县政府做好计划调整工作。

市国土局和市发展改革委要定期向市政府报告计划执行情况，结合区县计划实施情况和需要，不定期地向区县政府通报计划执行情况，及时指导、服务区县政府合理安排和执行计划。

6. 建立计划执行的奖惩制度。

市国土局和市发展改革委应及时总结计划执行情况，并对区县土地供应计划的组织、工作绩效和计划实施效果进行综合评价，结合区县本年度内违法违规用地情况，形成综合意见上报市政府并纳入市政府考核区县工作的指标内容。对违法违规用地行为明显的区县，依据违法违规用地数量扣减区县下一年度正常发展所需土地供应计划指标。

四、本计划自颁布之日起执行。

第二节 用地预申请与招标拍卖挂牌具体方式确定

一、用地预申请制度与程序

为使国土资源管理部门充分了解市场需求情况，科学合理安排供地规模和进度，有计划出让国有建设用地，在《招标拍卖挂牌出让国有土地使用权规范》中，建立了用地预申请制度，具备条件的市、县，可以通过用地预申请方式，组织实施国有土地使用权出让活动。2007年，在国土资源部、监察部下发的《关于落实工业用地招标拍卖挂牌出让制度有关问题的通知》（国土资发［2007］78号）中，再次明确要求：建立用地预申请制度，及时了解工业用地的需求情况，科学合理安排工业用地出让的规模、结构、布局、进度和宗地规模、产业类别、土地使用条件等，保证工业用地招标拍卖挂牌制度的有效落实。

一般来说，用地预申请制度的具体实施程序包括：

（1）市、县国土资源部门将列入招标拍卖挂牌出让计划内的具体地块信息向社会公开。

（2）意向用地者对已公开的具体地块有使用意向的，向市、县国土资源管理部门提交《用地预申请表》，提出用地预申请，并承诺愿意支付的土地价格。

（3）市、县国土资源管理部门对用地预申请进行审查，认为所承诺的土地价格和条件可以接受的，应当在收到预申请20日内告知申请人，通知其参加国土资源部门组织的该地块招标拍卖挂牌出让活动。

（4）提出用地预申请的意向用地者，必须参加该宗地竞投或竞买，且报价不得低于其承诺的土地价格。如果未按时参加该宗地的竞投或竞买，或在该宗地的竞投或竞买中报价低于《用地预申请表》中所承诺的土地价格，均为违约，应承担违约责任。

《国有土地使用权招标拍卖挂牌出让规范》制作了国有土地使用权出让预申请书示范文本，供各地在实施土地出让预申请时参考使用。

国有建设用地使用权出让预申请书示范文本

国有建设用地使用权出让预申请书

__________国土资源局：

我方现申请受让位于____________________（位置）编号为________的地块［地段中________平方米的土地使用权，具体四至见附图］。该地块已列入你局公布的招标拍卖挂牌出让计划。我方愿意以________元/平方米，总计人民币________万元（大写）（￥________）为最低出价，若获你局同意，我方愿意签订说明此意的承诺书，交纳相应的保证金，并按要求参加你局组织的此宗地招标拍卖挂牌出让活动。

申 请 人：________________（加盖公章）

法定代表人（或授权委托代理人）签名：________

联 系 人：________________

地　　址：________________

邮政编码：________________

电　　话：________________

申请日期：_____年____月____日

二、确立用地预申请制度的意义

在国有土地使用权招标拍卖挂牌出让中，设置用地预申请环节，是土地出让制度运行中的一个创新。实际上，在国土资源部发布《招标拍卖挂牌出让国有土地使用权规范》之前，土地市场活跃的广东、福建等地，借鉴香港的“勾地”制度，就已经在招标拍卖挂牌出让国有土地使用权时，先发布用地预公告，向社会公开宗地出让信息，意向用地者根据发布的预公告信息，向市、县国土资源部门提出用地申请，市、县国土资源局根据提交的申请情况，再确定是否组织宗地出让活动。如果没有人提出申请，说明市场对这宗地的推出反应并不强烈。相反，如果多个人提出申请，说明市场需要，国土资源部门就可以提前安排该宗地以招标、拍卖或者挂牌方式出让。由此可以看出，确立用地预申请制度的积极意义至少表现在以下三个方面：

（1）有利于供需双方充分了解土地市场供求信息。现代市场条件下，信息对供需双方都是十分重要的。通过用地预申请，既可以增加供地方——国土资源部门对土地市场理性分析和判断，研究市场主体对土地的需求和价格的承受能力，也可以发挥土地专业机构、人员和用地者的能动性，对所发布的出让信息进行理性预期，科学分析策划，为之后参与土地出让和土地开发利用策划提供便利。

（2）有利于科学合理安排供地规模和进度，增强土地供应的有效性。出让信息公布后，国土资源部门根据信息反馈的内容，可以了解用地者对土地类型、土地价格、供地规模、供地时间等的具体要求，据此可以调整供地规模和供地节奏，使土地供给更好地反映市场需求。

（3）有利于招标拍卖挂牌出让制度的有效落实。用地预申请制度的确立，并不是对招标拍卖挂牌制度的否定，而是对招标拍卖挂牌制度的进一步细化和完善。这是因为，意向用地者提出用地申请后，只要所承诺的土地价格和条件符合相关政策要求，被国土资源部门接受，这宗地仍必须采取招标、拍卖或者挂牌方式出让，提出用地预申请的单位和个人必须参加该宗地的竞投或竞买，且报价不得低于其承诺的土地价格，通过公开竞争的市场方式确定土地使用权和土地价格。因此，在用地预申请制度下，只要存在用地预申请，在招标拍卖挂牌实施阶段，该宗地就会被供应出来并得到及时开发利用。

三、招标、拍卖、挂牌方式的比较与选择

从理论上讲，招标、拍卖、挂牌出让方式因其具有公开性、公平性、竞争性、高效性等特点，最符合市场经济发展的要求，在土地出让特别是经营性土地的出让中被广泛采用。招标、拍卖、挂牌三种方式是同等的，都是市场配置土地资源的有效方式，三者没有优劣之分，只是适用范围有区别：在具体的批租活动中，土地行政主管部门应视国家产业政策、政府对土地的要求、土地用途、规划限制条件等因素选择适宜

的出让方式。

在香港特区，政府土地通常在下列情况下以招标方式出售：（1）土地用途受严格限制，一般人不会有兴趣购买，如汽油站用地、牟利性质学校及戏院用地；（2）政府希望事先审核某幅附有独特用途限制的土地的详细发展建议，或在有关发展计划内，发展商须提供若干供政府机构使用的楼面，以确保该土地能作最佳的发展及符合政府的所有要求。也就是说，如果政府对土地的发展附有特别的规定，或土地的面积或价值特殊，或社会上只有特定的人对待售的土地有兴趣，那么，以招标方式出售土地会更为合适。在香港，汽油站用地、牟利学校用地、剧院用地、大型高级房屋用地、卖地条件为发展商须于计划内兴建楼宇交予政府使用的土地，以及私人机构参建居屋计划用地等均采取招标方式出售土地。

在我国大陆地区，一般而言，对具有综合目标或特定社会、公益建设条件、开发建设要求较高、仅有少数单位和个人可能有受让意向的土地使用权出让，可以采取招标方式，按照综合条件最佳者得的原则确定受让人；其他的土地使用权出让，应当采取招标、拍卖或挂牌方式，按照价高者得的原则确定受让人。采用招标方式出让国有土地使用权的，应当采取公开招标方式。对土地使用者有严格的限制和特别要求的，可以采用邀请招标方式。

第三节 编制宗地出让方案和出让文件

一、编制宗地出让方案

国有土地出让方式确定下来后，宗地出让方案的编制对土地出让活动的顺利实施至关重要。我国《城市房地产管理法》第十一条规定：“出让的每幅地块、用途、年限和其他条件，由市、县人民政府土地管理部门会同城市规划、建设、房产管理部门共同拟定方案，按照国务院规定，报经有批准权的人民政府批准后，由市、县人民政府土地管理部门实施。”法律对宗地出让方案的编制主体、宗地出让方案的基本内容和宗地出让方案的报批等，均进行了明确规定。

（一）宗地出让方案的编制主体

市、县国土资源管理部门是出让方案的编制主体。由于土地出让只是房地产开发建设过程中的一个中间环节，出让土地的开发建设，要符合国家产业政策和环保政策、城市规划和土地利用总体规划以及土地使用条件，从而涉及发展改革、城市规划、环保等相关部门的职责。因此，在宗地出让方案的编制中，应当以市、县国土资源部门为主体，会同规划等相关部门，按照相关法律法规、政策、各类相关标准，共同提出宗地开发建设的具体条件、标准，从而使编制出的宗地出让方案具有合理性和可操作性。

（二）宗地出让方案的主要内容

1. 出让方案的基本内容。一般来说，国有土地使用权招标拍卖挂牌出让方案应当包括：拟出让地块的界址、空间范围、用途、面积、年限、土地使用条件、供地时间、供地方式等基本内容。

2. 工业用地出让方案的内容要求。与商业性房地产开发项目相比，工业项目对产业性质、规模与原材料、工艺流程、生产安全、环保标准等方面的要求非常具体，其用地在规模、区位、利用强度等方面的要求也有着明显不同于房地产开发项目的差异。如果不加区分地按照商业性房地产用地的特点编制工业用地出让方案，有可能因为不符合产业政策、功能分区而无法操作。例如，某市拟挂牌出让一宗工业用地，如果不进行地类细分，各类企业均可能参与竞买，从而造成制药企业与化工企业“毗邻而居”，在产业布局上是极不合理的，土地所在地的市、县政府也不会允许出现这种结果。

因此，为保证工业用地出让的合理、可行，在拟订工业用地出让方案时，一是考虑不同产业类型、不同规模的工业项目对工业用地的不同要求。不仅要考虑拟出让土地的规划条件，还要考虑本地区的产业特点。二是考虑相关政策对工业项目的不同要求，国土、发展和改革、规划、环保等相关部门要结合本部门职能职责和行业标准提出明确意见。三是市、县国土资源管理部门应当依据土地利用总体规划、城市规划、拟出让地块周边产业布局情况、环保要求以及用地预申请的情况，进一步细化拟出让工业用地的类别和产业类型，科学合理地确定拟出让工业用地的地块面积、具体用途、土地使用条件、产业要求等内容。出让方案中确定的产业类型、土地使用条件和用地规模等。四是工业项目用地应当符合《工业项目建设用地控制指标（试行)》的有关要求。

3. 综合用地出让方案的内容要求。所谓综合用地，是指同一宗地中包含两种或两种以上不同用途，例如商业、居住综合用地，科研设计、办公综合用地等。综合用地一般可以分两种情形：

第一，多种用途不动产很难分割、只有一个使用者的综合用地。对于这种综合用地，可以统一按照《城镇国有土地使用权出让和转让暂行条例》中规定的综合用地最高出让年限50年来拟定出让方案。

第二，各用途不动产之间可以分割、但最终使用者为不同的单位或个人的综合用地，例如底下两层为商业、上面为居民住宅的楼房等。对于这类综合用地，由于不同用途界限清楚，可分别属于不同的使用者，为保证各土地使用权人的合法权益，在拟定出让方案时，一般应当按照综合用地所包含的具体土地用途分别确定出让年期，例如商业、居住综合用地，应当明确其中商业用地和居住用地各自分摊的土地面积，并明确商业用地部分出让年期为40年、居住用地部分出让年期为70年。如果简单地按综合用地出让年期为50年，就会出现商业用地部分实际出让年限超过40年，而居民购买的住宅的土地使用年限又明显小于70年，不符合国务院55号令中居住用地70年、工业用地50年、教育科技文化卫生体育用地50年，商业旅游娱乐用地40年，综合或者其他用地50年的最高出让年限的规定。

4. 出让方案要明确拟出让宗地的空间范围。2007年10月1日实施的《物权法》规定：建设用地使用权可以分别在土地的地表、地上或者地下设立。2007年11月1日实施的《招标拍卖挂牌出让国有建设用地使用权规定》（国土资源部39号令）规定，编制宗地出让方案、出让文件，签订国有建设用地使用权出让合同时，要明确出让土地的界址和空间范围。因此，建设用地使用权的设立不是一个平面、二维概念，而是一个空间、立体的概念。各地拟定宗地出让方案时，应当依法明确拟出让宗地的界址点和空间范围，以空间体积代替平面面积，用以划定和标示建设用地使用权的权利范围，并作为计算出让金的依据。在此之后的编制出让文件、签订土地出让合同、进行土地登记等环节，也要明确出让宗地的界址点和空间范围。

（三）出让方案报批

国有土地使用权招标拍卖挂牌出让方案拟定后，应依法报土地所在地的市、县人民政府审批。市、县人民政府批准宗地出让方案后，市、县国土资源部门方可实施招标拍卖挂牌出让活动。没有宗地出让方案或方案未经市、县人民政府批准，市、县国土资源行政主管部门不得以任何方式出让国有建设用地使用权，否则，就属于违法行为。

二、土地出让文件的编制

（一）编制土地出让文件的重要性

国有建设用地招标拍卖挂牌出让文件，是整个国有建设用地招标拍卖挂牌出让过程中所遵循的基础性文件，是招标拍卖挂牌活动的依据，也是国有建设用地使用权出让合同的重要组成部分。招标拍卖挂牌出让文件应当对招标拍卖挂牌的具体程序做详细的规定，对拟出让土地所要求的具体技术标准作出说明，对确定土地使用权人的依据及标准、出让合同条款等进行规定。因此，能否编制出完整、严谨的招标拍卖挂牌出让文件，直接影响到招标拍卖挂牌出让的质量，也是招标拍卖挂牌活动成败的关键。由于土地出让的具体方式不同，对出让文件的数量和内容要求也不尽相同。因此，《招标拍卖挂牌出让国有建设用地使用权规定》（国土资源部 39 号令）和《招标拍卖挂牌出让国有土地使用权规范》对出让文件的编制及出让文件的主要内容均有明确要求。

（二）编制招标出让文件的要求

1. 招标出让文件。出让方案确定采取招标方式出让的，市、县国土资源管理部门应组织编制招标出让文件。公开招标出让的，招标出让文件至少应当包括：

（1）招标出让公告；

（2）招标出让须知；

（3）标书；

（4）投标申请书；

（5）宗地界址图；

（6）宗地规划指标要求；

（7）中标通知书；

（8）国有建设用地使用权出让合同等。

除了要编制上述书面文件外，各地可以根据招标出让实际，再增加相关招标文书。

一般来说，应当采取公开招标方式出让国有建设用地使用权，编制上述公开招标出让文件。但在具体出让中，如果出于保密等特殊原因对土地使用者有严格限制和特别要求，经批准，也可以采取邀请招标方式出让，邀请招标出让方案被批准后，市、县国土资源管理部门应组织编制邀请招标出让文件。编制邀请招标出让文件时，除了需要特别制作向特定潜在投标人发出的投标邀请书外，其他出让文书的编制与公开招标出让文件的编制区别不大。

2. 拍卖出让文件。出让方案确定采取拍卖方式出让的，市、县国土资源管理部门应组织编制拍卖出让文件。拍卖出让文件应当包括：

（1）拍卖出让公告；

（2）拍卖出让须知；

（3）竞买申请书；

（4）宗地界址图；

（5）宗地规划指标要求；

（6）成交确认书；

（7）国有建设用地使用权出让合同等。

除了要编制上述书面文件外，各地可以根据拍卖出让的实际需要，增加相关拍卖文书。

3. 挂牌出让文件。出让方案确定采取挂牌方式出让的，市、县国土资源管理部门应组织编制挂牌出让文件。挂牌出让文件应当包括：

（1）挂牌出让公告；

（2）挂牌出让须知；

（3）竞买申请书；

（4）挂牌竞买报价单；

（5）宗地界址图；

（6）宗地规划指标要求；

（7）成交确认书；

（8）国有建设用地使用权出让合同等。

除了需要编制上述文书外，各地可以根据挂牌出让的实际需要，再增加相关挂牌文书。

三、招标拍卖挂牌出让公告

（一）招标拍卖挂牌出让公告的重要性

招标拍卖挂牌出让公告，是市、县国土资源部门（出让人）以公告方式邀请不特定的潜在竞买、竞投人就出让宗地参加投标、拍卖、挂牌的意思表示。发布招标拍卖挂牌出让公告，是国有建设用地使用权公开出让的最显著特征。发布招标拍卖挂牌出让公告的目的，是使有兴趣竞买或竞投的潜在投标人或竞买人了解政府出让土地的主要情况，以便决定是否参加招标拍卖挂牌出让活动。招标拍卖挂牌出让公告包括哪些内容、在何种媒介上发布，不仅直接决定了招标拍卖挂牌出让信息的传播范围，也会影响到招标拍卖挂牌出让的竞争程度和出让效果。这些对国土资源部门和潜在竞投人或竞买人都是至关重要的。因此，国土资源部、监察部出台的相关政策，特别是《招标拍卖挂牌出让国有建设用地使用权规定》和《招标拍卖挂牌出让国有土地使用权规范》，对招标拍卖挂牌出让公告的内容和发布方式均提出了明确要求。

（二）招标拍卖挂牌出让公告的内容

1. 招标出让公告的主要内容。招标出让公告涉及招标出让的基本信息，主要包括：

（1）出让人的名称、地址、联系电话等，授权或指定下属事业单位以及委托代理机构进行招标的，还应注明其机构的名称、地址和联系电话等；

（2）招标地块的位置、面积、用途、开发程度、规划指标要求和土地使用年限等；

（3）投标人的资格要求及申请取得投标资格的办法；

（4）获取招标文件的时间、地点及方式；

（5）招标活动实施时间、地点，投标期限、地点和方式等；

（6）确定中标人的标准和方法；

（7）支付投标保证金的数额、方式和期限；

（8）其他需要公告的事项。

国土资源部在《招标拍卖挂牌出让国有土地使用权规范》中，制作了国有建设用地使用权招标出让公告文本格式和投标邀请书文本格式，要求市、县国土资源部门在编制招标出让公告和投标邀请书时使用。

国有建设用地使用权招标出让公告示范文本

____________国土资源局

国有建设用地使用权招标出让公告

_______告字[　　]　号

经______________人民政府批准，______________国土资源局决定以招标方式出让_______（幅）地块的国有建设用地使用权。现将有关事项公告如下：

一、招标出让地块的基本情况和规划指标要求

编号	土地位置	土地面积（m^2）	土地用途	规划指标要求			出让年限（年）	投资强度要求	投标保证金	…
				容积率	建筑密度	…				

[其他需要说明的宗地情况]

二、中华人民共和国境内外的法人、自然人和其他组织均可申请参加，申请人应当［可以］单独申请［，也可以联合申请］。［申请人应具备的其他条件］

三、本次国有建设用地使用权招标出让按照价高者得原则确定中标人［本次国有建设用地使用权招标出让按照能够最大限度地满足招标文件中规定的各项综合评价标准者得的原则确定中标人］。

四、本次招标出让的详细资料和具体要求，见招标出让文件。申请人可于______年____月____日至______年____月____日，到__________（地点）获取招标出让文件。

五、申请人可于______年____月____日至______年____月____日，到__________（地点）向我局提交书面申请。交纳投标保证金的截止时间为______年____月____日____时。

经审查，申请人按规定交纳投标保证金，具备申请条件的，我局将在______年____月____日____时前确认其投标资格。

六、本次国有建设用地使用权招标出让活动定于______年____月____日____时至______年____月____日____时在__________（地点）投标，______年____月____日____时在__________（地点）开标。

七、其他需要公告的事项

（一）本次招标不允许［允许］邮寄投标文件［，但必须在投标截止时间前收到方为有效，具体时间以我局收到投标文件的时间为准］。

……

八、联系方式与银行账户

联系地址：________________

联系电话：________________

联 系 人：________________

开户单位：________________

开 户 行：________________

账　　号：________________

________________国土资源局

________年____月____日

国有建设用地使用权招标邀请书示范文本

____________国土资源局

国有建设用地使用权投标邀请书

____________（被邀请单位名称）：

经____________人民政府批准，____________国土资源局决定采取邀请招标方式出让________（幅）地块的国有建设用地使用权，现邀请你单位参加投标。具体事项如下：

一、招标出让地块的基本情况和规划指标要求

编号	土地位置	土地面积（m^2）	土地用途	规划指标要求			出让年限（年）	投资强度要求	投标保证金	…
				容积率	建筑密度	…				

[其他需要说明的宗地情况]

二、投标人应具备以下条件

……

三、本次国有建设用地使用权招标出让按照能够最大限度地满足招标文件中规定的各项综合评价标准者得的原则确定中标人。

四、本次招标出让的详细资料和具体要求，见招标出让文件。你单

位若愿意参加此次投标活动，可于＿＿＿＿年＿＿月＿＿日至＿＿＿＿年＿＿月＿＿日到＿＿＿＿＿＿＿＿（地点）获取招标文件。

五、你单位可于＿＿＿＿年＿＿月＿＿日至＿＿＿＿年＿＿月＿＿日到＿＿＿＿＿＿＿＿（地点）向我局提交书面申请。交纳投标保证金的截止时间为＿＿＿＿年＿＿月＿＿日＿＿时。

经审查，你单位按规定交纳投标保证金，具备申请条件的，我局将在＿＿＿＿年＿＿月＿＿日＿＿时前确认投标资格。

六、本次国有建设用地使用权招标出让活动定于＿＿＿＿年＿＿月＿＿日＿＿时至＿＿＿＿年＿＿月＿＿日＿＿时在＿＿＿＿＿＿（地点）投标，＿＿＿＿年＿＿月＿＿日＿＿时在＿＿＿＿＿＿（地点）开标。

七、其他需要注意的事项

（一）本次招标不允许［允许］邮寄投标文件［，但必须在投标截止时间前收到方为有效，具体时间以我局收到投标文件的时间为准］。

……

八、联系方式与银行账户

联系地址：＿＿＿＿＿＿＿＿

联系电话：＿＿＿＿＿＿＿＿

联 系 人：＿＿＿＿＿＿＿＿

开户单位：＿＿＿＿＿＿＿＿

开 户 行：＿＿＿＿＿＿＿＿

账　　号：＿＿＿＿＿＿＿＿

＿＿＿＿＿＿＿＿国土资源局

＿＿＿＿年＿＿月＿＿日

2. 拍卖出让公告的主要内容。拍卖出让公告涉及拍卖出让的基本信息，主要包括：

(1) 出让人的名称、地址、联系电话等，授权或指定下属事业单位以及委托代理机构进行拍卖的，还应注明其名称、地址和联系电话等；

（2）拍卖地块的位置、面积、用途、开发程度、规划指标要求和土地使用年限等；

（3）竞买人的资格要求及申请取得竞买资格的办法；

（4）获取拍卖文件的时间、地点及方式；

（5）拍卖会的地点、时间和竞价方式；

（6）支付竞买保证金的数额、方式和期限；

（7）其他需要公告的事项。

国土资源部在《招标拍卖挂牌出让国有土地使用权规范》中，制作了国有建设用地使用权拍卖出让公告文本格式，要求市、县国土资源部门在编制拍卖出让公告时使用。

国有建设用地使用权拍卖出让公告示范文本

__________国土资源局

国有建设用地使用权拍卖出让公告

_______告字［　　］　号

经____________人民政府批准，____________国土资源局决定以拍卖方式出让_______（幅）地块的国有建设用地使用权。现将有关事项公告如下：

一、拍卖出让地块的基本情况和规划指标要求

编号	土地位置	土地面积（m^2）	土地用途	规划指标要求			出让年限（年）	投资强度要求	竞买保证金	…
				容积率	建筑密度	…				

［其他需要说明的宗地情况］

二、中华人民共和国境内外的法人、自然人和其他组织均可申请参加，申请人应当［可以］单独申请［，也可以联合申请］。［申请人应具备的其他条件］

三、本次国有建设用地使用权拍卖出让采用增价拍卖方式，按照价高者得原则确定竞得人。

四、本次拍卖出让的详细资料和具体要求，见拍卖出让文件。申请人可于________年____月____日至________年____月____日，到________________（地点）获取拍卖出让文件。

五、申请人可于________年____月____日至________年____月____日，到________________（地点）向我局提交书面申请。交纳竞买保证金的截止时间为________年____月____日____时。

经审查，申请人按规定交纳竞买保证金，具备申请条件的，我局将在________年____月____日____时前确认其竞买资格。

六、本次国有建设用地使用权拍卖会定于________年____月____日____时在________________（地点）举办。

七、其他需要公告的事项

……

八、联系方式与银行账户

联系地址：____________________

联系电话：____________________

联 系 人：____________________

开户单位：____________________

开 户 行：____________________

账　　号：____________________

________________国土资源局

________年____月____日

3. 挂牌出让公告的主要内容。挂牌公告涉及挂牌出让的基本信息，主要包括：

（1）出让人的名称、地址、联系电话等，授权或指定下属事业单位以及委托代理机构进行挂牌的，还应注明其机构名称、地址和联系电话等；

（2）挂牌地块的位置、面积、用途、开发程度、规划指标要求和土地使用年限等；

(3) 竞买人的资格要求及申请取得竞买资格的办法；

(4) 获取挂牌文件的时间、地点及方式；

(5) 挂牌地点和起止时间；

(6) 支付竞买保证金的数额、方式和期限；

(7) 其他需要公告的事项。

国土资源部在《招标拍卖挂牌出让国有土地使用权规范》中，制作了国有建设用地使用权挂牌出让公告文本格式，要求市、县国土资源部门在编制挂牌出让公告时使用。

国有建设用地使用权挂牌出让公告示范文本

________国土资源局

国有建设用地使用权挂牌出让公告

________告字［　］号

经________人民政府批准，________国土资源局决定以挂牌方式出让________（幅）地块的国有建设用地使用权。现将有关事项公告如下：

一、挂牌出让地块的基本情况和规划指标要求

编号	土地位置	土地面积（m^2）	土地用途	规划指标要求			出让年限（年）	投资强度要求	竞买保证金	…
				容积率	建筑密度	…				

［其他需要说明的宗地情况］

二、中华人民共和国境内外的法人、自然人和其他组织均可申请参加，申请人应当［可以］单独申请［，也可以联合申请］。［申请人应具备的其他条件。］

三、本次国有建设用地使用权挂牌出让按照价高者得原则确定竞得人。

四、本次挂牌出让的详细资料和具体要求，见挂牌出让文件。申请人可于______年____月____日至______年____月____日，到__________（地点）获取挂牌出让文件。

五、申请人可于______年____月____日至______年____月____日，到__________（地点）向我局提交书面申请。交纳竞买保证金的截止时间为______年____月____日____时。

经审查，申请人按规定交纳竞买保证金，具备申请条件的，我局将在______年____月____日____时前确认其竞买资格。

六、本次国有建设用地使用权挂牌地点为__________；各地块挂牌时间分别：

1. ____号地块：______年____月____日____时至______年____月____日____时；

2. ____号地块：______年____月____日____时至______年____月____日____时；

……

七、其他需要公告的事项

（一）挂牌时间截止时，有竞买人表示愿意继续竞价，转入现场竞价，通过现场竞价确定竞得人。

……

八、联系方式与银行账户

联系地址：__________

联系电话：__________

联 系 人：__________

开户单位：__________

开 户 行：__________

账　　号：__________

__________国土资源局

______年____月____日

4. 公开出让公告的主要内容。一般来说，拟订国有建设用地使用权出让方案时，应该明确具体的出让方式，即招标、拍卖或挂牌方式，出让方案经市、县人民政府批准后，国土资源部门再按照批准的出让方案，编制出让文件，发布出让公告。但由于各地经济发展水平、土地市场环境的差异性，可能出现出让方案确定明确采取招标出让方式，招标出让公告发布，只有一人报名，不符合招标出让必须有三人以上报名的政策要求，招标出让活动因此终止的情况，不利于市、县人民政府按照土地利用年度计划和年度土地供应计划及时供地。

为防止这种情况发生而影响土地的有序供应，《招标拍卖挂牌出让国有土地使用权规范》明确，在编制宗地出让方案时不能确定具体的招标拍卖挂牌方式的，市、县国土资源行政主管部门可以在出让方案中只明确拟出让宗地采取公开出让方式，编制和发布“国有建设用地使用权公开出让公告”。因此，属于发布“国有建设用地使用权公开出让公告”情形的，在出让文件中应当明确根据申请截止时的申请情况来确定具体的招标拍卖挂牌方式。

公开出让公告的内容主要包括：

（1）出让人的名称、地址、联系电话等，授权或指定下属事业单位以及委托代理机构进行挂牌的，还应注明其机构名称、地址和联系电话等；

（2）公开出让地块的位置、面积、用途、开发程度、规划指标要求和土地使用年限等；

（3）竞买人的资格要求及申请取得竞投、竞买资格的办法；

（4）获取公开出让文件的时间、地点及方式；

（5）根据申请截止时的申请情况确定具体的招标（拍卖、挂牌）方式后，招标活动实施时间、地点，投标期限、地点和方式（拍卖会的地点、时间和竞价方式；挂牌地点和起止时间）；

（6）支付竞买、竞投保证金的数额、方式和期限；

（7）其他需要公告的事项。

国土资源部在《招标拍卖挂牌出让国有土地使用权规范》中，制作了国有建设用地使用权公开出让公告的文本格式，要求市、县国土资源部门在编制公开出让公告时使用。

国有建设用地使用权公开出让公告示范文本

________国土资源局

国有建设用地使用权公开出让公告

______告字［ ］号

经____________人民政府批准，____________国土资源局决定公开出让______（幅）地块的国有建设用地使用权。现将有关事项公告如下：

一、公开出让地块的基本情况和规划指标要求

编号	土地位置	土地面积（m^2）	土地用途	规划指标要求			出让年限（年）	投资强度要求	投标、竞买保证金	…
				容积率	建筑密度	…				

［其他需要说明的宗地情况］

二、中华人民共和国境内外的法人、自然人和其他组织均可申请参加，申请人应当［可以］单独申请［，也可以联合申请］。［申请人应具备的其他条件］

三、我局将根据申请截止时的申请情况，在______年____月____日____时确定上述宗地公开出让的具体方式（招标拍卖挂牌或挂牌），并告知所有申请人。

本次国有建设用地使用权公开出让按照价高者得原则确定受让人。

四、本次公开出让的详细资料和具体要求，见公开出让文件。申请人可于______年____月____日至______年____月____日，到__________（地点）获取出让文件。

五、申请人可于______年____月____日至______年____月____日，到__________（地点）向我局提交书面申请。交纳投标、竞买保证金的截止时间为______年____月____日____时。

经审查，申请人按规定交纳投标、竞买保证金，具备申请条件的，

我局将在________年____月____日____时前确认其投标、竞买资格。

六、公开出让的时间为________年____月____日____时，地点为________________。

七、其他需要公告的事项

……

八、联系方式与银行账户

联系地址：____________________

联系电话：____________________

联 系 人：____________________

开户单位：____________________

开 户 行：____________________

账　　号：____________________

________________国土资源局

________年____月____日

（三）出让公告的发布与调整

1. 出让公告的发布。为充分及时公开拟出让宗地的信息，国土资源部出台了一系列政策性文件，对招标拍卖挂牌出让公告的发布做了明确要求。2002 年，国土资源部发布的《招标拍卖挂牌出让国有土地使用权规定》（国土资源部 11 号令）明确规定：出让人应当至少在投标、拍卖或者挂牌开始日前 20 日发布招标拍卖挂牌公告。2004 年，国土资源部、监察部下发的《关于继续开展经营性土地使用权招标拍卖挂牌出让情况执法监察工作的通知》进一步提出：招标拍卖挂牌出让公告，除在相关媒体上公布外，还应同时在中国土地市场网上发布，信息公开必须及时、准确、真实。2006 年，国土资源部发布实施的《招标拍卖挂牌出让国有土地使用权规范》进一步做了具体明确的规定：国有土地使用权招标拍卖挂牌出让公告，应当由市、县国土资源管理部门发布。出让公告应当通过报刊、电视台等媒体公开发布，并须同时在中国土地市场网和当地土地有形市场上发布。出让公告应当至少在招标拍卖挂牌活动开始前 20 日发布，以媒体首次发布的时间为起始日。2007 年，国土资源部《招标拍卖挂牌出让国有建设用地使用权规定》（国土资源部39号令）再次明确规定：出让人应当至少在投标、拍卖或者挂牌开始日前20日，在土地有形市场或者指定的场所、媒介发布招标拍卖挂牌公告，公布招标拍卖挂牌出让宗地的基本情况和招标拍卖挂牌的时间、地点。因此，无论是招标出让，还是拍卖出让和挂牌出让，对出让公告发布的主体、发布的媒介和发布的时间要求都是一样的。

2. 公告的类型。根据公告的内容和涉及的宗地数，出让公告一般可以分为两类。

（1）出让方式确定的出让公告和出让方式待定的出让公告。前者如“国有建设用地使用权招标出让公告”、“国有建设用地使用权拍卖出让公告”或“国有建设用地使用权挂牌出让公告”。后者如“国有建设用地使用权公开出让公告”。

（2）单宗地出让公告和多宗地出让联合公告。出让公告可以是单宗地的公告，也可以是多宗地的联合公告。

单宗地公开出让公告

山东省临沂市国有土地使用权公开出让公告

（2008年第22期）

经临沂市人民政府批准，临沂市国土资源局决定公开出让一宗国有土地使用权，现将有关出让事项公告如下：

一、出让地块基本情况和规划设计主要指标

宗地编号	土地坐落	出让面积（m^2）	土地用途	使用年限（年）	规划条件	起始价（万元）	保证金（万元）
2008—042	位于河东区九曲街道人民大街南侧，东至中国人民财产保险股份有限公司临沂市河东区支公司，西至临沂市劳动服务公司，南至胡庄村村办企业，北至人民大街	14630	商业 居住	40 70	容积率≤2.0；建筑密度≤28%；绿地率≥35%	1680	1680

二、申请人范围

中华人民共和国境内外的法人、自然人和其他组织，均可申请参加；可单独申请，也可联合申请。

三、申请与登记

申请人持营业执照副本、法定代表人证明、法定代表人（个人）身份证、授权委托书、竞买保证金，于2008年3月28日至2008年4月14日到临沂市国土资源局土地储备中心索取有关材料，提出竞买申请，办理竞买手续，逾期不予受理；申请人竞得土地后拟成立新公司进行开发建设的，在申请书中必须予以说明并明确新公司的出资构成、成立时间等内容。

四、出让方式及竞买时间、地点

拍卖时间、地点另行通知。

挂牌出让定于2008年4月7日上午9时至2008年4月16日下午5时整，挂牌地点在临沂市国土资源局土地储备中心，详见挂牌出让公告栏。2008年4月17日上午9时整在临沂市国土资源局土地储备中心举行揭牌和成交签字仪式（如有变动另行通知）。

五、本次国有土地使用权公开出让的事项如有变更，出让人将于2007年4月3日前在相关媒体刊登变更公告，届时以变更公告为准。

六、出让地块现场踏勘时间

出让人将根据申请人要求随时组织对地块进行现场踏勘，申请人也可自行踏勘。

咨询电话：0539－831××××　　805××××（传真）

查询网址：http：//www.lygtzy.gov.cn

临沂市国土资源局地址：兰山区金雀山路59号

临沂市国土资源局土地储备中心地址：兰山区金雀山路105号（建行市中支行办公楼四楼）

联系人：×××

临沂市国土资源局

2008年3月18日

3. 出让公告的调整。公告期间，由于种种原因，如拟出让地块规划条件的调整、面积和用途的调整、招标拍卖挂牌活动实施时间和地点的调整、投标竞买保证金数额和支付期限的调整等等，从而使出让公告的内容发生变化，如不及时发布招标拍卖挂牌出让补充公告，就会造成政府向社会发布的信息与实际供地的信息不一致，既不利于竞投人参加出让活动，也会直接影响政府顺利将土地供出。正因为这样，《招标拍卖挂牌出让国有土地使用权规范》明确规定：公告期间，出让公告内容发生变化的，市、县国土资源管理部门应当按原公告发布渠道及时发布补充公告。涉及土地使用条件变更等影响土地价格的重大变动，补充公告发布时间距招标拍卖挂牌活动开始时间少于20日的，招标拍卖挂牌活动相应顺延。发布补充公告的，市、县国土资源管理部门应当书面通知已报名的申请人。

4. 出让公告发布与调整的原则。根据上述政策规定，发布和调整招标拍卖挂牌出让公告时，必须把握五点：

一是公告发布的主体。公告发布的主体应当是市、县国土资源管理部门。法律明确规定国有建设用地使用权出让的主体是市、县国土资源管理部门，发布出让公告是出让人以招标拍卖挂牌方式出让国有建设用地使用权中必不可少的环节。

二是公告发布的内容。公告的内容是拟招标拍卖挂牌出让土地的主要信息。主要涉及招标拍卖挂牌出让宗地的基本情况和招标拍卖挂牌的时间、地点等，招标拍卖挂牌出让的全部信息可以在出让须知等出让文件中获取，因此，公告内容无需面面俱到。

三是公告发布的时间。公告应当至少在招标拍卖挂牌活动开始前20日发布，以媒体首次发布的时间为起始日。可以多于20日，但不得少于20日。

四是公告发布的渠道。出让公告可以通过报刊、电视台、互联网、土地有形市场等多种渠道公开发布，但必须同时在中国土地市场网和当地土地有形市场上发布。也就是说，除了必须在中国土地市场网和市、县土地有形市场发布出让公告之外，也可以在其他媒介上发布，信息披露得越充分越好。

五是公告内容调整后的重新发布。出让公告调整分两种情况，第一种情况是，公告内容的变化比如土地面积、土地用途、容积率等的调整对出让宗地的总价和单价有重大影响，市、县国土资源局补充公告发布时间距招标拍卖挂牌活动开始时间少于20日的，招标拍卖挂牌活动应当相应顺延至20日。例如，某市2007年10月10日在该市日报上首次发布一宗国有土地使用权拍卖出让公告，规定于10月20日上午10点在该市国土资源局交易大厅举行拍卖会。公告发布后，该市调整了该宗地容积率，10月15日发布补充公告，规定于10月25日上午10点举行拍卖会。第二种情况是，公告内容的调整不影响出让宗地价格，市、县国土资源局必须发布补充公告，但不要求相应顺延招标拍卖挂牌活动的时间。特别需要注意的是，出让公告发布后，已经报名参加竞买的申请人，可能不会留意补充公告的情况，因此，无论补充公告内容对地价有无影响，市、县国土资源部门都必须书面告知已经报名的每位申请人，以保证申请人及时掌握变化了的出让信息，按时参加招投标和拍卖挂牌活动。

四、招标拍卖挂牌出让须知

编制招标拍卖挂牌出让须知，是招标拍卖挂牌出让工作的一项重要内容。出让须知应当着重说明本次招标拍卖挂牌出让的基本程序，竞投人或竞买人应遵循的规定和承诺的义务，招标拍卖挂牌出让文件的基本内容、份数、形式、有效期及其他要求，评标、竞价的方法、原则，中标、成交结果的处理，出让合同的签订等内容。

（一）国有建设用地使用权招标出让须知

国有建设用地使用权招标出让须知示范文本

国有建设用地使用权招标出让须知

根据《中华人民共和国土地管理法》、《中华人民共和国城市房地产管理法》、《中华人民共和国物权法》、《中华人民共和国城镇国有土地使用权出让和转让暂行条例》、《招标拍卖挂牌出让国有土地使用权规定》以及《招标拍卖挂牌出让国有土地使用权规范》等有关规定，经__________人民政府批准，__________国土资源局决定以招标方式公开出让_____（幅）地块的国有建设用地使用权。

一、此次国有建设用地使用权招标出让的出让人为__________国土资源局，具体组织实施由我局［自行办理］［指定/授权下属事业单位__________土地交易中心承办］［委托________公司承办］。

二、此次国有建设用地使用权招标出让，遵循公开、公平、公正和诚实信用原则。

三、出让地块的基本情况及规划指标要求：

（一）地块位置：______________；

（二）地块范围：______________；

（三）出让面积：______________；

（四）土地用途：______________；

（五）规划容积率：____________；

（六）规划建筑密度：___________；

（七）绿地率：_______________；

（八）土地开发程度：___________；

（九）国有建设用地使用权出让年期：___年；

（十）投资强度要求等土地使用标准：_______；

（十一）动工及竣工时间：_________；

……

四、投标资格及要求

中华人民共和国境内外的法人、自然人和其他组织均可申请参加，［申请人应具备的其他条件］。申请人应当［可以］单独申请［，也可以联合申请］。

交纳投标保证金的截止时间为_____年___月___日___时。上述宗地的投标保证金分别为：

1. ___号地块为人民币_____万元（大写）（￥_____）；

2. ___号地块为人民币_____万元（大写）（￥_____）；

……

五、申请和资格审查

（一）招标文件取得

申请人可于________年____月____日至________年____月____日，到________________（地点）获取本次招标出让文件，具体包括：

（1）招标出让公告；

（2）招标出让须知；

（3）标书；

（4）投标申请书；

（5）宗地界址图；

（6）宗地规划指标要求；

（7）中标通知书；

（8）国有建设用地使用权出让合同；

（9）其他相关文件。

（二）提交申请

申请人可于________年____月____日至________年____月____日，到________________（地点）向我局提交书面申请。申请文件包括：

1. 法人申请的，应提交下列文件：

（1）申请书；

（2）法人单位有效证明文件；

（3）法定代表人的有效身份证明文件；

（4）申请人委托他人办理的，应提交授权委托书及委托代理人的有效身份证明文件；

（5）投标保证金交纳凭证；

（6）招标文件规定需要提交的其他文件。

2. 自然人申请的，应提交下列文件：

（1）申请书；

（2）申请人有效身份证明文件；

（3）申请人委托他人办理的，应提交授权委托书及委托代理人的身份证明文件；

（4）投标保证金交纳凭证；

（5）招标文件规定需要提交的其他文件。

3. 其他组织申请的，应提交下列文件：

（1）申请书；

（2）表明该组织合法存在的文件或有效证明；

（3）表明该组织负责人身份的有效证明文件；

（4）申请人委托他人办理的，应提交授权委托书及委托代理人的身份证明文件；

（5）投标保证金交纳凭证；

（6）招标文件规定需要提交的其他文件。

4. 境外申请人申请的，应提交下列文件：

（1）申请书；

（2）境外法人、自然人、其他组织的有效身份证明文件；

（3）申请人委托他人办理的，应提交授权委托书及委托代理人的有效身份证明文件；

（4）投标保证金交纳凭证；

（5）招标文件规定需要提交的其他文件。

上述文件中，申请书必须用中文书写，其他文件可以使用其他语言，但必须附中文译本，所有文件的解释以中文译本为准。

5. 联合申请的，应提交下列文件：

（1）联合申请各方共同签署的申请书；

（2）联合申请各方的有效身份证明文件；

（3）联合竞投协议，协议要规定联合各方的权利、义务，并明确签订《国有建设用地使用权出让合同》时的受让人；

（4）申请人委托他人办理的，应提交授权委托书及委托代理人的有效身份证明文件；

（5）投标保证金交纳凭证；

（6）招标文件规定需要提交的其他文件。

（三）资格审查

我局负责对招标出让公告规定的时间内收到的申请进行审查。按规定交纳投标保证金、通过资格审查的，方能取得有效投标资格。

经审查，有下列情形之一的，为无效申请：

(1) 申请人不具备投标资格的；

(2) 未按规定交纳投标保证金的；

(3) 申请文件不齐全或不符合规定的；

(4) 委托他人代理，委托文件不齐全或不符合规定的；

(5) 法律法规规定的其他情形。

(四) 确认投标人资格

经审查，申请人按规定交纳投标保证金、具备申请条件的，我局将在________年____月____日____时前发给《投标资格确认书》，并通知其参加招标活动。通过资格审查的申请人少于3人的，我局将依照有关规定，终止招标活动。

(五) 答疑及现场踏勘

申请人对招标出让文件有疑问的，可以书面或者口头方式向我局咨询。我局于________年____月____日组织申请人对拟出让地块进行现场踏勘。

六、招标程序

(一) 投标

本次国有建设用地使用权投标活动将于________年____月____日____时至____时在________________(地点)举行。标箱从当日____时整起开始设立于________________。

投标具体程序如下：

1. 投标开始前，招标主持人现场组织开启标箱，检查标箱情况后加封；

2. 招标主持人宣布投标开始；

3. 投标人在规定的时间将标书及其他文件送达指定的投标地点，经招标人登记后，将标书投入标箱。

投标人投标后，不可撤回投标文件，并对投标文件和有关书面承诺承担责任。投标人可以对已提交的投标文件进行补充说明，但应在招标文件要求提交投标文件的截止时间前书面通知招标人并将补充文件送达。

(二) 开标

本次招标于________年____月____日____时在________________（地点）开标，所有投标人参加。

开标具体程序如下：

1. 招标主持人宣布开标活动开始；

2. 招标主持人介绍参加会议的单位或个人；

3. 招标主持人宣布监标人员、记录人员名单；

4. 招标主持人邀请投标人或者其推选的代表检查标箱的密封情况，当众开启标箱；

5. 招标主持人点算标书；

6. 招标主持人组织逐一检查标箱内的投标文件，对不符合规定的标书宣布为无效标书；

7. 对确认无误的招标文件，由工作人员当众拆封；

8. 宣读投标人名称、投标价格和投标文件的其他主要内容。

（三）评标

[本次招标按照价高者得的原则确定中标人，不成立评标小组，根据开标结果，有效投标价格最高的投标人为中标候选人。有两个或两个以上申请人的报价相同且同为最高报价的，可以由相同报价的申请人在限定时间内再行报价，或者采取现场竞价方式确定中标人。] 本次招标按照综合条件最佳者得的原则确定中标人，具体由评标小组按照招标文件确定的评标标准和方法，对投标文件进行评审，综合评分，并根据综合评分结果确定中标候选人。

评标小组由出让人、有关专家组成，成员人数为5人以上的单数。

评标小组可以要求评标人对投标文件中含义不明确的内容作出必要的澄清或者说明，但澄清或者说明不得超出投标文件的范围或者改变投标文件的实质性内容。

评标小组应当根据评标结果，按照综合评分高低确定中标候选人排序，但低于底价或标底者除外。同时有两个或两个以上申请人的综合评分相同的，按报价高低排名，报价也相同的，可以由综合评分相同的申请人通过现场竞价确定排名顺序。投标人的投标价均低于底价或投标条件均不能够满足标底要求的，投标活动终止。

（四）定标

我局根据评标小组推荐的中标候选人确定中标人。[我局授权评标小组直接确定中标人。]

（五）发出《中标通知书》

确定中标人后，我局向中标人发出《中标通知书》。

（六）签订《国有建设用地使用权出让合同》

我局与中标人依据《中标通知书》约定签订《国有建设用地使用权出让合同》。

（七）公布出让结果

我局将在此次国有建设用地使用权招标活动结束后10个工作日内，在________________（土地有形市场或者指定场所、媒介）公布此次国有建设用地使用权招标出让结果。

七、注意事项

（一）申请人须全面阅读有关招标文件，如有疑问可以在投标日以前用书面或口头方式向我局咨询。申请人可到现场踏勘招标出让地块。申请人一经投标，即视为投标人对招标文件及地块现状无异议并全面接受，并对有关承诺承担法律责任。

（二）申请人竞得土地后，拟成立新公司进行开发建设的，应在申请书中明确新公司的出资构成、成立时间等内容。我局可以根据中标结果与中标人签订《国有建设用地使用权出让合同》，在中标人按约定办理完新公司注册登记手续后，再与新公司签订《国有建设用地使用权出让合同变更协议》。[我局同意直接与新公司签订《国有建设用地使用权出让合同》。]

（三）本次招标不接受电话、口头投标，不允许［允许］投标人邮寄投标文件［，但以招标人在投标截止时间前收到的方为有效，具体时间以我局收到投标文件的时间为准，由我局代为投入标箱］。

（四）投标人向招标人递交的投标文件必须密封，封面必须注明拟竞投的地块编号及投标单位的名称，并由法定代表人签名和加盖公章，投标人为个人的，应注明“个人投标”字样，并由投标人签名。

（五）投标人投标后，不可撤回投标文件，但可以对已提交的投标文件进行补充说明。进行补充说明的，投标人应在招标文件要求提交投标文件的截止时间前书面通知我局并将补充文件送达。

（六）评标活动在严格保密的情况下进行。

（七）投标文件有下列情形之一的，为无效投标文件：

1. 投标文件未密封的；

2. 投标文件未加盖投标人印鉴，也未经法定代表人签署的；

3. 投标文件不齐备、内容不全或不符合规定的；

4. 投标人对同一个标的有两个或两个以上报价的；

5. 委托投标但委托文件不齐全或不符合规定的；

6. 评标小组认为投标文件无效的其他情形。

（八）对认定的无效申请和无效投标文件，我局将及时通知有关申请人和投标人。

（九）投标人的投标价均低于底价或投标条件均不能够满足标底要求的，招标活动终止。

（十）《中标通知书》对招标人和中标人具有法律效力。中标人交纳的投标保证金，在中标后转作出让地块的定金。招标人改变中标结果，或者中标人放弃中标宗地的，应当承担法律责任。

（十一）未中标人交纳的投标保证金，我局将在招标活动结束后5个工作日内予以退还，不计利息。

（十二）有下列情形之一的，招标人应当在开标前终止招标，并通知投标人：

1. 投标人串通损害国家利益、社会利益或他人合法权益的；

2. 招标工作人员、评标小组成员私下接触投标人，足以影响招标公正性的；

3. 取得投标资格的申请人不足3人的；

4. 应当依法终止招标活动的其他情形。

（十三）中标人有下列行为之一的，视为违约，招标人可取消其中标人资格，投标保证金不予退还：

1. 中标人逾期或拒绝签收《中标通知书》的；

2. 中标人逾期或拒绝签订《国有建设用地使用权出让合同》的。

（十四）在招标过程中，发生中标人被取消中标资格情形的，招标人可重新确定中标人或另行组织招标。

（十五）中标价即为该幅地块的总地价款，包括________。

（十六）中标人与出让人签订《国有建设用地使用权出让合同》后，应当按出让合同约定支付中标价款。中标人付清全部中标价款后，依法申请办理土地登记，领取《国有土地使用证》。

（十七）招标未成交的，应当按规定由我局重新组织出让。

（十八）参加投标、开标活动的人员，应遵守现场的纪律，服从管理人员的管理。

（十九）其他事项

……

（二十）我局对本《须知》有解释权。未尽事宜依照《招标拍卖挂牌出让国有土地使用权规范》办理。

________国土资源局

________年____月____日

（二）国有建设用地使用权拍卖出让须知

国有建设用地使用权拍卖出让须知示范文本

国有建设用地使用权拍卖出让须知

根据《中华人民共和国土地管理法》、《中华人民共和国城市房地产管理法》、《中华人民共和国物权法》、《中华人民共和国城镇国有土地使用权出让和转让暂行条例》、《招标拍卖挂牌出让国有土地使用权规定》以及《招标拍卖挂牌出让国有土地使用权规范》等有关规定，经________人民政府批准，________国土资源局决定以拍卖方式出让________（幅）地块的国有土地使用权。

一、本次国有建设用地使用权拍卖出让的出让人为________国土资源局，具体组织实施由我局［自行办理］［指定或授权下属事业单位________土地交易中心承办］［委托________公司承办］。

二、本次国有建设用地使用权拍卖出让遵循公开、公平、公正和诚实信用原则。

三、出让地块的基本情况及规划指标要求：

（一）地块位置：______________________；

（二）地块范围：______________________；

（三）出让面积：______________________；

（四）土地用途：______________________；

（五）规划容积率：____________________；

（六）规划建筑密度：__________________；

（七）绿地率：________________________；

（八）土地开发程度：__________________；

（九）土地使用权出让年期：____年；

（十）投资强度要求等土地使用标准：____________；

（十一）动工及竣工时间：________________；

……

四、竞买资格及要求

中华人民共和国境内外的法人、自然人和其他组织均可申请参加，[申请人应具备的其他条件] 申请人应当 [可以] 单独申请 [，也可以联合申请]。

交纳竞买保证金的截止时间为_______年____月____日____时。上述宗地的竞买保证金分别为：

1. ____号地块为人民币________万元（大写）（¥________）；

2. ____号地块为人民币________万元（大写）（¥________）；

……

五、申请和资格审查

（一）拍卖文件取得

申请人可于________年____月____日至________年____月____日，到________________（地点）获取本次拍卖出让文件，具体包括：

（1）拍卖出让公告；

（2）拍卖出让须知；

（3）竞买申请书；

（4）宗地界址图；

（5）宗地规划指标要求；

（6）成交确认书；

（7）国有建设用地使用权出让合同；

（8）其他相关文件。

（二）提交申请

申请人可于________年____月____日至________年____月____日，到________________（地点）向我局提交书面申请。申请文件包括：

1. 法人申请的，应提交下列文件：

（1）申请书；

（2）法人单位有效证明文件；

（3）法定代表人的有效身份证明文件；

（4）申请人委托他人办理的，应提交授权委托书及委托代理人的有效身份证明文件；

（5）竞买保证金交纳凭证；

（6）拍卖文件规定需要提交的其他文件。

2. 自然人申请的，应提交下列文件：

（1）申请书；

（2）申请人有效身份证明文件；

（3）申请人委托他人办理的，应提交授权委托书及委托代理人的身份证明文件；

（4）竞买保证金交纳凭证；

（5）拍卖文件规定需要提交的其他文件。

3. 其他组织申请的，应提交下列文件：

（1）申请书；

（2）表明该组织合法存在的文件或有效证明；

（3）表明该组织负责人身份的有效证明文件；

（4）申请人委托他人办理的，应提交授权委托书及委托代理人的身份证明文件；

（5）竞买保证金交纳凭证；

(6) 拍卖文件规定需要提交的其他文件。

4. 境外申请人申请的，应提交下列文件：

(1) 申请书；

(2) 境外法人、自然人、其他组织的有效身份证明文件；

(3) 申请人委托他人办理的，应提交授权委托书及委托代理人的有效身份证明文件；

(4) 竞买保证金交纳凭证；

(5) 拍卖文件规定需要提交的其他文件。

上述文件中，申请书必须用中文书写，其他文件可以使用其他语言，但必须附中文译本，所有文件的解释以中文译本为准。

5. 联合申请的，应提交下列文件：

(1) 联合申请各方共同签署的申请书；

(2) 联合申请各方的有效身份证明文件；

(3) 联合竞投协议，协议要规定联合各方的权利、义务，并明确签订《国有建设用地使用权出让合同》时的受让人；

(4) 申请人委托他人办理的，应提交授权委托书及委托代理人的有效身份证明文件；

(5) 竞买保证金交纳凭证；

(6) 拍卖文件规定需要提交的其他文件。

(三) 资格审查

我局负责对拍卖出让公告规定的时间内收到的申请进行审查。按规定交纳竞买保证金、通过资格审查的，方能取得竞买资格。

经审查，有下列情形之一的，为无效申请：

(1) 申请人不具备竞买资格的；

(2) 未按规定交纳竞买保证金的；

(3) 申请文件不齐全或不符合规定的；

(4) 委托他人代理，委托文件不齐全或不符合规定的；

(5) 法律法规规定的其他情形。

(四) 确认竞买人资格

经审查，申请人按规定交纳竞买保证金、具备申请条件的，我局将在________年____月____日____时前发给《竞买资格确认书》，并通知其领取竞买标志牌以及参加拍卖会。通过资格审查的申请人少于3人的，我局将依照有关规定终止拍卖。

（五）答疑及现场踏勘

申请人对拍卖出让文件有疑问的，可以在拍卖会开始前以书面或者口头方式向我局咨询。我局于________年____月____日组织申请人对拟出让地块进行现场踏勘。

六、各宗地的拍卖起叫价、增价幅度

1. ____号地块：起叫价为人民币________万元（大写）（¥________），增价幅度为人民币________万元（大写）（¥________）；

2. ____号地块：起叫价为人民币________万元（大写）（¥________），增价幅度为人民币________万元（大写）（¥________）；

……

七、拍卖程序

（一）拍卖会程序

1. 主持人宣布拍卖会开始；

2. 拍卖主持人、记录员就位；

3. 拍卖主持人宣布竞买人到场情况；

设有底价的，出让人应当现场将密封的拍卖底价交给拍卖主持人，拍卖主持人现场开启密封件。

4. 拍卖主持人介绍拍卖地块的位置、面积、用途、使用年限、规划指标要求、建设时间等；

5. 拍卖主持人宣布拍卖宗地的起叫价、增价规则和增价幅度，并明确提示是否设有底价。在拍卖过程中，拍卖主持人可根据现场情况调整增价幅度。

6. 拍卖主持人报出起叫价，宣布竞价开始；

7. 竞买人举牌应价或者报价；

8. 拍卖主持人确认该竞买人应价或者报价后继续竞价；

9. 拍卖主持人连续3次宣布同一应价或报价而没有人再应价或出价，且该价格不低于底价的，拍卖主持人落槌表示拍卖成交，并宣布最高应价者为竞得人。成交结果对拍卖人、竞得人和出让人均具有法律效力。最高应价或报价低于底价的，拍卖主持人宣布拍卖终止。

（二）确定竞得人后，拍卖人与竞得人当场签订《成交确认书》，拍卖人或竞得人不按规定签订《成交确认书》的，应当承担法律责任。竞得人拒绝签订《成交确认书》的，不能对抗拍卖成交结果的法律效力。

（三）出让人与竞得人依据《成交确认书》约定，签订《国有建设用地使用权出让合同》。

（四）出让结果公布

我局将在此次国有土地使用权拍卖会结束后10个工作日内，在________________（土地有形市场或者指定场所、媒介）公布本次国有建设用地使用权拍卖出让结果。

八、竞价规则

（一）本次拍卖采用增价拍卖方式，按价高者得的原则确定竞得人。

（二）竞买人以举牌方式应价，也可以报价，但报价的加价幅度不得小于拍卖主持人宣布或调整的增价幅度。

（三）本次拍卖设有底价，最后应价未达到底价时，拍卖主持人终止拍卖活动［本次拍卖为无底价拍卖］。

九、注意事项

（一）申请人须全面阅读有关拍卖文件，如有疑问可以在拍卖会开始日以前用书面或口头方式向我局咨询。申请人可到现场踏勘拍卖出让地块。申请一经受理确认后，即视为竞买人对拍卖文件及地块现状无异议并全部接受，并对有关承诺承担法律责任。

（二）申请人竞得土地后，拟成立新公司进行开发建设的，应在申请书中明确新公司的出资构成、成立时间等内容。我局可以根据拍卖结果与竞得人签订《国有建设用地使用权出让合同》，在竞得人按约定办理完新公司注册登记手续后，再与新公司签订《国有建设用地使用权出让合同变更协议》。［我局同意直接与新公司签订《国有建设用地使用权出让合同》。］

（三）竞买人一经应价或报价，不可撤回。

（四）确定竞得人后，竞得人在土地拍卖现场与拍卖人签订《成交确认书》。委托他人代签的，应提交法定代表人亲笔签名并盖章的授权委托书。《成交确认书》对拍卖人和竞得人具有法律效力，拍卖人改变拍卖结果的，或者竞得人放弃竞得宗地的，应当承担法律责任。

（五）竞得人交纳的竞买保证金，在拍卖成交后转作受让地块的定金。未竞得人交纳的竞买保证金，我局在拍卖活动结束后5个工作日内予以退还，不计利息。

（六）有下列情形之一的，拍卖人应当在拍卖会前终止拍卖活动，并通知竞买人：

1. 竞买人串通损害国家利益、社会利益或他人合法权益的；
2. 拍卖工作人员私下接触竞买人，足以影响拍卖公正性的；
3. 取得竞买资格的申请人不足3人的；
4. 应当依法终止拍卖活动的其他情形。

（七）竞得人有下列行为之一的，视为违约，拍卖人可取消其竞得人资格，竞买保证金不予退还：

1. 竞得人逾期或拒绝签订《成交确认书》的；
2. 竞得人逾期或拒绝签订《国有建设用地使用权出让合同》的。

（八）拍卖成交价即为该幅地块的总地价款，包括______。

（九）竞得人与出让人签订《国有建设用地使用权出让合同》后，应当按出让合同约定支付拍卖成交价款。竞得人付清全部拍卖成交价款后，依法申请办理土地登记，领取《国有土地使用证》。

（十）拍卖不成交的，应当按规定由我局重新组织出让。

（十一）参加拍卖活动的人员，应遵守现场的纪律，服从管理人员的管理。

（十二）其他事项。

（十三）我局对本《须知》有解释权。未尽事宜依照《招标拍卖挂牌出让国有土地使用权规范》办理。

__________国土资源局

______年____月____日

（三）国有建设用地使用权挂牌出让须知

国有建设用地使用权挂牌出让须知示范文本

国有建设用地使用权挂牌出让须知

根据《中华人民共和国土地管理法》、《中华人民共和国城市房地产管理法》、《中华人民共和国物权法》、《中华人民共和国城镇国有土地使用权出让和转让暂行条例》、《招标拍卖挂牌出让国有土地使用权规定》以及《招标拍卖挂牌出让国有土地使用权规范》等有关规定，经____________人民政府批准，____________国土资源局决定以挂牌方式出让______（幅）地块的国有土地使用权。

一、本次国有建设用地使用权挂牌出让的出让人为______国土资源局，具体组织实施由我局［自行办理］［指定/授权下属事业单位__________土地交易中心承办］［委托__________公司承办］。

二、本次国有建设用地使用权挂牌出让遵循公开、公平、公正和诚实信用原则。

三、出让地块的基本情况及规划指标要求等：

（一）地块位置：__________________；

（二）地块范围：__________________；

（三）出让面积：__________________；

（四）土地用途：__________________；

（五）规划容积率：________________；

（六）规划建筑密度：______________；

（七）绿地率：____________________；

（八）土地开发程度：______________；

（九）土地使用权出让年期：____年；

（十）投资强度要求等土地使用标准：________；

（十一）动工及竣工时间：__________；

……

四、竞买资格及要求

中华人民共和国境内外的法人、自然人和其他组织均可申请参加，

［申请人还应具备的其他条件］申请人应当［可以］单独申请［，也可以联合申请］。

交纳竞买保证金的截止时间为______年____月____日____时。上述宗地的竞买保证金分别为：

1. ____号地块为人民币______万元（大写）（¥______）；

2. ____号地块为人民币______万元（大写）（¥______）；

……

五、申请和资格审查

（一）挂牌文件取得

申请人可于______年____月____日至______年____月____日，到__________（地点）获取本次挂牌出让文件，具体包括：

（1）挂牌出让公告；

（2）挂牌出让须知；

（3）竞买申请书；

（4）挂牌出让报价单；

（5）宗地界址图；

（6）宗地规划指标要求；

（7）成交确认书；

（8）国有建设用地使用权出让合同；

（9）其他相关文件。

（二）提交申请

申请人可于______年____月____日至______年____月____日，到__________（地点）向我局提交书面申请。申请文件包括：

1. 法人申请的，应提交下列文件：

（1）申请书；

（2）法人单位有效证明文件；

（3）法定代表人的有效身份证明文件；

（4）申请人委托他人办理的，应提交授权委托书及委托代理人的有效身份证明文件；

（5）竞买保证金交纳凭证；

(6) 挂牌文件规定需要提交的其他文件。

2. 自然人申请的，应提交下列文件：

(1) 申请书；

(2) 申请人有效身份证明文件；

(3) 申请人委托他人办理的，应提交授权委托书及委托代理人的身份证明文件；

(4) 竞买保证金交纳凭证；

(5) 挂牌文件规定需要提交的其他文件。

3. 其他组织申请的，应提交下列文件：

(1) 申请书；

(2) 表明该组织合法存在的文件或有效证明；

(3) 表明该组织负责人身份的有效证明文件；

(4) 申请人委托他人办理的，应提交授权委托书及委托代理人的身份证明文件；

(5) 竞买保证金交纳凭证；

(6) 挂牌文件规定需要提交的其他文件。

4. 境外申请人申请的，应提交下列文件：

(1) 申请书；

(2) 境外法人、自然人、其他组织的有效身份证明文件；

(3) 申请人委托他人办理的，应提交授权委托书及委托代理人的有效身份证明文件；

(4) 竞买保证金交纳凭证；

(5) 挂牌文件规定需要提交的其他文件。

上述文件中，申请书必须用中文书写，其他文件可以使用其他语言，但必须附中文译本，所有文件的解释以中文译本为准。

5. 联合申请的，应提交下列文件：

(1) 联合申请各方共同签署的申请书；

(2) 联合申请各方的有效身份证明文件；

(3) 联合竞投协议，协议要规定联合各方的权利、义务，并明确签订《国有建设用地使用权出让合同》时的受让人；

(4) 申请人委托他人办理的，应提交授权委托书及委托代理人的有效身份证明文件；

(5) 竞买保证金交纳凭证；

(6) 挂牌文件规定需要提交的其他文件。

(三) 资格审查

我局负责对挂牌出让公告规定的时间内收到的申请进行审查。按规定交纳竞买保证金、通过资格审查的，方能取得竞买资格。

经审查，有下列情形之一的，为无效申请：

(1) 申请人不具备竞买资格的；

(2) 未按规定交纳竞买保证金的；

(3) 申请文件不齐全或不符合规定的；

(4) 委托他人代理，委托文件不齐全或不符合规定的；

(5) 法律法规规定的其他情形。

(四) 确认竞买人资格

经审查，申请人按规定交纳竞买保证金、具备申请条件的，我局将在________年____月____日____时前发给《竞买资格确认书》确认其竞买资格，并通知其参加挂牌活动。

(五) 答疑及现场踏勘

申请人对挂牌出让文件有疑问的，可在挂牌活动开始前以书面或者口头方式向我局咨询。我局于________年____月____日组织申请人对拟出让地块进行现场踏勘。

六、本次挂牌出让活动有关时间

挂牌时间为10个工作日，不包括法定节假日。具体如下：

1. 挂牌起始时间：________年____月____日____时；

2. 挂牌截止时间：各挂牌地块由挂牌主持人分别在下列时间主持确定挂牌截止：

(1) ____号地块：________年____月____日____时；

(2) ____号地块：________年____月____日____时；

……

3. 接受挂牌报价时间：挂牌期间上午____时至____时和下午____

时至____时。

七、各宗地的挂牌起始价、增价幅度

1. ______号地块：起始价为人民币________万元（大写）（¥________），增价幅度为人民币________万元（大写）（¥________）；

2. ______号地块：起始价为人民币________万元（大写）（¥________），增价幅度为人民币________万元（大写）（¥________）；

……

八、挂牌程序

（一）公布挂牌信息

1. 挂牌人将有关宗地的位置、面积、用途、使用年期、规划要求、起始价、增价规则及增价幅度等挂牌公布；

2. 挂牌主持人介绍各地块的情况。

（二）挂牌竞价

1. 挂牌主持人介绍挂牌起始价、增价幅度等竞价规则，宣布挂牌竞价开始；

2. 竞买人填写《挂牌竞买报价单》进行报价；

3. 挂牌主持人收到《挂牌竞买报价单》后，对报价单予以审核，对符合规定的报价予以确认；

4. 挂牌主持人确认该报价后，更新显示挂牌价格，继续接受新的报价。

（三）挂牌截止

挂牌截止应当由挂牌主持人主持确定。设有底价的，出让人应当在挂牌截止前将密封的挂牌底价交给挂牌主持人，挂牌主持人现场打开密封件。在公告规定的挂牌截止时间，竞买人应当出席挂牌现场，挂牌主持人宣布最高报价及其报价者，并询问竞买人是否愿意继续竞价。

1. 各地块由挂牌主持人分别在下列时间主持确定挂牌截止：

（1）____号地块：________年____月____日____时；

（2）____号地块：________年____月____日____时；

……

2. 挂牌主持人宣布最高报价及其报价者，并询问竞买人是否愿意继续竞价。

3. 有竞买人表示愿意继续竞价的，即属于挂牌截止时有两个或两个以上竞买人要求报价的情形，挂牌主持人应当宣布挂牌出让转入现场竞价，并宣布现场竞价的时间和地点，通过现场竞价确定竞得人。

4. 挂牌主持人连续3次报出最高挂牌价格，没有竞买人表示愿意继续竞价的，挂牌主持人宣布挂牌活动结束，并按下列规定确定挂牌结果：

(1) 最高挂牌价格不低于底价的，挂牌主持人宣布挂牌成交，最高挂牌价格的出价人为竞得人；

(2) 最高挂牌价格低于底价的，挂牌主持人宣布挂牌不成交。

(四) 现场竞价

现场竞价由土地招标拍卖挂牌主持人主持进行，取得该宗地挂牌竞买资格的竞买人均可参加现场竞价。现场竞价按下列程序举行：

(1) 挂牌主持人应当宣布现场竞价的起始价、竞价规则和增价幅度，并宣布现场竞价开始。现场竞价的起始价为挂牌活动截止时的最高报价增加一个加价幅度后的价格。

(2) 参加现场竞价的竞买人按照竞价规则应价或报价。

(3) 挂牌主持人确认该竞买人应价或者报价后继续竞价。

(4) 挂牌主持人连续3次宣布同一应价或报价而没有人再应价或报价，且该价格不低于底价的，挂牌主持人宣布最高应价或报价者为竞得人。最高应价或报价低于底价的，挂牌主持人宣布现场竞价终止。

在现场竞价中无人参加竞买或无人加价的，以挂牌截止时出价最高者为竞得人，但低于挂牌出让底价者除外。

(五) 签订《成交确认书》

确定竞得人后，挂牌人与竞得人当场签订《成交确认书》。竞得人拒绝签订《成交确认书》的，不能对抗挂牌成交结果的法律效力。

(六) 签订《国有建设用地使用权出让合同》

出让人与竞得人依据《成交确认书》约定签订《国有建设用地使用权出让合同》。

(七) 出让结果公布

我局将在本次国有土地使用权挂牌出让活动结束后10个工作日内，

在＿＿＿＿＿＿＿＿＿（土地有形市场或者指定的场所、媒介）公布本次国有土地使用权挂牌出让结果。

九、报价规则

（一）本次挂牌以价高者得为原则确定竞得人。

（二）本次挂牌以增价方式进行报价，每次加价幅度不得小于挂牌主持人宣布的增价幅度。

（三）竞买人以填写《挂牌竞买报价单》方式报价，《挂牌竞买报价单》一经报出，不得撤回。

（四）在报价期间，竞买人可多次报价。

（五）竞买人报价有下列情形之一的，为无效报价：

(1) 报价单未在挂牌期限内收到的；

(2) 不按规定填写报价单的；

(3) 报价单填写人与竞买申请文件不符的；

(4) 报价不符合报价规则的；

(5) 报价不符合挂牌文件规定的其他情形。

（六）有两个或两个以上竞买人报价相同的，确认先提交报价单者为该挂牌价格的出价人。

十、注意事项

（一）申请人须全面阅读有关挂牌文件，如有疑问可以在挂牌活动开始日以前用书面或口头方式向我局咨询。申请人可到现场踏勘挂牌出让地块。申请一经受理确认后，即视为竞买人对挂牌文件及地块现状无异议并全部接受，并对有关承诺承担法律责任。

（二）申请人竞得土地后，拟成立新公司进行开发建设的，应在申请书中明确新公司的出资构成、成立时间等内容。我局可以根据挂牌出让结果与竞得人签订《国有建设用地使用权出让合同》，在竞得人按约定办理完新公司注册登记手续后，再与新公司签订《国有建设用地使用权出让合同变更协议》。[我局同意直接与新公司签订《国有建设用地使用权出让合同》。]

（三）本次挂牌地块均设有挂牌底价，在挂牌活动结束前须严格保密［本次挂牌为无底价挂牌］。

（四）竞买报价单一经提交，不可撤回。

（五）确定竞得人后，竞得人在挂牌现场与挂牌人签订《成交确认书》。委托他人代签的，应提交法定代表人亲笔签名并盖章的授权委托书。《成交确认书》对挂牌人和竞得人具有法律效力，挂牌人改变挂牌结果的，或者竞得人放弃竞得宗地的，应当承担法律责任。

（六）竞得人交纳的竞买保证金，挂牌成交后转作受让地块的定金。未竞得人交纳的竞买保证金，我局在挂牌活动结束后5个工作日内予以退还，不计利息。

（七）有下列情形之一的，挂牌人应当在挂牌开始前终止挂牌活动，并通知竞买人：

1. 竞买人串通损害国家利益、社会利益或他人合法权益的；

2. 挂牌工作人员私下接触竞买人，足以影响挂牌公正性的；

3. 应当依法终止挂牌活动的其他情形。

（八）竞得人有下列行为之一的，视为违约，挂牌人可取消其竞得人资格，竞买保证金不予退还：

1. 竞得人逾期或拒绝签订《成交确认书》的；

2. 竞得人逾期或拒绝签订《国有建设用地使用权出让合同》的。

（九）挂牌成交价即为该幅地块的总地价款，包括________________。

（十）竞得人与出让人签订《国有建设用地使用权出让合同》后，应当按出让合同约定支付挂牌成交价款。竞得人付清全部挂牌成交价款后，依法申请办理土地登记，领取《国有土地使用证》。

（十一）挂牌不成交的，应当按规定由我局重新组织出让。

（十二）参加挂牌活动的人员，应遵守现场的纪律，服从管理人员的管理。

（十三）其他事项。……

（十四）我局对本《须知》有解释权。未尽事宜依照《招标拍卖挂牌出让国有土地使用权规范》办理。

______________国土资源局

________年____月____日

五、投标、竞买申请书

（一）国有建设用地使用权招标出让投标申请书

投标申请书示范文本

投标申请书

__________国土资源局：

经认真阅读编号为__________地块的招标［拍卖］［挂牌］出让文件，我方完全接受并愿意遵守你局国有建设用地使用权招标［拍卖］［挂牌］出让文件中的规定和要求，对所有文件均无异议。

我方现正式申请参加你局于______年______月______日在__________（地点）举行的__________地块国有建设用地使用权招标［拍卖］［挂牌］活动。

我方愿意按招标［拍卖］［挂牌］出让文件规定，交纳投标［竞买］保证金人民币__________万元（大写）（¥__________）。

若能中标［竞得］该地块，我方保证按照国有建设用地使用权招标［拍卖］［挂牌］出让文件的规定和要求履行全部义务。

若我方在国有建设用地使用权招标［拍卖］［挂牌］出让活动中，出现不能按期付款或有其他违约行为，我方愿意承担全部法律责任，并赔偿由此产生的损失。

特此申请和承诺。

附件：

1. __________；

2. __________；

……

申 请 人：__________（加盖公章）

法定代表人（或授权委托代理人）签名：__________

联 系 人：__________

地　　址：__________

邮政编码：__________

电　　话：________________________________

申请日期：______年____月____日

（二）国有建设用地使用权投标［竞买］资格确认书

投标［竞买］资格确认书示范文本

投标［竞买］资格确认书

________________（名称）：

你方提交的对________________号地块的投标［竞买］申请书及相关文件资料收悉。经审查，你方已按规定交纳了投标［竞买］保证金，所提交文件资料符合我方本次招标［拍卖］［挂牌］出让文件的规定和要求，现确认你方具备参加本次国有建设用地使用权投标［拍卖竞买］［挂牌竞买］资格。请持此《投标［竞买］资格确认书》参加我局于________年____月____日____时在________________（地点）举行的国有建设用地使用权招标［拍卖］［挂牌］活动。

________________国土资源局

________年____月____日

六、国有建设用地使用权招标出让投标书和挂牌出让报价单

（一）国有建设用地使用权招标出让投标书

招标出让投标书示范文本

国有建设用地使用权招标出让投标书

________________国土资源局：

在严格遵守《中华人民共和国土地管理法》、《中华人民共和国城市房地产管理法》、《中华人民共和国物权法》、《中华人民共和国城镇国有土地使用权出让和转让暂行条例》、《招标拍卖挂牌出让国有土地使用权规定》以及《招标拍卖挂牌出让国有土地使用权规范》等规定的前提下，经认真阅读________________号地块招标出让文件和现场踏勘，我方完全接受招标出让文件中的规定和要求，并愿意以人民币

________万元（大写）（¥________）的价格竞投获得该地块国有建设用地使用权，土地用途为________，出让年限为________年。

按照招标文件的规定，我方随本标书一同投交以下相关投标文件：

(1) ________________；

(2) ________________；

……

我方承诺，所提交的标书及相关文件真实准确。

我方已按招标出让文件的规定，交纳了人民币________万元（大写）（¥________）的投标保证金。我方郑重承诺，在接到你局发出的《中标通知书》后，在约定期限内及时签订《国有建设用地使用权出让合同》。如果我方未在规定期限内签订《国有建设用地使用权出让合同》，或不能按《国有建设用地使用权出让合同》约定交付全部中标价款的，或违反招标文件的规定，或不履行本投标书承诺等，均可被视为违约，你局不予退还我方交纳的投标保证金。

在《中标通知书》发出后、《国有建设用地使用权出让合同》签订及履行以前，本标书为你局与我方之间具有法律约束力的文件。

其他需要说明的事项：________________

投 标 人：________________（加盖公章）

法定代表人（或授权委托代理人）签名：________

联 系 人：________________

地　　址：________________

邮政编码：________________

电　　话：________________

申请日期：______年____月____日

（二）国有建设用地使用权挂牌出让竞买报价单

挂牌出让竞买报价单示范文本

国有建设用地使用权挂牌出让竞买报价单

竞买人编号：__________

地块编号		由竞买人填写
竞买报价	人民币________万元（大写） ¥________	
竞买人	名称：（加盖公章）	
法定代表人（或授权委托代理人）	（签名）	
收到报价时间	____年___月___日___时___分	由挂牌主持人填写
挂牌主持人	（签名）	
确认时间	____年___月___日___时___分	

七、国有建设用地使用权招标拍卖挂牌活动授权委托书

（一）授权委托书的概念及意义

授权委托书是当事人把代理权授予委托代表人的证明文书。它可分为民事诉讼代理的授权委托书和民事代理的授权委托书。

1. 民事代理的授权委托书的特征。

（1）是非诉讼性的委托代理文书。由被代理人委托代理人在一定权限范围内进行民事法律行为，如委托他人出卖、管理房屋等。

（2）是根据被代理人的授权而成立的文书。委托代理人的权限范围根据被代理人授予的权限确定，代理行为必须出于被代理人的自愿，

代理人不得强行要求代理。委托人委托的权限，不得违反法律、法规的规定，委托人委托的代理权限应具体明确，不能笼统含糊。

(3) 被代理人授权代理之后，应给予代理人授权委托书，作为代理的凭据。

2. 民事代理的委托书的组成部分。

(1) 名称。应写明“委托书”或“×××委托书”。

(2) 委托人和受委托人（代理人）各自的基本情况，即：姓名、性别、年龄、民族、籍贯、职业、住址或单位名称。

(3) 所规定的权限内容和范围。这是委托书的主体部分，应根据具体情况表述。如果是一次性有效的委托书，应当规定实施某一特定行为的权限；如果是专门委托书，应当规定在某一时期内实施同一行为的权限（如某企业委托某人出卖产品的委托书）；如果是全权委托书，应当规定实施由于经营财产所产生的各种法律行为的权限（如全权代理处理房产的委托书）。

(4) 结尾。应由委托人、受委托人分别签名并盖章，注明具体日期（年、月、日）。

授权委托书示范文本

授权委托书

委托单位：______________________________

法定代表人：__________，职务：______________

受委托人：姓名：__________，工作单位：__________

职务：______________________________

姓名：__________，工作单位：______________

职务：______________________________

现委托上列受委托人在我单位与__________________因__________________纠纷一案中，作为我方诉讼代理人。代理人__________的代理权限为：______________

代理人__________的代理权限为：__________________

委托单位：______________（盖章）

法定代表人：________________（签名或盖章）

__________年______月______日

（二）国有建设用地使用权招标拍卖挂牌出让授权委托书

国有建设用地使用权招标拍卖挂牌出让授权委托书示范文本

授权委托书

委托人		受托人	
姓　　名		姓　　名	
性　　别		性　　别	
出生日期		出生日期	
工作单位		工作单位	
职　　务		职　　务	
证件号码	身份证（　）护照（　）	证件号码	身份证（　）护照（　）

本人授权__________（受托人）代表本人参加________年________月________日在__________（地点）举办的编号为__________地块的国有建设用地使用权招标［拍卖］［挂牌］出让活动，代表本人签订《国有建设用地使用权出让合同》等具有法律意义的文件、凭证等。

受托人在该地块招标［拍卖］［挂牌］出让活动中所作出的承诺、签署的合同或文件，本人均予以承认，并承担由此产生的法律后果。

委托人（签名）：________________

__________年______月______日

备注	兹证明本委托书确系本单位法定代表人__________亲自签署。 （单位公章） __________年______月______日

八、《中标通知书》和《成交确认书》

（一）国有建设用地使用权招标出让《中标通知书》

《中标通知书》示范文本

中标通知书

______________（中标人名称）：

现确定你方为编号____________地块的国有建设用地使用权招标出让中标人，有关事项通知如下：

该地块中标单价为每平方米人民币________元（¥________），总价为人民币________万元（¥________）。其中，出让金单价为每平方米人民币________元（¥________），总价为人民币________万元（¥________）。

本《中标通知书》一经签发，即视为成交。你方交纳的投标保证金中的________万元（¥________），自动转作受让地块的定金。你方应当于________年________月________日之前，持本《中标通知书》到____________________（地点）与____________________国土资源局签订《国有建设用地使用权出让合同》。不按期签订《国有建设用地使用权出让合同》的，视为你方放弃中标资格，你方应承担相应法律责任。

本《中标通知书》一式____________份，招标人执____________份，中标人执____________份。

特此通知。

招标人：____________________（加盖公章）

中标人：________________________________

年　　月　　日

（二）国有建设用地使用权拍卖或挂牌出让《成交确认书》

《成交确认书》示范文本

成交确认书

________国土资源局________年________月________日在________（地点）举办的国有土地使用权拍卖［挂牌］出让活动中，________（竞得人）竞得编号________地块的国有土地使用权。现将有关事项确认如下：

该地块成交单价为每平方米人民币________元（¥________），总价为人民币________万元（¥________）。其中，出让金单价为每平方米人民币________元（¥________），总价为人民币________万元（¥________）。

竞得人交纳的竞买保证金中的________万元（¥________），自动转作受让地块的定金。________（竞得人）应当于________年________月________日之前，持本《成交确认书》到________（地点）与________国土资源局签订《国有建设用地使用权出让合同》。不按期签订《国有建设用地使用权出让合同》的，视为竞得人放弃竞得资格，竞得人应承担相应法律责任。

本《成交确认书》一式________份，拍卖［挂牌］人执________份，出让人执________份，竞得人执________份。

特此确认。

出　让　人：________国土资源局（加盖公章）

拍卖［挂牌］人：________

竞　得　人：________

________年____月____日

第四章 出让中的地价评估和底价确定

第一节 出让中的地价评估

一、地价评估的依据

地价评估是指专业估价人员根据估价目的，遵循估价原则，按照估价程序，选用适宜的估价方法，并在综合分析影响地价因素的基础上，对土地在估价时点的客观合理价格或价值进行估算和判定的一种活动。客观合理价格（或价值），是指基于估价时点，在正常交易情况下（排除非正常或人为因素的影响），某宗地为某种估价目的所能实现的价格。土地估价是对估价对象的客观合理价格或价值的估算和判定，是一种“公平市价”，是为当事人提供的公平可信的价格参考依据；它不等于土地交易双方的实际成交价格。需要指出的是，一宗土地在市场上的实际成交价格，通常会随着时间的推移和土地供求关系的变化以及交易双方的心态等而经常变动。

国有建设用地使用权招标拍卖挂牌与一般物品拍卖相比，具有某种特殊性。招标拍卖挂牌出让涉及的价格较高，经常高达数千万元甚至数亿元，且由于土地市场的特殊性，加之要综合考虑其后期的开发利用情况，影响因素多，其价格难以判别，为避免高价地廉价交易，使国家财政蒙受损失，因此，国有建设用地使用权招标拍卖挂牌出让，必须进行土地估价，以了解招标拍卖挂牌地块的正常价格，并综合确定招标拍卖挂牌底价。

市、县人民政府以招标拍卖挂牌或协议方式出让国有建设用地使用权的，由市、县国土资源管理部门根据拟出让地块的条件和土地市场情况，依据《城镇土地估价规程》，组织对拟出让地块的正常土地市场价格进行评估。

二、地价评估的组织实施

土地出让，实质上是由市、县人民政府代表国家、以土地所有者身份有偿让渡一定年限的土地使用权的经济行为。在这一经济行为中，用地者支付出让价款，取得土地使用权；而政府出让有限期的土地使用权，取得土地出让价款，土地价款是土地所有权在经济上的具体体现。因此，依据法律、政策和规范对拟出让的土地价格进行评估，根据评估结果和其他影响地价的因素，综合确定拟出让土地的标底、底价等，应成为市县国土资源管理部门的一项重要工作。

一种观点认为，出让土地的地价评估必须委托评估机构，这种观点是片面的。估价机构的地价评估行为，从法律关系上说，是一种委托行为。所谓委托，就是当事人之间约定由一方委托另一方处理事务，另一方承诺为之的契约。其中委托处理事务的人，称为委托人。承诺代为处理事务的人，称为受托人。委托的目的是处理或管理委托人的事务。委托既可以发生在法人之间，也可以发生在公民之间，还可以发生在公民和法人之间。委托具有一定的目的性，委托的目的由委托人决定，但受托人为达成这一目的在处理事务时往往有一定范围的决定权。在估价机构的土地估价行为中，委托方是土地产权人或有权处理土地使用权的法人、组织，受托人是承诺对土地进行评估的中介机构，中介机构接受委托才能进行地价评估，未得到委托自然不能强制要求受托评估土地。也就是说，地价评估包括自行评估和委托评估。土地产权人既可以自主评估，也可以委托中介机构进行评估。

从以上分析可以看出，无论是协议出让土地还是招标拍卖挂牌出让土地，组织对拟出让宗地进行地价评估，都是市、县国土资源管理部门的工作，一般应由组织实施招标拍卖挂牌活动的市、县土地行政主管部门委托有土地评估资质的估价机构承担，也可由土地行政主管部门下属的土地估价事业单位、土地交易市场或相关处室组织评测。也就是说，市、县国土资源管理部门既可以自行评估地价，也可以指定所属事业单位或委托中介机构评测。《招标拍卖挂牌出让国有土地使用权规范》和《协议出让国有土地使用权规范》明确规定，以招标拍卖挂牌或协议方式出让土地的，地价评估可以采取以下三种方式，具体采取哪种方式，由市、县国土资源管理部门——土地产权人决定：

(1) 市、县国土资源管理部门组织进行地价评估；

(2) 市、县国土资源管理部门授权所属事业单位进行地价评估；

(3) 市、县国土资源管理部门委托具有土地估价资质的土地或不动产评估机构进行地价评估。

第二节 招标拍卖挂牌中的土地估价

土地估价的主要方法包括假设开发法（剩余法)、市场比较法、收益还原法、基准地价系数修订法和成本逼近法等。

一、剩余法

（一）剩余法的定义

剩余法又称假设开发法、倒算法、残余法或余值法等，英文名称为：The Hypothetical Development Method 或 Residual Method。剩余法的一般解释是：从发展的观点看，土地之所以有价，完全在于其可以开发利用，并从中获得收益。为了获得土地而支付的地价，显然是在预计的不动产总价中扣除成本费用和社会预期收益后的“剩余价格”。即地价等于土地与建筑出售价格减去建筑物本身的价格。因此剩余法是在估算开发完成后不动产正常交易价格的基础上，扣除建筑物建造费用和与建筑物建造、买卖有关的专业费、利息、利润、税收等费用后，以价格余额来确定估价对象土地价格的一种方法。

（二）剩余法的原理

剩余法是一种科学实用的估价方法，它的基本思想、理论依据，可以通过下面这个例子来说明。

假如一个房地产开发商面对一块可供开发利用的地块，那么他愿意出多少钱来购买这块土地呢？很明显，他购买这一地块并不是供自己使用，而是通过开发后出售为其赚取利润。他很清楚希望得到这一地块的人不止他一个，他们也都有同样的动机，面对竞争他不能企望从这一地块开发中得到超乎寻常的利润，但同时他希望从这一地块开发中得到的利润不能低于别人希望得到的平均利润，否则他宁愿把这笔资金投到其他方面。也就是说，该开发商希望从这一土地开发中获取社会上房地产开发的一般利润即可。而为了获取这一地块，开发商首先要仔细研究待开发地块的内外条件，如坐落位置、面积大小、形状、周围环境、规划限制条件等，以便分析该地块在规划许可范围内最适宜的用途和最大开发程度；然后根据目前的房地产市场状况，预测建筑完成后价值，以及为完成这一开发所需花费的建筑费、设计费、相关税费、各类预付资本的利息和开发商应得到的正常开发利润。有了上述的分析和测算，开发商也就知道了他可能为取得这块土地所支付的最高价格是多少。很明显，这个最高价等于开发完成后的不动产价值扣除开发成本和相应利息、利润之后的余额。

剩余法除适用于土地估价外，还大量应用于房地产开发项目评价和投资决策，具体可应用于以下三个方面：

（1）确定投资者获取待开发场地所能支付的最高价格。对于每一开发项目，投资者必须分析和预测开发完成后的不动产价值、开发成本和他所应获取的正常利润，进而确定他所能承担的场地最高价格，投资者实际购买价格应低于或等于此价格，以保证其正常收益。

（2）确定具体开发项目的预期利润。当场地取得后，此时的场地购置费为已知费用，从总的开发价值中扣除场地购置费、开发成本等的剩余值，即为该开发项目可取得的利润。若该利润高于或等于投资者的期望利润，则该项目可行，否则该项目就应当推迟进行或暂时取消。

(3) 确定开发项目中可能发生的最高成本费用。当场地购置费和期望利润确定后，即可用剩余法测算出开发过程中各成本费用的最高控制数，以保证开发过程中的各项成本费用得到有效的控制。

（三）剩余法的计算公式

根据剩余法的原理，利用剩余法评估土地价格的基本公式是：

$V = A - (B + C)$

式中：V——购置开发场地费用；

A——总开发价值或开发完成后的不动产资本价值（Gross Development Value 或 Capital Value 或 Capital Value）；

B——整个开发项目的开发成本；

C——开发商合理利润。

实际估价工作中，我国常用的一个具体计算公式为：

土地价格 = 房屋的预期售价 - 建筑总成本 - 利润 - 税收 - 利息

在香港特别行政区剩余法的计算公式为：

地价 = 楼价 - 建筑费用 - 专业费用 - 利息 - 发展商利润

或：

地价 = 总开发价值 - 开发费用（含拆迁费和对现有承租者的补偿、基建费、业务费、财务费、应急费、代理及法律事务费）- 开发者的收益 - 取得土地所需的费用

在我国台湾地区，剩余法计算公式为：

$V = P - C - O - R$

式中：V——最适宜的土地价格；

P——销售总价；

C——营建成本；

O——其他成本（代销、管理费用等）；

R——合理利润。

在日本，剩余法实则为原价法的倒算法，公式为：

$$X=\left\{A\times\frac{f}{100}-[(B+K)(1+np)+c]\right\}\times\frac{1}{1+n'p}\times\frac{1}{(1+r)^{m}}\times D$$

式中：X——开发前土地价格；

A——开发土地的销售价格；

f——有效宅地化率；

B——开发工事费；

K——各种负担费；

c——间接费用；

n——开发工事费利息负担月数；

n′——至开发土地销售完所需月数；

p——资本月利息率；

$1/(1+r)^{m}$——成熟度修正率；

D——个别因素修正率；

m——成熟度年数。

（四）剩余法的特点与适用范围

1. 剩余法的特点。根据剩余法的原理和计算公式，剩余法估价是从开发商的角度分析、测算其所能支付的最高场地购置费。其可靠性如何，取决于以下几点：（1）是否根据土地估价的最有效使用原则和合法原则，正确确定了土地最佳利用方式（包括用途、使用强度、建筑物的式样、外观、内部设计与布局等）；（2）是否正确掌握了房地产市场行情及供求关系，并正确判断了开发完成后土地连同地上建筑物的售价；（3）是否正确确定了开发费用和正常利润等。

需要注意的是剩余法估价有以下几个假设和限制条件：

（1）尽管不动产总价或租金的取得以及各项成本的支付都发生在将来，但剩余法估价中所采用的所有不动产总价、租金和成本数据都是根据当前数据水平确定未来的成本和租金、价格水平的细微变化，同时在开发期间不但租金或售价会上涨（下降），各类开发成本也会上涨（下降）。因此剩余法估价隐含着这样一个假设：剩余法估价中涉及的这些关键变量在开发期间不会发生大的变化。当然，若采用假设开发法进行项目可行性研究或投资决策分析，也可通过周密的市场调查和分析，对预期租金、售价及成本数据作出预测，或采用更准确考虑支出和收益变化的现金流量法（Cash Flow Method）或贴现现金流量法（Discounted Cash Flow Method）进行评估。

（2）假设租金和不动产交易价格在开发期间不会下降，并且不考虑物价上涨的影响。

（3）假设在开发期间各项成本的投入是均匀投入或分段均匀投入。

以上这些假设条件在国外的剩余法估价中表现得更为明显。国内一些估价人员则往往混淆了估价与项目可行性分析的区别，因而往往忽视了这些假设与限制条件。

2. 剩余法的适用范围。从剩余法的计算公式和特点可以看出，剩余法主要适用于下列几种类型的土地估价：

（1）待开发土地的估价；

（2）待拆迁改造的再开发房地产的估价，这时公式中的建筑费还包括拆迁费用；

（3）仅将土地或房地产整理成可直接利用的土地或房地产的估价，此时公式中的楼价为整理后的土地价格，建筑费为整理费用；

（4）现有新旧房地产中地价的单独评估，即从房地产价格中扣除房屋价格，剩余之数即为地价。

需要指出的是，在第四种情况下，即在土地或建筑的价格其他方法不能明确把握时，剩余法是有效的方法。例如，要对附有建筑物的土地进行估价时，虽然依买卖实例可求得空地价格，但对于因附有建筑物而使得土地价值降低的情况，究竟应该减价多少，这时仅依靠买卖实例比较法确实难以获得正确答案，而运用土地剩余法，则可求得附有建筑物的土地价格。不过，只有建筑物比较新且处于最有效使用状态时，剩余法才是最有效的方法。前面提到此法对于附有建筑物的土地评估是最有效的。这在理论上确实如此，但实务上多数情形却难以求得适当的价格。例如，在房屋建筑不久，且不是最有效使用时，以土地残余法求适当的土地价格是比较困难的；若建筑物已陈旧，租金低廉时，归属于土地的纯收益已有偏差，则求取适当的土地收益价格也有困难。

二、市场比较法

（一）市场比较法的定义

市场比较法又简称比较法，是土地估价中最重要、最常用的基本方法之一，也是国外通用的经典估价方法之一。

市场比较法基本含义是：在求取一宗待估土地的价格时，根据替代原理，将待估土地与较近时期内已经发生交易的类似土地实例进行对照比较，并依据后者已知的价格，参照土地的交易情况、期日、区域以及个别因素等差别，修正得出待估土地价格方法。这里的“类似土地”，是指土地所在区域的区域特性，以及影响地价的因素和条件均与待估土地相类似的土地。

（二）市场比较法的基本原理

市场比较法的理论依据是地价评估的替代原理。根据经济学理论，在同一市场上，具有相同效用的物品，应具有同一的价格，即具备完全的替代关系。这样，在同一市场上，两个以上具有替代关系的商品相互竞争，使其价格相互牵制而最终趋于一致。所以，在土地估价中，当待评估的标的物与比较的标的物土地之间具有相关性和替代性，且比较标的物土地近期在市场上发生了交易，此时待评估的标的物若在市场上出售，就应具有类似的市场反应，从而推测待评估土地的价格。

市场比较法正是以替代原理为主要理论依据，其基本原理如图4－1所示。

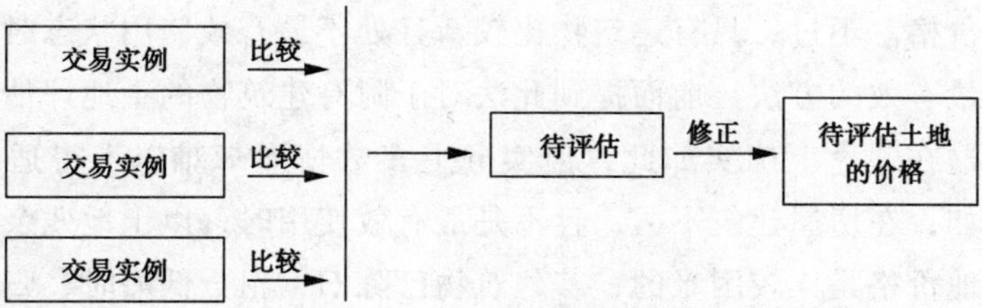

图4－1　市场比较法的基本原理

市场比较法实际是土地的价格和土地利用效益在市场竞争中的比较过程，由于土地位置的固定性、个别性，在实际中很难找到完全相同的两块土地。但是，在同一市场上，对于购买者而言，只要其支付与比较物相当的地价，购入相关的替代物，产生一样能满足其效用的行为都是可行的；而对于卖者而言，在从事土地交易时，任何有理性的卖者都会依据“替代原理”，将拟交易的土地与市场上类似土地的价格进行充分的比较，然后决定其行为。买卖双方都根据这种替代关系的土地价格比较，使价格在某种程度趋于一致。

因此，在对土地进行估价时，可利用与待评估宗地同类型的具有替代性的已成交的实例价格，推测待评估土地的价格。

（三）市场比较法的基本公式

市场比较法根据实际中比较基准的不同，可以分为直接比较分析和间接比较分析。直接比较分析，是以待估土地状况为基准，把各交易案例与其逐项比较，然后将比较结果转化为修正价格的比例。间接比较分析，是以一个标准土地或条件俱佳的土地为基准，把交易案例和待估土地均与其逐项比较，然后将结果转化为修正价格的比例。

根据直接、间接比较的要求，市场比较法的计算过程表现为两种形式：

1. 直接比较过程如图 4－2 所示。

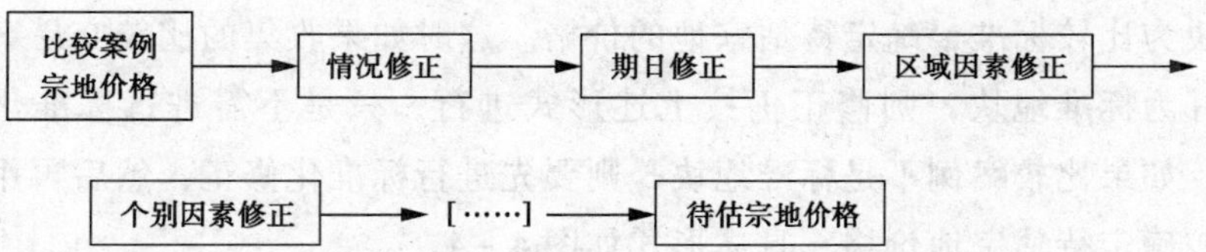

图 4－2　直接比较过程

图 4－2 中省略号表示，如果在一评估事务中，除进行以上四项基本修正外，还要强调个别特殊情况的修正，可以增加的若干修正项目。如要强调容积率及使用年期的修正，则表现形式可转变为如图 4－3 所示。

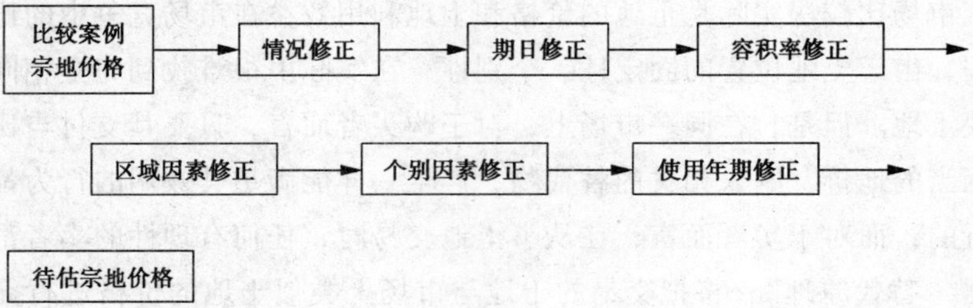

图 4－3　强调容积率及使用年期的修正比较过程

以上表现形式可用公式表示为：

$$P_D = P_B \times A \times B \times D \times E$$

式中：P_D——待估宗地价格；

P_B——比较案例宗地价格；

A ＝待估宗地情况指数 ÷ 比较案例宗地情况指数
＝正常情况指数 ÷ 比较案例宗地情况指数；

B ＝待估宗地估价期日地价指数 ÷ 比较案例宗地交易日地价指数；

D ＝待估宗地区域因素条件指数 ÷ 比较案例宗地区域因素条件指数；

E ＝待估宗地个别因素条件指数 ÷ 比较案例宗地个别因素条件指数。

2. 间接比较过程。如果城市中已设定标准地块，也可以利用标准地块为比较标准，确定待估宗地的价格。这时如果收集的比较交易案例正好为标准地块，则修正仍按上述形式进行，只是不需进行标准化修正；如果比较案例不是标准地块，则要先进行标准化修正，然后再用以比较确定待估宗地价格，具体形式如图 4－4。

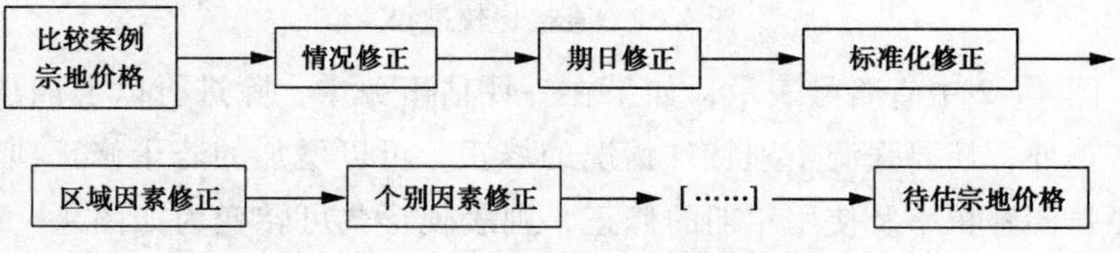

图 4－4　先标准化修正后再比较过程

以上表现形式也可用公式表示为：

$P_D = P_B \times A \times B \times C \times D \times E$

式中：P_D、P_B、A、B、D、E 含义同前；

C——标准宗地条件评价系数/比较案例宗地条件评价系数。

公式中的相关指数，应当通过掌握的交易实例资料中交易价格与各类地价影响因素的相关关系分析，找到地价影响因素与地价的作用规律，进而确定相应的各类因素条件指数。如可设比较案例宗地或待估宗地是某因素条件指数为基值 100，然后利用经验判断，若待估宗地或比较案例宗地的该因素条件较优，则其条件指数 >100；若待估宗地或比较案例宗地的该因素条件较劣，则其条件指数 <100；然后根据地价影响因素的作用规律，确定各条件指数的准确值后，代入公式计算即可。这样也可表示为：

$$\text{待估宗地价格} = \text{比较案例宗地价格} \times \frac{100}{(\quad)} \times \frac{(\quad)}{100} \times \frac{100}{(\quad)} \times \frac{100}{(\quad)}$$

式中第一项分子 100，表示以正常买卖情况或待估宗地价情况指数为 100 时，要确定比较交易案例发生时的情况指数；第二项分母 100，表示以买卖当时的价格指数为 100 时，要确定估价期日的价格指数；第三项分子为 100，表示以待估宗地的区域因素条件指数为 100，要确定比较案例宗地的区域因素条件指数；第四项分子为 100，表示以待估宗地的个别因素条件指数为 100 时，要确定比较案例宗地的个别因素条件指数。

$$\text{待估宗地价格} = \text{比较案例宗地价格} \times \frac{100}{(\quad)} \times \frac{(\quad)}{100} \times \frac{(\quad)}{100} \times \frac{(\quad)}{100}$$

式中第一项分子、第二项分母含义同上，后两项分母 100，表示比较案例地块的区域因素和个别因素条件指数为 100 时，要比较确定待估宗地的区域因素条件指数和个别因素条件指数。

$$\text{待估宗地价格} = \text{标准宗地价格} \times \frac{100}{(\quad)} \times \frac{(\quad)}{100} \times \frac{(\quad)}{100} \times \frac{(\quad)}{100}$$

式中第一项分子、第二项分母表示同上，后三项分母 100，表示标准地块的条件指数为 100 时，要确定待估宗地因素条件优于标准宗地，则其对应的因素条件指数大于 100。

对于上述公式中的区域因素和个别因素修正，当因素内存在多个不同因子影响时，可根据因子条件指数确定的途径，采用两种方式确定区域因素和个别因素条件指数。

第一种方式：若区域因素和个别因素中的各因子条件指数是采用单因子与地价相关关系分析后确定的，则应采用积算的方式确定待估宗地和案例宗地的因素条件指数后比较确定相应的修正系数，即有：

$$D=\frac{\text{待估宗地区域因素条件指数}}{\text{比较案例宗地区域因素条件指数}}$$

$$=\frac{\prod_{i=1}^{n}\text{待估宗地区域因子条件指数}\ D_i}{\prod_{j=1}^{n}\text{比较案例宗地区域因子条件指数}\ D_j}$$

式中：D 含义同前；

n——区域因素中所包含的因子数。

$$E=\frac{\text{待估宗地个别因素条件指数}}{\text{比较案例宗地个别因素条件指数}}$$

$$=\frac{\prod_{i=1}^{m}\text{待估宗地个别因子条件指数}\ E_i}{\prod_{j=1}^{m}\text{比较案例宗地个别因子条件指数}\ E_j}$$

式中：E 含义同前；

m——个别因素中所包含的因子数。

第二种方式：若区域因素和个别因素中各因子的条件修正系数是在确定因素修正总幅度的基础上进行因子分解后确定，则应采用因子修订系数加和的方式确定因素修正幅度，进而确定因素条件指数和因素修订系数，即有：

$$D=\frac{\text{待估宗地区域因素条件指数}}{\text{比较案例宗地区域因素条件指数}}$$

$$=\frac{1+\sum_{i=1}^{n}\text{待估宗地区域因子修正系数}\ D_i}{1+\sum_{j=1}^{n}\text{比较案例宗地区域因子修正系数}\ D_j}$$

式中：D 含义同前；

n——区域因素中所包含的因子数。

$$E=\frac{\text{待估宗地个别因素条件指数}}{\text{比较案例宗地个别因素条件指数}}=\frac{1+\sum_{i=1}^{m}\text{待估宗地个别因子修正系数 }D_i}{1+\sum_{j=1}^{m}\text{比较案例宗地个别因子修正系数 }D_j}$$

式中：E 含义同前；

m——个别因素中所包含的因子数。

（四）市场比较法的特点与应用范围

1. 市场比较法的特点。

（1）市场比较法具有现实性，有较强的说服力。市场比较法利用近期发生的与待估土地具有替代性的交易案例作为比较标准，修正推算待估土地的价格，能够反映近期市场的行情，也使测算的价格具较强的现实性，容易被接受。

（2）市场比较法以替代关系为途径，所求得的价格称“比准价格”。市场比较法是通过已发生的交易案例的价格，利用其与待估土地之间的替代关系，比较求算待估土地的价格，所以也称比准价格。

（3）市场比较法由价格求价格，欠缺理论基础。市场比较法是由实践中产生的可行实用的方法，并已得到广泛应用，但是方法的理论说明尚不够完善。

（4）市场比较法需要估价人员具有较高的业务素质。应用市场比较法需要进行市场情况、交易期日、区域因素及个别因素等项目的比较修正，这就要求估价人员要具备多方面的知识和丰富的经验，否则难以得到客观准确的结果。

（5）市场比较法以替代原理为基础，正确确定土地使用价值及其影响因素，是提高土地估价精度的基础。

2. 市场比较法的适用条件。在替代原理指导下，利用市场比较法，必须以发育健全的地产市场为基本条件，并掌握有充足的交易实例材料。

正是由于市场比较法的应用基础是发达的不动产市场及丰富的交易案例资料，所以市场比较法仅适用于有大量交易案例的地区，并且交易案例与待估地块应有相关性和替代性，交易案例甚少或无交易案例的地区则不适用。

具体来说，市场比较法的适用条件如下：

(1) 地产市场交易案例资料的数量能满足分析、比较的需要。一般认为，理想的比较标的物是交易案例资料有 10 个以上，最基本（最理想）的有 3 个，才能满足要求。如果交易案例太少（少于 10 个），可能会造成比较、判断的主观或武断。

(2) 交易案例资料与待评估土地具有相关性和替代性。充足的市场交易案例资料固然很重要，但是，这些资料还必须与待评估土地具有相关性，而且相关程度越大，比较评估的效果也越好。在必须具备的 10 个交易案例的资料中，3 个基本的交易案例资料必须具有最大的可替代性。

(3) 资料的可靠性。地产交易资料的可靠性是提高比较评估地价精度的保证，所以，一要保证资料来源的可靠性；二要对交易案例资料进行交易情况、区域因素、个别因素的补正和交易期日的修正等，从而才能保证资料的可靠性和适用性。

(4) 合法性。利用比较法评估地价时，不仅要排除不合理的地产市场交易资料，而且要注意研究有关法律的规定，如城市规划法对土地的用途、容积率等的限制性规定，必然引起交易地价的变动，造成地价的显著差异。所以，用比较法评估时，应注意选择与待估土地的法律规定相似的交易案例资料作为分析、比较的依据。

三、收益还原法

(一) 收益还原法的定义

收益还原法是土地估价中最常用的方法之一，也是对土地、房屋、不动产或其他具备收益性质资产进行估价的基本方法。此方法用于土地估价时，把购买土地作为一种投资，地价款作为购买未来若干年土地收益而投入的资本。因此，收益还原法是将评估土地在未来每年预期的纯收益，以一定的还原利率统一还原为评估时日总收益的一种方法。

（二）收益还原法的原理

由于土地具有固定性、不增性、个别性、永续性等特性，使用者在占有某块土地时，土地不仅能提供现时的纯收益，而且还能期待在未来年间源源不断地继续取得。当此项随时间延续而不断取得的纯收益，以一定的适当的还原利率折算为现在价值的总额（称为收益价值或资本价值）时，它即表现为该土地的实质价值，也是适当的客观交换价值，这就是收益还原法的原理。具体表述：假设有一宗土地，每平方米每年可产生 1000 元的纯收益，土地所有人对此宗土地的纯收益只要能以 5% 的资本年利还原即能满意，那么该所有者的土地收益价格应该是每平方米 20000 元。即地价 = 土地年纯收益 ÷ 土地年还原利率。再假设此人每年得到的利息（货币纯收益）与上述的一平方米土地的收益是等额的。那么，对该土地所有者来讲，一平方米土地为 20000 元货币，其资本价值相等。

上述收益还原法的表述，只是在土地纯收益每年不变，土地还原利率每年不变，且在土地使用年期为无限情况下的一种特殊形式。如果三个基本因素发生变化，土地收益价格的计算公式都将发生变化，这在以后介绍公式中反映。

（三）收益还原法的基本公式

1. 土地年纯收益不变。土地还原利率不变且大于零，土地使用年期无限的土地价格计算公式为：

$$P = a/r$$

式中：P——土地价格；

a——土地纯收益；

r——土地还原利率。

2. 土地使用年期有限且其因素不变的土地价格计算公式为：

$$P = a/r[1 - 1/(1 + r)^n]$$

式中：P、a、r 含义同前；

n——土地使用年限或有土地收益的年限。

3. 土地纯收益在若干年内有变化的土地价格计算公式为：

（1）土地使用年期无限：当 t 年以前（t 年）纯收益有变化，其值为 a_i；t 年以后纯收益无变化，其值为 a；r 每年不变且大于零，使用期无限时，土地价格的计算公式如下：

$$P = \sum_{i=1}^{t} \frac{a_i}{(1+r)^i} + \frac{a}{r(1+r)^t}$$

式中：P、a、r 含义同前；

a_i——第 i 年的纯收益；

t——纯收益有变化的年限。

（2）土地使用年期有限：当 t 年以前（含第 t 年）纯收益有变化，其值为 a_i；t 年以后纯收益无变化，其值为 a，r 每年不变且大于零；土地使用年期为 n 时，土地价格计算公式如下：

$$P = \sum_{i=1}^{t} \frac{a_i}{(1+r)^i} + \frac{a}{r(1+r)^t} \times \left[1 - \frac{1}{(1+r)^{n-t}}\right]$$

式中：P、a、r、a_i、t、n 含义同前。

4. 未来若干年后的土地价格已知条件下的计算公式。当未来某年的土地价格已知，而已知土地价格的年份以前的纯收益有变化（不变时是特例），r 每年不变且大于零时，土地价格计算公式如下：

$$P = \sum_{i=1}^{t-1} \frac{a_i}{(1+r)^i} + \frac{P_t}{(1+r)^t}$$

式中：P、a_i、r 含义同前；

t——未来土地价格已知的年限；

P_t——未来第 t 年的土地价格。

5. 纯收益按等差级数递增或递减的土地价格计算公式。

（1）土地使用年期无限时的计算公式：

$$P = \frac{a}{r} \pm \frac{b}{r^2}$$

式中：P、a、r 含义同前；

b——纯收益的等差级数递增或递减数额，如纯收益第一年为 a，则第二年为 a ± b，第三年则为 a ± 2b，第 n 年为

$a \pm (n-1)b$。

公式中符号，当纯收益按等差级数递增时取加号，递减时取减号。

（2）土地使用期有限时的计算公式：

$$P=\frac{a}{r}\pm\frac{b}{r^2}\times\left[1-\frac{1}{(1+r)^n}\right]\pm\frac{b}{r}\times\frac{n}{(1+r)^n}$$

式中：P、a、r、b、n含义同前。

公式中符号的选取，当纯收益按等差级数递增时取上面的符号，递减时取下面的符号。

6. 纯收益按一定比率递增或递减时的土地价格计算公式。

（1）土地使用年期无限时的地价计算公式：

$$P=\frac{a}{r\pm s}$$

式中：P、a、r含义同前；

s——纯收益逐年递增或递减的比率，如纯收益第一年为a，则第二年为$a(1\pm s)$，则第三年为$a(1\pm s)^2$，第n年为$a(1\pm s)^{n-1}$。

公式中的符号，当纯收益按等比级数递增时取减号，递减时取加号。r不变，递增时$r>s$，递减时$(r+s)>0$。

（2）土地使用年期有限时的土地价格计算公式：

$$P=\frac{a}{r\pm s}\left[1-\left(\frac{1\pm s}{1\pm r}\right)^n\right]$$

式中：P、a、r、s、n含义同前。

公式中的符号，当纯收益按等比级数递增时取加号，递减时取减号。r不变，递增时$r\neq s$，$r+s\neq 0$

7. 纯收益、还原利率有变化的土地价格计算公式：

$$P=\frac{a_1}{(1+r)}+\frac{a_2}{(1+r_1)(1+r_2)}+\cdots+\frac{a_n}{(1+r_1)(1+r_2)\cdots(1+r_n)}$$

式中：a_1、a_2、…、a_n——分别为未来各年的纯收益；

r_1、r_2、…、r_n——分别为未来各年的还原利率。

本公式实际上是收益还原法基本原理的公式化，即收益还原法的最一般形式。

（四）收益还原法的特点与适用范围

1. 收益还原法的特点。

(1) 收益还原法具有理论基础。地租理论和生产要素分配理论是收益还原法的理论依据。土地、劳动、资本等生产要素组合产生的收益，应由各因素分配。归属于土地的收益应是地租和利用土地资产带来的纯收益。它可以采取从总收益中扣除其生产要素产生的收益后得到，然后，将土地的收益以一定的利率还原，即为土地的价格。

(2) 收益还原法以收益途径评估价格，所以求得的价格称为“收益价格”。收益还原法将土地的价格视为一笔货币额，如将其存入银行，每年可以得到一定的利息，这个利息可相当于土地的纯收益。所以从确定土地收益入手，即可求得土地价格。

(3) 收益还原法评估结果的准确度，决定于土地的纯收益及还原利率的准确程度。土地纯收益测定是否准确，还原利率选择是否合适，直接影响土地价格的评估结果。所以求取土地纯收益及确定还原利率是收益还原法的关键。

2. 收益还原法的适用范围。收益还原法以求取土地纯收益为途径评估土地价格，它只适用于有收益的土地和建筑物，或是房地产的估价。例如，租赁用房地产或企业用房地产的估价均可采用此法。收益还原法是具有理论依据而应用面很广的一种估价方法，而对于没有收益的不动产的估价，例如机关、学校、公园等公益用地的估价则大多不适用。对于国内因政策亏损的企业也应慎重使用。同时，由于收益还原法主要适用于有收益的土地或房地产，而关于收益性土地的稳定纯收益和适当的还原利率的求取，要受一般的经济行情和工商企业以及房地产市场的发展、变化的影响，确定它也是一件困难的事。这是收益还原法的一个缺点。

四、基准地价系数修订法

（一）基准地价系数修订法的定义

基准地价系数修订法是我国土地估价的方法之一，是利用城镇基准地价和基准地价修订系数表等评估成果，按照替代原理，就待估宗地的区域条件和个别条件等与其所处区域的平均条件相比较，并对照修正系数表选取相应的修订系数对基准地价进行修正，进而求取待估宗地在估价期日价格的方法。

（二）基准地价系数修订法的基本原理

基准地价系数修订法的基本原理是替代原理，即在正常的市场条件下，具有相似土地条件和使用价值的土地，在交易双方具有同等市场信息的基础上，应当具有相似的价格。基准地价，是某一级别或均质地域内分用途的土地使用权平均价格，该级别或均质区域内该类用地的其他宗地价格在基准地价上下波动。基准地价相对应的土地条件，是土地级别或均质地域内该类用途土地的一般条件。因此，通过待估宗地条件与级别或区域内同类用地一般条件的比较，并根据两者在区域条件、个别条件、使用年期和估价期日等方面的差异大小，对照因素修订系数表选取适宜的修正系数，对基准地价进行修正，即可得到待估宗地地价。

（三）基准地价系数修订法的特点与适用范围

（1）基准地价系数修订法，适用于完成基准地价评估城镇中的土地估价，即具备基准地价和相应修正体系成果的城镇中的土地估价。

（2）基准地价系数修订法，是对一般比较法变形、量化及系统化后的一种估价方法，是在短时间内大批量进行宗地评估的有效手段，可快速方便地评估多宗土地的价格。

（3）基准地价系数修订法估价的精度与基准地价及其修正体系的精度密切相关。

（四）基准地价系数修订法估价的程序与方法

1. 收集、整理当地的土地定级估价成果资料。定级估价资料是采用基准地价系数修正法估价的基础。因此在估价前必须收集当地土地定级估价的成果资料，主要包括：土地级别图、土地级别表、基准地价图、基准地价表、基准地价因素修订系数表和相应的因素条件说明表等，并根据估价的需要加以整理，作为宗地估价的基础。

2. 确定待估宗地所处的土地级别、对应的基准地价和相应的修订系数表。根据待估宗地的位置、用途对照前面所收集的土地级别图表、基准地价图表等确定待估宗地所处的土地级别、基准地价和相应的因素条件说明表和因素修订系数表，以确定地价修订的基准和需要调查的影响因素项目。

3. 调查宗地地价影响因素的指标条件。按照与待估宗地所处级别和用途的对应的基准地价修正系数表和因素条件说明表中所要求的因素条件，确定宗地条件的调查项目，调查项目应与修订系数表中的因素一致。

宗地因素指标的调查，应充分利用已收集的资料和土地登记资料及有关图件，不能满足需要的应进行野外实地调查，在调查基础上，建立宗地地价因素指标数据库。

4. 土地开发程度差异修正。比较待估宗地估价时设定的土地开发程度与基准地价对应的开发程度，当两者开发程度相同时，可直接用基准地价作为基数进行因素修正；当两者不一致时，则要进行开发程度差异修正，将基准地价修正为与估价设定的开发程度一致时的地价水平，再以此为基数进行其他修正。

5. 确定宗地地价评估的修正系数。按调查结果，首先根据每个因素的指标值，查对各用途土地的基准地价影响因素指标说明表，确定因素指标对应的优劣状况；按优劣状况再查对基准地价修正系数表，得到该因素的修正系数。对所有影响宗地地价的因素都同样处理，即得到宗地的全部因素修正系数。某一宗地的总修正系数按下式计算：

$$K = \sum_{i=1}^{n} K_i$$

式中：K——某一宗地所有地价影响因素总修正值；

K_i——分别为宗地在第 i 个因素条件下的修正系数（%）；

n——修正因素个数。

6. 确定待估宗地使用年期修正系数。基准地价对应的使用年期是各用途土地使用权的最高出让年期，而具体宗地的使用年期可能各不相同，因此必须进行年期修正。土地使用年期修正系数可按下式计算：

$$y=\frac{1-\left(\frac{1}{1+r}\right)^{m}}{1-\left(\frac{1}{1+r}\right)^{n}}$$

式中：y——宗地使用年期修正系数；

r——土地还原利率；

m——待估宗地可使用年期；

n——该用途土地法定最高出让年期。

7. 确定期日修正系数。基准地价对应的是基准地价评估期日的地价水平，随时间迁移，土地市场的地价水平会有所变化，因此必须进行期日修正，把基准地价对应的地价水平修正到宗地地价评估期日。期日修正一般根据地价指数的变动幅度进行，期日修正系数可按下式计算：

$$T=\frac{\text{宗地估价期日的地价指数}}{\text{基准地价评估期日的地价指数}}$$

8. 确定容积率修正系数。基准地价对应的是该用途土地在该级别或均质地域内的平均容积率，各宗地的容积率可能各不相同，同时由于容积率对地价的影响极大，难以在编制基准地价因素修订系数表时考虑进去，因此若在因素修订系数表中未考虑容积率影响，则必须进一步进行修正，将平均容积率修正到宗地实际容积率水平。容积率修正系数按下式计算：

$$K_{ij}=K_i\div K_j$$

式中：K_{ij}——容积率修正系数；

K_i——待估宗地容积率对应的地价水平指数；

K_j——级别或均质地域内该类用地平均容积率对应的地价水平指数。

9. 确定待估宗地地价。根据前面所求得的各项修正系数，对待估宗地对应的基准地价修正，即可求得宗地地价。系数修订公式为：

$$P_I=P\times(1\pm K)\times y\times T\times K_{ij}$$

式中：K、y、T、K_{ij}含义同前；

P_I——待估宗地地价；

P——待估宗地对应的基准地价。

五、成本逼近法

（一）成本逼近法的定义

成本逼近法是以开发土地所耗费的各项费用之和为主要依据，再加上一定的利润、利息、应缴纳的税金和土地所有权收益来确定土地价格的估价方法。这种成本逼近法与一般房地产估价中的成本法不同。后者亦称原价法、承包者法、合同法或加法，它是以建筑物或建筑改良物重新建造的费用，经减折旧后求得建筑物价格，然后加上土地价格，最终得到整个不动产的价格。可见，该方法实际上是假设地价为已知。而成本逼近法却是用来估算土地价格的，所以两者的实际运用范围和估价程序、方法都不同。

（二）成本逼近法的基本原理与基本公式

成本逼近法的基本思路，是把对土地的所有投资包括土地取得费用和基础设施开发费用两大部分作为“基本成本”，运用经济学等量资金应获取等量收益的投资原理，加上“基本成本”这一投资所应产生的相应利润和利息，组成土地价格的基础部分，并同时根据国家对土地的所有权在经济上得到实现的需要，加上土地所有权应得收益，从而求得土地价格。

成本逼近法的基本公式即为：

土地价格＝土地取得费＋土地开发费＋税费＋利息＋利润＋土地增值收益

从上述分析也可以看出，成本逼近法在计算思路上是剩余法的变形，两种方法计算公式的形式是相类似的。在公式中，成本逼近法中的土地价格和土地取得费、土地开发费分别相当于剩余法中的不动产开发总价、土地价格和建筑费用，成本逼近法中的土地取得费为已知，求算开发后的土地价格；而剩余法则是开发后的不动产总价已知，求算地价即土地取得费。

成本逼近法中的成本是指土地的原购买价格以及土地再转让期间投入的土地资本现值。显然这里真正的地租或土地价格已经发生了变化，有了“增值地租”存在，而“增值地租”却是变化莫测，难以捉摸的，它完全取决于开发改良后土地的收益。因此成本逼近法构成中的前两者（征地拆迁费和土地开发费）是有案可查的，而后者（即增值地租）却是成本逼近法无法估算的。这也正是成本逼近法的缺陷所在。

成本逼近法虽然有些缺陷却不能因此而完全否定它。首先，应当承认运用成本逼近法估算的土地价格是一种不完全价格，无法准确估算建设用地价格的增值部分；其次，应当承认它毕竟已经包含了建设用地价格的基本部分。在国内外估价实践中许多地方工业用地的价格往往也是按照土地征用和开发成本计算的，因而可以把它当作建设用地价格的最低界限即实际的出让价格，只要所采用的成本数据是土地所在区域的社会客观平均成本，而非待估地块的实际成本，则说明“成本”已为社会承认，交易价格原则上就只应高于而不应低于“成本”价格。所以从这个角度看，成本逼近法还是有其作用和意义的。

（三）成本逼近法的特点和适用范围

1. 成本逼近法的特点。

（1）成本逼近法一般适用于新开发土地或建筑物估价，不适用建成区域已开发土地估价；

（2）成本逼近法适用于工业用地估价，对商业及住宅用地则多不适应；

（3）成本逼近法适用于地产市场狭小，缺乏交易实例，无法采用其他方法进行估价的土地；

（4）成本逼近法以成本累加为途径，而成本高并不一定表明效用和价值高，因此其评估结果只是一种“算术价格”，对土地的效用、价值及市场需求方面的情况未加考虑，这也正是成本逼近法的限制；

（5）成本逼近法虽有缺陷和限制，但可作为投资者衡量投资效益、进行土地开发可行性分析等的重要方法，同时也是估算土地成本价格的一种途径。

2. 成本逼近法的适用范围。成本逼近法一般适用于新开发土地的估价，特别适用于土地市场发育不成熟、土地成交实例不多、无法利用市场比较法等方法进行估价时的情形。同时，对于既无收益又很少有交易情况的学校、公园等公共建筑、公益设施等特殊性的土地估价也比较适用。但由于在现实生活中土地的价格大部分是取决于它的效用，并非是它所花的成本，也就是说，土地成本的增加并不一定会增加它的价值。所以，成本逼近法在土地估价中的应用受一定限制且有一定的争议。

从以上各种估价方法的介绍中，不难看到，不同的估价方法有不同的特点和适用范围，也有相应的限制条件。对于国有建设用地使用权招标拍卖挂牌中的估价而言，由于招标拍卖挂牌的土地一般都是用于开发和再开发建设，且多为经营性用地，因此，假设开发法（剩余法）、市场比较法等往往成为首先选用的方法，收益还原法和基准地价系数修订法也很常用，而成本逼近法则往往不大适用。但在招标拍卖挂牌出让的地块为旧城改造等情形下，成本逼近法则往往被用来测算政府拆迁改造成本与招标拍卖挂牌收益的对比分析。

第三节 土地出让中的标底和底价等价格及其确定

在国有建设用地使用权出让招标拍卖挂牌和协议出让中，涉及协议出让最低价、出让最低价、招投标标底、拍卖和挂牌底价、起始价、起叫价等许多地价概念。正确理解和掌握这些地价概念的内涵，对于规范招标拍卖挂牌出让操作行为十分必要。

一、出让最低价

（一）协议出让最低价

2003 年 6 月 11 日发布、同年 8 月 1 日起施行《协议出让国有土地使用权规定》（国土资源部令第 21 号）对协议出让最低价的确定进行了具体规定，21 号令第四条规定：以协议方式出让国有土地使用权的出让金不得低于按国家规定所确定的最低价。第五条规定：协议出让最低价不得低于新增建设用地的土地有偿使用费、征地（拆迁）补偿费用以及按照国家规定应当缴纳的有关税费之和；有基准地价的地区，协议出让最低价不得低于出让地块所在级别基准地价的 70%。可见协议出让最低价属于区域控制价格，应分用途、区域确定，并按规定公布，而不是在具体宗地出让时临时评估确定。

对于原划拨土地使用权人补办出让手续、补交出让金的情况，由于协议出让最低价对应的土地条件和基准地价内涵一致，即五通一平或三通一平等，鉴于原划拨土地使用权人已经支付了土地征用、拆迁补偿和前期开发等费用（即划拨土地使用权价格属于原土地使用权人的合法权益），因此，应进行土地条件修正，应当将其补交的价款与划拨土地使用权价格（同地段征地、拆迁补偿和前期开发费用等）之和作为土地使用权出让金总额，以此与同地段同用途的协议出让最低价标准（不低于基准地价 70%）进行比较。

（二）工业用地出让最低价

国土资源部 2006 年发布、2007 年 1 月 1 日实施的《全国工业用地出让最低价标准》（国土资发［2006］307 号），对工业用地出让最低价的确定进行了具体规定：

（1）《全国工业用地出让最低价标准》是市、县人民政府出让工业用地，确定土地使用权出让价格时必须执行的最低控制标准。工业用地出让底价和成交价格均不得低于所在地土地等别相对应的最低价标准。各地国土资源管理部门在办理土地出让手续时必须严格执行最低价标准，不得以土地取得来源不同、土地开发程度不同等各种理由对规定的最低价标准进行减价修正。

（2）对低于法定最高出让年期（50 年）出让工业用地，或采取租赁方式供应工业用地的，所确定的出让价格和年租金按照一定的还原利率修正到法定最高出让年期的价格，均不得低于《全国工业用地出让最低价标准》。年期修正必须符合《城镇土地估价规程》（GB/T18508－2001）的规定，还原利率不得低于同期中国人民银行公布的人民币5年期存款利率。

（3）低于最低价标准出让工业用地，或以各种形式给予补贴或返还的，属非法低价出让国有土地使用权的行为。

（4）各市、县、区的土地等别由国土资源部统一确定为十五等，最高等为一等，出让最低价标准为840元/平方米，最低等为十五等，出让最低价标准为60元/平方米。十五等地最低价标准分别为：一等地840元、二等地720元、三等地600元、四等地480元、五等地384元、六等地336元、七等地288元、八等地252元、九等地204元、十等地168元、十一等地144元、十二等地120元、十三等地96元、十四等地84元、十五等地60元。

由于目前国家已发布实施了工业用地出让最低价标准，因此，2007年1月1日以后，政府以招标拍卖挂牌方式或协议方式出让工业用地，出让底价都不得低于工业用地最低价。

二、出让底价

（一）出让底价的分类

在招标拍卖挂牌出让中，出让底价包括招标标底、拍卖底价和挂牌底价三种具体形式。

（1）招标出让标底。所谓招标出让标底，是指市、县国土资源管理部门或国有土地使用权出让协调决策机构，根据拟招标出让宗地的土地估价结果、产业政策和土地市场情况等，集体决策，综合确定的该宗地出让可接受的最低综合条件或最低出让价格。其中招标出让标底中的出让底价不得低于国有土地出让最低价。

（2）拍卖或挂牌出让底价。所谓拍卖或挂牌出让底价，是指市、县国土资源管理部门或国有土地使用权出让协调决策机构，依据拟拍卖或挂牌出让宗地的土地估价结果、产业政策和土地市场情况等，集体决策，所综合确定的该宗地的最低可出让价格。拍卖出让底价和挂牌出让底价不得低于国有土地出让最低价。

（二）招标标底、拍卖挂牌底价的特点

（1）招标标底、拍卖挂牌底价是政府出让具体地块的最低控制价格，是政府出让土地使用权谈判时最重要的参考价格。招标标底、拍卖挂牌底价与标定地价均是由政府确定或认可的宗地价格，但两者又有不同，标定地价是某一宗地在土地市场中的正常价格，招标标底、拍卖挂牌底价则是拟出让土地政府所能接受的最低控制价格。标定地价对社会是公开的，土地使用权招标标底、拍卖挂牌底价则是由政府内部掌握、严格保密的。土地使用权招标标底、拍卖挂牌底价主要根据土地出让年限、用途、地产市场行情、政府产业政策、开发商竞投心态等确定的待出让宗地的地价；标定地价是根据地块（或宗地）的形状、大小、容积率、微观区位条件等，参照级别或地段的基准地价水平进行修正、评估的地块（或宗地）的地价，它可以为确定土地使用权招标标底、拍卖挂牌底价提供参考依据。土地使用权招标标底、拍卖挂牌底价也不同于交易地价，它是出让土地谈判前决定的价格，只对谈判的一方——政府有约束，并未得到受让方的认可。交易地价则是双方经过谈判后决定的价格，它是在市场上实现的价格，对双方都有约束作用。土地使用权招标标底、拍卖挂牌底价又与交易地价有联系，交易地价高于招标标底、拍卖挂牌底价，土地出让可以完成；交易地价低于招标标底、拍卖挂牌底价，土地出让则不能实现。

（2）招标标底、拍卖挂牌底价由政府确定。由于政府垄断了土地供应量，土地供应量大小和供应价格高低是作为政府调节土地市场的一种手段。为了保证政府取得合理的土地收益，一般而言，在经济发展迅猛，土地需求旺盛时，可适当增加土地供应量；在经济发展衰退，土地需求较少时，可适当减少土地供应量。政府选择地块进行招标、拍卖，目的不尽相同，有的是为了取得可观收益，有的是为了公益事业，有的是为了旧城改造。制定招标标底、拍卖挂牌底价时，应充分考虑开发商利益和政府的产业政策。

（3）土地使用权招标标底、拍卖挂牌底价应依据评估地价确定。

国有土地招标、拍卖的标的价款巨大，由于土地市场的特殊性，土地价格一般人难以判别，为避免政府收益受损，了解土地正常价格，必须由专门的评估师进行土地评估，但需要注意的是招标标底、拍卖挂牌底价与评估地价既有联系又有区别，评估地价是由估价人员依据对土地市场的判断，出具的待估宗地可能的公开市场价格，招标标底、拍卖挂牌底价则是由政府根据土地评估结果，充分考虑政府产业政策和地价政策等因素综合确定。

（三）招标标底、拍卖挂牌底价的确定

招标标底、拍卖挂牌底价的确定一般应以评估地价为基准，由政府土地出让委员会或集体决策机构最终确定。在确定土地招标标底、拍卖挂牌底价时，出让委员会或集体决策机构应当认真审阅评估单位出具的估价报告，尤其是对于估价结果、假设条件和使用限制条件等进行认真分析，了解估价师的客观意见，同时综合考虑实施招标拍卖挂牌时的市场状况，拟招标拍卖挂牌地块的条件，潜在投资者的需求，尤其是政府产业政策和地价政策等。既要保证政府财政收益不流失，又要正确引导市场走向，还要充分考虑市场接受能力，综合确定合理的招标标底、拍卖挂牌底价。

（四）出让底价的政策规定

1. 底价保密。国有建设用地使用权出让，包括底价出让和无底价出让。根据《招标拍卖挂牌出让国有土地使用权规范》和《招标拍卖挂牌出让国有建设用地使用权规定》，有底价出让的，招标标底、拍卖和挂牌出让底价确定后，在出让活动结束之前应当保密，不得泄露，泄露底价的，承担法律责任。

2. 低于底价不成交。在招标拍卖挂牌或挂牌出让国有建设用地使用权活动中，土地招标拍卖挂牌主持人需要明确的一个重要原则是：低于底价，出让不成交。如果竞投人的投标价低于标底，拍卖和挂牌竞买人的最高报价或应价低于出让底价的话，无论其他条件如何，均不能中标或竞得土地，即招标拍卖挂牌不成交，政府将收回建设用地使用权，

重新出让。特别需要注意的是，拍卖、挂牌除了确定底价（保留价）外，有的还确定一个低于底价的起拍价（起叫价或挂牌起始价），拍卖和挂牌竞买人出价只有高出或等于底价时，才能成交。最高出价如果低于底价时，其拍卖和挂牌地块应由政府土地行政主管部门收回。

三、起始价或起叫价

所谓起始价又称起叫价，是土地拍卖主持人或挂牌主持人针对某拍卖出让宗地或挂牌出让宗地，在土地拍卖会上首先宣布或在挂牌出让公告规定的土地交易地点挂牌显示的宗地竞价基数，拍卖或挂牌竞买人以此基数开始进行竞买。竞买人应价或报价只能等于或者高于起始价，否则无效。

起始价由市、县国土资源管理部门或国有土地使用权出让协调决策机构集体决策，综合确定。起始价可以高于出让底价，也可以低于出让底价。

四、应价和报价

应价或报价，是指竞买人针对某宗拍卖或挂牌出让宗地的出价，在招标拍卖挂牌主持人击槌或宣布挂牌活动结束前随时作出。应价或报价不受次数限制，竞买人可以多次出价或报价。

五、增价和减价

所谓增价，是指竞买人上增叫价或报价，即竞买人出价越来越高，逐渐递增。所谓减价，是指竞买人下叫价或报价，即竞买人出价越来越低，逐渐递减。

国有建设用地使用权拍卖或挂牌出让实行增价出让。在拍卖或挂牌出让活动中，竞买人一般按照规定的增价幅度有规律地增价。

六、竞价阶梯

又称“价格幅度”或“叫价幅度”，是指竞买人出价时，按照事先约定的一定数额价格梯次进行，而非无规律地随意出价，从而保持不同出价之间的合理密度，以达到节省时间、稳定有序地拍卖或挂牌的目的。

第四节 投标、竞买保证金

一、投标、竞买保证金的概念

投标、竞买保证金包括招标出让中的投标保证金和拍卖、挂牌出让中的竞买保证金。所谓投标、竞买保证金，是指在招标拍卖挂牌出让活动中，由参加招标拍卖挂牌出让活动的投标人或竞买人向作为出让方的市、县国土资源管理部门缴纳的履约保证金。投标、竞买保证金的数额，由市、县国土资源管理部门或国有土地使用权出让协调决策机构集体决策，综合确定后，在招标拍卖挂牌出让公告中公布。

根据相关法律规定，投标、竞买保证金应当以人民币缴纳。有的地方在出让公告中要求以美元或其他外币缴纳保证法，是一种不规范的做法。

二、投标、竞买保证金制度

保证金制度是保障市场安全的基础之一。为防范交易风险，防止违约并确保合约的完整性，许多交易活动均设立保证金制度。从一般意义上讲，保证金是一项履约担保金，证明买方或卖方的诚意，所有的买方或卖方均须交存保证金方能进入市场。

为保证国有建设用地招标拍卖挂牌出让活动的规范、有序，2002年国土资源部发布实施的《国有土地使用权招标拍卖挂牌出让规定》（国土资源部11号令），确立了国有建设用地使用权招标拍卖挂牌出让中的投标、竞买保证金制度。2006年国土资源部发布实施的《国有土地使用权招标拍卖挂牌出让规范》和2007年发布实施的《国有建设用地使用权招标拍卖挂牌出让规定》（国土资源部39号令），对投标、竞买保证金制度做了进一步完善。

三、投标、竞买保证金的性质

在招标拍卖挂牌出让活动中，对投标、竞买保证金的性质一直存在不同的认识。第一种观点认为，投标、竞买保证金就是履约保证金；第二种观点认为，投标、竞买保证金是定金；第三种观点认为，投标、竞买保证金是土地出让金。这三种观点都是片面的。实际上，由于招标拍卖挂牌出让工作由不同阶段组成，招标拍卖挂牌活动持续过程较长，因此，尽管投标、竞买保证金的名称叫做保证金，但其性质却不是恒定的，作用也是不同的。可以说，在招标拍卖挂牌出让的不同阶段，投标、竞买保证金所承担的角色各异。

（一）履约保证金

国有建设用地使用权招标拍卖挂牌出让中，在确定中标人或拍卖、挂牌竞得人之前，投标人、竞买人向市、县国土资源管理部门缴纳的投标、竞买保证金，是意向用地者参加国有建设用地使用权招标拍卖挂牌出让活动的资格条件，具有履约保证金的性质，而不是定金，也不是土地出让价款。

第一，按照现行制度要求，任何有意向参加国有建设用地使用权招标拍卖挂牌出让活动，希望取得土地使用权的单位和个人，只有按规定缴纳了保证金，并符合其他规定条件，通过作为国有建设用地使用权出让方的市、县国土资源管理部门审核，具备了参加招标拍卖挂牌出让活动的资格条件后，才能参加招标拍卖挂牌活动。不按规定及时、足额缴纳投标、竞买保证金，即使其他所有条件均符合，也不能参加招标拍卖挂牌活动。因此可以看出，在这一阶段，投标、竞买保证金就是参加招标拍卖挂牌活动的资格条件，是门槛。

第二，定金是由双方当事人根据出让合同中宗地出让价款——主合同标的额约定的。而在具体实施招标拍卖挂牌程序之前，既未确定中标人和竞得人，也没有确定宗地成交价款，更谈不上签订出让合同，定金的确定没有依据。

第三，在招标拍卖挂牌出让中，投标人和竞得人只要缴纳了保证金并符合其他规定条件，均可以参加国有建设用地使用权招标出让和拍卖、挂牌出让，因此，就招标出让来说，参加投标的意向用地者至少有3人，才可能进入评标程序。假定有3人缴纳了投标保证金并符合其他条件，经过评标、定标后，确定一人中标，那么，市、县国土资源部门就可以向该中标人发出中标通知书，退还另外两人的投标保证金就可以了。但如果规定该保证金为定金的话，根据定金的相关法律规定，市、县国土资源部门只有对中标人是不违约的，而对另外两个未中标人，则是违约的，应按双倍返还这两人缴纳的保证金。也就是说，在招标拍卖挂牌出让活动中，如果把保证金规定为定金，只要存在两个以上竞买人竞价，国土资源管理部门就存在必然违约的情况。两人竞买一人竞得时，国土资源部门就要双倍返还一个未竞得人的定金；3人竞买1人竞得时，国土资源部门就要双倍返还两个未竞得人的定金；10人竞买1人竞得时，国土资源部门就要双倍返还另外9个未竞得人的定金。土地市场竞争越激烈，竞争者越多，出让方的损失就越大。这是不符合定金的一般法理的，也进一步说明保证金不是定金。

第四，在出让成交之前，未确定受让人，未签订出让合同，所以也不存在出让价款。因此，保证金也不是出让金或出让价款。如果将这一阶段的保证金作为出让金，既不符合逻辑，也可能在出让法律文书上产生瑕疵而引起纠纷。

（二）定金

1. 定金的法律政策规定。《国有建设用地使用权招标拍卖挂牌出让规定》（国土资源部39号令）第二十条规定：以招标拍卖挂牌方式确定中标人、竞得人后，中标人、竞得人支付的投标、竞买保证金，转作受让地块的定金。也就是说，在招标拍卖挂牌出让成交、确定中标人、竞得人后，出让方与受让方签订国有建设用地使用权出让合同之前这一阶段，中标人、竞得人支付的投标、竞买保证金，从保证金性质转变为定金性质。

投标、竞买保证金转变为定金后，适用于定金的相关法律规定。

1995年实施的《中华人民共和国担保法》第六章分三条对定金做了专门规定。第八十九条规定：当事人可以约定一方向对方给付定金作为债权的担保。债务人履行债务后，定金应当抵作价款或者收回。给付定金的一方不履行约定的债务的，无权要求返还定金；收受定金的一方不履行约定的债务的，应当双倍返还定金。第九十条规定：定金合同从实际交付定金之日起生效。第九十一条规定：定金的数额由当事人约定，但不得超过主合同标的额的20%。

2. 出让活动中的定金适用。鉴于法律对定金的专门规定，为避免定金适用中产生不必要的纠纷，作为出让方的市、县国土资源管理部门，要把握以下四点：

第一，保证金转为定金要写入《中标通知书》和《成交确认书》。投标、竞买保证金转为地块的定金，国土资源部39号令有明确的规定。市、县国土资源管理部门作为出让方，在出让成交后，向中标人发出《中标通知书》或与竞得人签订《成交确认书》时，必须将投标、竞买保证金转为出让地块的定金的法律政策规定写入《中标通知书》或《成交确认书》，使之成为书面合同的内容，这既是《担保法》和国土资源部39号令的规定，也有利于定金合同的履行。

第二，定金合同当事人均受定金条款的法律约束。《中标通知书》发出和《成交确认书》签订后，具有法律效力。中标人或竞得人放弃中标或竞得地块、不签订国有建设用地使用权出让合同的，无权要求返还定金。反之，市、县国土资源管理部门不按《中标通知书》和《成交确认书》约定签订国有建设用地使用权出让合同的，应当双倍返还中标人或竞得人给付的定金。需要明确的是，对于中标人和竞得人违约，应依照合同承担违约责任，市、县国土资源管理部门在追究其违约责任时，可不返中标人和竞得人已给付的定金，但应避免使用“没收定金”、“罚款”等行政处罚的字眼。因为，定金合同行为属于民事行为，不是行政行为，“没收”、“罚款”属于行政处罚。

第三，鉴于《担保法》已明确规定，定金的比例不能超过合同金额的20%。因此，采取招标拍卖挂牌方式出让的，在签订国有建设用地使用权出让合同时，可将中标人或竞得人交纳的招标、竞买保证金相当于成交价款20%的部分，转作受让地块的定金。

第四，在签订出让合同之前，定金仍不属于出让价款。需要注意的是，在《中标通知书》和《成交确认书》中，避免使用“保证金转为土地出让金”之类的字眼而引起法律纠纷。因为从中标人和竞得人一方来看，在保证金已转为土地出让金的情况下，出让方与受让方之间的国有建设用地使用权出让法律关系的权利义务已经部分履行，而实际上，在这一阶段，出让合同尚未签订，更谈不上出让法律关系的履行。因此，要规范《中标通知书》和《成交确认书》的具体内容，做到准确、没有歧义。

（三）土地出让价款

国土资源部39号令第二十一条规定：“中标人、竞得人应当按照中标通知书或者成交确认书约定的时间，与出让人签订国有建设用地使用权出让合同。中标人、竞得人支付的投标、竞买保证金抵作土地出让价款；其他投标人、竞买人支付的投标、竞买保证金，出让人必须在招标拍卖挂牌活动结束后5个工作日内予以退还，不计利息。”可以看出，中标人、竞得人最初缴纳的投标、竞买保证金，到了出让活动的最后阶段，即在签订国有建设用地使用权出让合同时，才转为土地出让价款被写入合同。

综上可知，在中标或竞得前，投标、竞买保证金只是竞买人参加招标拍卖挂牌活动的资格条件，中标或竞得后，投标、竞买保证金转变为定金，签订出让合同后成为出让价款的一部分，保证金的变化过程可以描述为：履约保证金—定金—出让价款。

第五章　竞投、竞买申请及资格审查

第一节　招标拍卖挂牌出让申请人

一、国有建设用地使用权人的法律政策依据

建设用地使用权人依法对国家所有的土地享有占有、使用和收益的权利，有权利用国有建设用地建造建筑物、构筑物及其附属设施，这是《物权法》赋予建设用地使用权人的权利。那么，哪些人可以依法取得国有建设用地使用权进行开发利用和经营呢？对此，土地管理法律政策有明确的规定：

（1）《城镇国有土地使用权出让和转让暂行条例》（国务院 55 号令）第三条明确规定："中华人民共和国境内外的公司、企业、其他组织和个人，除法律另有规定外，均可以依法取得土地使用权，进行土地开发、利用、经营。"

（2）《招标拍卖挂牌出让国有建设用地使用权规定》（国土资源部 39 号令）第十一条规定："中华人民共和国境内外的自然人、法人和其他组织，除法律、法规另有规定外，均可申请参加国有建设用地使用权招标拍卖挂牌出让活动。出让人在招标拍卖挂牌出让公告中不得设定影

响公平、公正竞争的限制条件。”

(3)《招标拍卖挂牌出让国有土地使用权规范》(国土资源部［2006］114号）明确要求：“国有土地使用权招标拍卖挂牌出让的申请人，可以是中华人民共和国境内外的法人、自然人和其他组织，但法律法规对申请人另有限制的除外。申请人可以单独申请，也可以联合申请。”

二、对申请人的要求——公开、公平、公正

从20世纪90年代国务院发布的55号令，到近年来国土资源部出台的一系列政策文件，在对参加国有建设用地使用权招标拍卖挂牌出让的申请人资格要求上，至少体现出以下三个特点：

一是申请人不论境内还是境外，只要是符合条件，就可以参加招标拍卖挂牌出让活动，依法取得建设用地使用权；

二是申请人不论自然人、法人还是其他组织，只要符合条件，就可以申请招标拍卖挂牌出让活动，依法取得建设用地使用权；

三是申请人既可以单独申请参加招标拍卖挂牌出让活动，也可以联合申请。

上述特点归纳起来就是，招标拍卖挂牌出让应当遵循公开、公平、公正的原则，没有资格限制，符合条件的竞投、竞买申请人，都可以参加招标拍卖挂牌出让活动。在公开、公平、公正三原则中，公开是首要的、第一位的，没有充分的公开，就谈不上公平，也实现不了公正。但在实践中，一些地方违反“三公”原则，在招标拍卖挂牌出让公告中，设置诸如注册资金、房地产开发资质、税务注册地、投资规模、成品油资质等排他性的限制条件，为特定的某个竞买人“量体裁衣”，排斥意向外的竞买人参加招标拍卖挂牌出让活动；有的地方甚至在出让公告中规定，申请人必须是全国零售业前5名，必须缴纳数额巨大的美元等外币作为竞买保证金、必须具有国际认证的赛车资格等等，才能参加竞买。这种招标拍卖挂牌出让名义上是公开出让，实际上却非真正的市场配置。对此，2007年11月1日实施的《招标拍卖挂牌出让国有建设用地使用权规定》（国土资源部39号令）再次强调，“出让人在招标拍卖挂牌出让公告中不得设定影响公平、公正竞争的限制条件”。

三、三种观点辨析

（一）商品住宅用地的申请人

在哪些人才能取得商品住宅用地的问题上，有人认为，为了保证商品住宅开发建设的质量，只能由具有房地产开发资质的开发企业以招标拍卖挂牌方式取得商品住宅用地。这种观点是不正确的。

一是从法律政策上看，只允许具有房地产开发资质的开发企业参加招标拍卖挂牌出让活动，不符合法律法规规定。国务院55号令、国土资源部39号令等明确规定，在中华人民共和国境内以招标、拍卖或者挂牌方式出让国有土地使用权的，适用文件的规定。《招标拍卖挂牌出让国有土地使用权规范》进一步明确：国有土地使用权招标拍卖挂牌出让的申请人，可以是中华人民共和国境内外的法人、自然人和其他组织，但法律法规对申请人另有限制的除外。即中华人民共和国境内外的自然人、法人和其他组织，均可依法参加国有建设用地使用权招标拍卖挂牌出让，取得国有建设用地使用权，进行土地开发、利用、经营。也就是说，现行法律政策对国有建设用地使用权出让中的受让人是不设资质等门槛的，国有建设用地使用权人既可以是法人，也可以是自然人或其他组织。如果只允许具有房地产开发资质的企业参加招标拍卖挂牌出让，不允许不具备开发资质的其他法人、自然人和组织参加招标拍卖挂牌出让，显然不符合国有土地使用权出让的法律政策规定。

二是持上述观点的人混淆了商品住宅用地财产权取得和商品住宅开发建设两个不同的流程。商品住宅用地的申请和取得是一种财产权取得行为，商品住宅开发建设是供地后的开发建设行为。供地环节上如何确定建设用地使用权人，与商品住宅开发建设环节如何进行开发建设，两者性质不同，实施主体不同，操作方式不同，不完全是一回事。土地的供应适用土地管理的相关法律规定，商品住宅用地必须招标、拍卖或者挂牌方式出让，通过公开竞价确定土地使用权人。这里的土地使用权人，既有可能是具有房地产开发资质的开发企业，也有可能是不具有房地产开发资质的企业，甚至自然人也有可能取得土地使用权。如果土地的取得者是具有资质的房地产开发企业，就可以依据房地产开发建设的要求从事商品住宅项目的开发建设销售。没有资质的，不符合房产建设管理方面的相关法律规定，那么，就不能直接开发建设，土地取得者就要依法取得房地产开发资质后，再进行商品住宅的开发建设。因此，理论上讲，确定土地使用权人不一定就能直接开发建设，土地使用权人的确定是土地供应的内容，开发建设过程应当具备的条件属于后期房屋开发建设管理的内容。两者性质不同，行为发生的环节不同，不能混为一谈。

三是只允许相关资质的企业参加招标拍卖挂牌出让活动，不符合公开、公平、公正的市场原则。招标拍卖挂牌出让的实质，是在商品住宅用地供应中，以公开、公平、公正的市场方式确定建设用地使用权人。如果只允许具备开发资质的少数房地产开发建设单位参加招标拍卖挂牌出让，必然就排斥了大量不具有房地产开发资质的其他潜在竞买人，从根本上背离了招标拍卖挂牌出让的“公开、公平、公正”原则。

（二）工业用地的申请人

随着工业用地招标拍卖挂牌出让被《物权法》确立下来，成为法定的国有建设用地使用权出让方式，各地国土资源管理部门在工业用地招标拍卖挂牌出让活动首先面临的一个问题是：工业用地由于其产业特点，其招标拍卖挂牌出让与商业、旅游、娱乐和商品住宅用地的招标拍卖挂牌出让显然是有区别的，这种区别必然要体现在土地出让方案上，体现在出让文件中，体现在出让公告中。申请人只有符合了公告规定的条件，才能参加招标拍卖挂牌活动。对此，有人认为，把工业用地的产业特点写入招标拍卖挂牌出让文件，是对申请人设置限制条件，有悖公开、公平、公正的原则。这种观点是不正确的。

我们知道，房地产用地对其建设、经营主体基本上没有特殊的要求，是可以替代的。相比之下，工业项目对产业性质、规模与原材料、工艺流程、生产安全、环保等要求非常具体，其用地在规模、区位、利用强度等方面的要求也有着明显的差异，对宏观调控、工业产业升级和结构调整具有重要的作用。因此，工业用地招标拍卖挂牌出让，必须突出工业用地特点。各地国土资源管理部门在工业用地出让方案拟订和出让文件编制等方面，要针对工业用地自身的特殊性，依据相关法律法规和国家产业政策，至少把握以下两个关键点：

一是拟订工业用地出让方案要统筹考虑各方面因素，突出工业用地特点。不同产业类型、不同规模的工业项目，对工业用地有不同的要求。这就要求市、县国土资源部门在拟订工业用地出让方案时，不仅要考虑拟出让土地的规划条件，还要考虑本地区的产业特点。制订出让方案时，国土、发展和改革、规划、环保等相关部门要结合本部门职能职责和行业标准提出明确意见，市、县国土资源管理部门应当依据土地利用总体规划、城市规划、拟出让地块周边产业布局情况、环保要求以及用地预申请等情况，进一步细化拟出让工业用地的类别和产业类型，科学合理地确定拟出让工业用地的地块面积、具体用途、土地使用条件、产业要求等内容。出让方案中确定的产业类型、土地使用条件和用地规模等，应当符合《工业项目建设用地控制指标（试行）》的有关要求。

二是在编制工业用地出让文件时，也要体现拟出让宗地的产业特点。各地在编制工业用地出让文件中，不仅要按照《招标拍卖挂牌出让国有土地使用权规范》的要求，明确拟出让土地的一般规划条件，还应当明确拟出让地块的投资强度要求、产业要求、具体工业用地类别等内容。

（三）招标拍卖挂牌出让方式取得的用地是否需要办理土地预审

按照法律规定，工业、商业、旅游、娱乐和商品住宅等用地，必须以招标拍卖挂牌方式出让，而根据国土资源部《建设项目用地预审办法》规定，需要审批的建设项目在可行性研究阶段，由建设用地单位提出预审申请，两者之间如何衔接？如果先预审确定了用地单位，那就无法以招标拍卖挂牌方式供地；如果已经以招标拍卖挂牌方式取得了建设用地使用权再要求办理预审，那样就更无意义。到底该如何理解、如何衔接呢？

实际上相关法律法规已经明确以招标拍卖挂牌方式提供建设用地使用权的，并不需要再办理土地预审。关于预审的行政许可是在《土地管理法实施条例》中设立的，该条例规定：

“第二十二条　具体建设项目需要占用土地利用总体规划确定的城市建设用地范围内的国有建设用地的，按照下列规定办理：

（一）建设项目可行性研究论证时，由土地行政主管部门对建设项目用地有关事项进行审查，提出建设项目用地预审报告；可行性研究报告报批时，必须附具土地行政主管部门出具的建设项目用地预审报告。（二）建设单位持建设项目的有关批准文件，向市、县人民政府土地行政主管部门提出建设用地申请，由市、县人民政府土地行政主管部门审查，拟订供地方案，报市、县人民政府批准；需要上级人民政府批准的，应当报上级人民政府批准。（三）供地方案经批准后，由市、县人民政府向建设单位颁发建设用地批准书。有偿使用国有土地的，由市、县人民政府土地行政主管部门与土地使用者签订国有土地有偿使用合同；划拨使用国有土地的，由市、县人民政府土地行政主管部门向土地使用者核发国有土地划拨决定书。（四）土地使用者应当依法申请土地登记。

通过招标、拍卖方式提供国有建设用地使用权的，由市、县人民政府土地行政主管部门会同有关部门拟订方案，报市、县人民政府批准后，由市、县人民政府土地行政主管部门组织实施，并与土地使用者签订土地有偿使用合同。土地使用者应当依法申请土地登记。

第二十三条　具体建设项目需要使用土地的，必须依法申请使用土地利用总体规划确定的城市建设用地范围内的国有建设用地。能源、交通、水利、矿山、军事设施等建设项目确需使用土地利用总体规划确定的城市建设用地范围外的土地，涉及农用地的，按照下列规定办理：

（一）建设项目可行性研究论证时，由土地行政主管部门对建设项目用地有关事项进行审查，提出建设项目用地预审报告；可行性研究报告报批时，必须附具土地行政主管部门出具的建设项目用地预审报告。（二）建设单位持建设项目的有关批准文件，向市、县人民政府土地行政主管部门提出建设用地申请，由市、县人民政府土地行政主管部门审查，拟订农用地转用方案、补充耕地方案、征用土地方案和供地方案（涉及国有农用地的，不拟订征用土地方案），经市、县人民政府审核同意后，逐级上报有批准权的人民政府批准；其中，补充耕地方案由批准农用地转用方案的人民政府在批准农用地转用方案时一并批准；供地方案由批准征用土地的人民政府在批准征用土地方案时一并批准（涉及国有农用地的，供地方案由批准农用地转用的人民政府在批准农用地转用方案时一并批准）。（三）农用地转用方案、补充耕地方案、征用土地方案和供地方案经批准后，由市、县人民政府组织实施，向建设单位颁发建设用地批准书。有偿使用国有土地的，由市、县人民政府土地行政主管部门与土地使用者签订国有土地有偿使用合同；划拨使用国有土地的，由市、县人民政府土地行政主管部门向土地使用者核发国有土地划拨决定书。（四）土地使用者应当依法申请土地登记。

建设项目确需使用土地利用总体规划确定的城市建设用地范围外的土地，涉及农民集体所有的未利用地的，只报批征用土地方案和供地方案。"

从上述关于土地预审的规定可以看出，预审是在建设项目可行性研究论证阶段，根据建设单位申请，由土地行政主管部门对建设项目用地有关事项进行审查，对是否可能提供建设用地、用地位置、规模等提出意见，也就是说应当有确定的建设单位，应当由有供地权的国土部门预先对将来可能的用地提出意见。建设项目是否预审及应当如何预审，需要根据建设项目拟用地位置和供地方式确定：

(1) 圈外（需要占用土地利用总体规划确定的城市建设用地范围外的国有建设用地的）单独选址项目一般都是先有建设单位和建设项目后申请用地，一般都要办理土地预审。

(2) 对于圈内（需要占用土地利用总体规划确定的城市建设用地范围内的国有建设用地的）建设项目，则根据供地方式确定是否需要预审。其中，采用划拨或协议出让方式供地的，应当按照《土地管理法实施条例》第二十二条第一款（一）至（四）的规定办理用地手续，必须办理土地预审；采用招标拍卖挂牌方式供地的，则应当按照第二十二条第二款的规定办理用地手续，即通过招标、拍卖方式提供国有建设用地使用权的，由市、县人民政府土地行政主管部门会同有关部门拟订方案，报市、县人民政府批准后，由市、县人民政府土地行政主管部门组织实施，并与土地使用者签订土地有偿使用合同。土地使用者应当依法申请土地登记。不需要另行办理土地预审，只要土地部门会同有关拟订招标拍卖挂牌出让方案时，明确相应的产业类型、产业要求及土地用途即可。土地使用者通过招标拍卖挂牌出让方式取得建设用地后，国土部门会与用地者签订土地有偿使用合同，颁发建设用地批准书，缴清出让金即可取得土地使用证，土地出让合同、建设用地批准书或土地使用证对使用者的法律效力远高于预审批准文件，使用者可凭三者之一到有关部门直接办理建设项目审批、核准或备案，不需要再另行办理土地预审。

第二节 申请类型及申请文件

一、招标拍卖挂牌出让的申请类型

任何有竞投、竞买意向的法人、自然人和其他组织，都可以按照招标拍卖挂牌公告的要求，向市、县国土资源管理部门提出申请，符合条件后，参加国有建设用地使用权招标拍卖挂牌出让活动。在招标拍卖挂牌出让实践中，主要有6类竞投、竞买申请：

（1）境内法人申请；

（2）境内自然人申请；

（3）境内其他组织申请；

（4）境外申请人申请；

（5）联合申请，即由两个以上的法人、自然人和其他组织组成一个联合体申请竞投或竞买；

（6）申请人申请竞投或竞买，中标或竞得土地后，由该申请人成立的新公司取得建设用地使用权。

二、申请文件

由于申请类型不同，申请人提交的申请文件也会有区别。一般来说，无论哪种类型的申请人，都必须在招标拍卖挂牌出让公告规定的期限内，将公告规定的投标、竞买保证金汇入指定账户。也就是说，投标、竞买保证金缴纳凭证，是各类申请人必须提交的通用申请文件。

（一）法人申请，应提交的申请文件主要包括

1. 申请书；
2. 法人单位有效身份证明文件；
3. 法定代表人的有效身份证明文件；
4. 申请人委托他人办理的，应提交授权委托书及委托代理人的有效身份证明文件；
5. 投标、竞买保证金交纳凭证；
6. 招标拍卖挂牌文件规定需要提交的其他文件。

（二）自然人申请，应提交的申请文件主要包括

1. 申请书；
2. 申请人有效身份证明文件；
3. 申请人委托他人办理的，应提交授权委托书及委托代理人的身份证明文件；
4. 投标、竞买保证金交纳凭证；
5. 招标拍卖挂牌文件规定需要提交的其他文件。

（三）其他组织申请的，应提交申请文件主要包括

1. 申请书；
2. 表明该组织合法存在的文件或有效证明；
3. 表明该组织负责人身份的有效证明文件；
4. 申请人委托他人办理的，应提交授权委托书及委托代理人的身

份证明文件；

5. 投标、竞买保证金交纳凭证；

6. 招标拍卖挂牌文件规定需要提交的其他文件。

（四）境外申请人申请的，应提交申请文件主要包括

1. 申请书；

2. 境外法人、自然人、其他组织的有效身份证明文件；

3. 申请人委托他人办理的，应提交授权委托书及委托代理人的有效身份证明文件；

4. 保证金交纳凭证；

5. 招标拍卖挂牌文件规定需要提交的其他文件。

境外申请人申请竞投、竞买时，所提交的申请文件中，申请书必须用中文书写，其他附属文件可以使用其他语言，但必须附中文译本，所有文件的解释以中文译本为准。

（五）联合申请

1. 联合申请的，应提交的申请文件主要包括：

（1）联合申请各方共同签署的申请书；

（2）联合申请各方的有效身份证明文件；

（3）联合竞买、竞投协议，协议要规定联合各方的权利、义务，包括联合各方的出资比例，并明确签订国有建设用地使用权出让合同时的受让人；

（4）申请人委托他人办理的，应提交授权委托书及委托代理人的有效身份证明文件；

（5）投标、竞买保证金交纳凭证；

（6）招标拍卖挂牌文件规定需要提交的其他文件。

2. 对国土资源管理部门的要求。由于在招标拍卖挂牌出让中，联合体参加竞买、竞投的情况日益普遍。所谓联合体，是指由两个以上自然人、法人或其他组织组成一个整体，以一个投标人或竞买人的身份共同参加投标和竞买。联合体参加竞买、竞投，比自然人、法人或者其他

组织单独参加竞投或竞买，所涉及的经济法律关系更为复杂。因此，对于联合体参加招标拍卖挂牌出让活动，市、县国土资源管理部门在发布招标拍卖挂牌出让公告、申请人提交申请文件、受理申请和资格审查、发出中标通知书或签订成交确认书，以及签订出让合同等重要环节，都要有具体明确的约定，以避免引起不必要的纠纷，影响招标拍卖挂牌出让活动顺利进行。一般来说，市、县国土资源管理部门对于联合体的情况，要把握以下三点：

第一，联合竞投、竞买申请人组成一个联合体后，就是一个整体，市、县国土资源管理部门要把该联合体作为一个独立的投标或竞买申请人来看待，联合体各方都必须符合法律政策和出让文件所要求的条件。

第二，为规范联合体各方的权利和义务，联合体各方应当签订书面的共同投标或竞买协议，并将该共同投标或竞买协议连同其他申请文件一并提交市、县国土资源管理部门。联合体内部发生纠纷，可以依据共同签订的协议加以解决。

第三，联合体中标或竞得土地后，市、县国土资源管理部门应当向联合体发出中标通知书或与联合体签订成交确认书，不能向联合体中的某一人或某几人发出中标通知书，或者与联合体中的某一人或某几人签订成交确认书。如甲、乙、丙、丁4人联合体参加招标拍卖挂牌出让活动，在中标通知书或成交确认书中，要明确写出“确定甲、乙、丙、丁联合体为×××号地块中标人或竞得人”的字样。

第四，所提交的联合竞买、竞投协议中，必须明确签订国有建设用地使用权出让合同时的受让人。如果明确甲、乙、丙、丁联合体为受让人的，由甲、乙、丙、丁联合体与市、县国土资源管理部门签订出让合同。也就是说，不能以联合体中某一人的名义与出让方签订出让合同，联合体中的某一方违反合同，出让人都有权要求他方承担连带责任。

（六）申请人成立项目公司

1. 对于先由申请人申请竞投或竞买，中标或竞得土地后，再由该申请人成立的新公司取得建设用地使用权的情形，所提交的申请文件主要包括：

（1）申请书。在申请书中要明确新公司的出资构成、成立时间、出让合同签订时间及合同受让人等内容。

（2）申请人的有效身份证明文件。

（3）申请人委托他人办理的，授权委托书及委托代理人的有效身份证明文件。

（4）投标、竞买保证金交纳凭证。

（5）招标拍卖挂牌文件规定需要提交的其他文件。

2. 对国土资源管理部门的要求。由于在招标拍卖挂牌出让中，各地都普遍存在着申请人先提交申请，再成立项目公司开发利用土地的情况，而这种情况与单独竞买和联合竞买相比，所涉及的土地经济法律关系更为复杂，因此，在整个招标拍卖挂牌出让活动中，作为出让主体的市、县国土资源管理部门，必须准确把握申请人、受让人与出让人之间的法律经济关系，准确把握申请书、出让合同、出让合同变更协议之间的法律经济关系。在此基础上，将招标拍卖挂牌出让过程中可能涉及的经济法律关系的处理原则、处理方式等形成书面文书，体现在出让文件中。出让人应当在出让文件中明确是否许可，申请人在申请时，就要按照要求提交书面申请文件，双方事先形成一致意见，在出让的各个关节点，申请人、受让人、出让人等招标拍卖挂牌活动当事人按照申请文件中约定或承诺的条件履约，这样将会减少或避免由于事前约定不明确而产生的法律或经济纠纷，有利于招标拍卖挂牌出让活动的顺利开展。

3. 对相关实务问题的认识。对于申请人竞得土地后，再成立新公司进行开发建设的情况，由谁来签订出让合同？可不可以先由中标人或竞得人作为受让方与出让方签订出让合同，新公司注册成立后再由新公司与出让方签订出让合同变更协议？新公司作为出让合同中的受让方，属不属于土地使用权转让行为？

根据《土地管理法》、《城市房地产管理法》、《物权法》、《合同法》、《招标拍卖挂牌出让国有建设用地使用权规定》和《招标拍卖挂牌出让国有土地使用权规范》等法律政策，我们认为：

第一，在出让申请文件中，申请人必须对出让宗地的申请主体、新公司中各出资人出资比例、新公司的成立时间、出让合同的签订时间、出让合同的受让人等内容进行明确约定。例如，如果甲作为自然人参加某县的国有建设用地使用权挂牌出让，并承诺竞得土地后，由甲与其他出资人成立的新公司乙开发该宗地。那么，甲在按照自然人申请要求提交的书面申请文件中，必须要明确乙公司的出资构成、成立时间。另外，在申请文件中，还要明确约定出让合同签订时间及受让人，并取得出让方同意，按照《招标拍卖挂牌出让国有土地使用权规范》规定，有两种方式可供选择：

（1）市、县国土资源管理部门先与竞得人签订土地出让合同，在竞得人按书面约定办理完新公司注册登记手续后，再与新公司签订出让合同变更协议；

（2）市、县国土资源管理部门与申请人书面约定，竞得土地后，由新公司直接与国土资源部门签订国有建设用地使用权出让合同。

也就是说，什么时间、由谁、通过什么方式签订出让合同，申请人在提交竞投、竞买申请文件时就已经明确并通过书面文件固定下来，出让合同的签订只是按照申请文件的约定来履行。一些地方在招标拍卖挂牌出让中，在申请时对申请文件审查不严格，对后期出让合同的约定不明确或不约定，到签订出让合同时，竞得人再提出由项目公司签订出让合同，操作行为不规范可能引发许多纠纷。

第二，先由申请人竞买，竞得土地后再成立项目公司，由项目公司签订出让合同不属于土地使用权转让行为。这是因为，法律对出让土地使用权的取得和转让有明确的法律规定，只有受让方依照出让合同约定缴纳了全部土地出让价款，才能申请土地登记，领取国有土地使用证，取得国有建设用地使用权。而出让土地使用权转让，是指出让土地使用权人将其拥有的出让土地使用权再移转给他人的行为。

实际上，招标拍卖挂牌出让是一个时段行为，而不是一个时点行为。从拟订宗地出让方案、编制出让文件、发布出让公告，招标拍卖挂牌的具体实施、出让成交，到签订出让合同，要经过较长时间。竞得人以招标、拍卖或挂牌方式取得地块时，尚未与国土资源部门签订出让合同，更谈不上取得土地使用权，不是土地使用权人，土地仍在政府手中，不具备土地使用权转让的条件。也就是说，中标、竞得土地只是出让过程中的一个重要环节，并不是取得出让土地使用权的标志。

《招标拍卖挂牌出让国有土地使用权规范》特别针对普遍存在的申请人竞得土地后，再成立项目公司开发建设的情况，专门设计了由申请人参与竞买、由新公司签订出让合同的具体程序，从而为招标拍卖挂牌出让的竞得人与土地使用权人不一致的情况提供了合规的政策空间。从制度上做这样的设计，有助于最大限度地体现《合同法》的基本精神，也有利于保证出让活动的顺利开展，并最终按照政府制订的土地出让计划及时供出土地。

第三，申请人必须是新成立的项目公司的出资人。在招标拍卖挂牌活动中，有的地方存在着申请人提出申请，承诺竞得土地后再成立新公司开发建设，由新公司与出让人签订出让合同，但申请人，也是土地竞得人却不是新公司的出资人的情况。这是不符合《招标拍卖挂牌出让国有土地使用权规范》要求的。因此，申请人在提交的申请文件中必须明确自己是将来成立的项目公司的出资人以及出资比例。

三、查询出让地块情况

申请人对招标拍卖挂牌文件有疑问的，可以书面或者口头方式向出让人咨询，出让人应当为申请人咨询以及查询出让地块有关情况提供便利。根据需要，出让人可以组织申请人对拟出让地块进行现场踏勘。

第三节 资格审查与确定

一、受理申请及审查

对于申请人在招标拍卖挂牌出让公告规定的时间内提交的申请书及相关文件，市、县国土资源管理部门应当依据相关法律政策和出让文件，进行合规性审查。资格审查包括申请文件是否齐全和申请文件的内容是否符合出让文件要求等内容。

二、无效申请

（一）无效申请的认定

经审查，有下列情形之一的，申请人所提交的申请均为无效申请：

1. 申请人不具备竞买资格的；
2. 未按规定交纳投标、竞买保证金的；
3. 申请文件不齐全或不符合规定的；
4. 委托他人代理但委托文件不齐全或不符合规定的；
5. 法律法规规定的其他情形。

（二）对无效申请的理解

在招标拍卖挂牌出让申请过程中，较为常见的一个错误认识是：申请人的投标、竞买保证金在规定时间到达指定账户，但其他申请文件均未提交，市、县国土资源管理部门就认为申请人已经具备了投标、竞买资格，可以参加投标、竞买活动。有的地方甚至在投标、竞买保证金未按时到账或未足额到账的情况下，也确认其投标、竞买资格，从而引发其他投标、竞买申请人对出让文件、中标或成交结果及签订出让合同等一系列出让环节法律性质的质疑和纠纷，并诉诸法律。因此，在对申请文件的审查中，必须坚持两点，一是申请人凡未在出让公告规定的时间提交所有的申请材料的，市、县国土资源管理部门就一律不再受理，只缴纳了保证金的，也不能认定为申请有效。二是在规定时间提交了所有申请材料的，如果材料不符合出让文件规定，也不能认定为有效申请，不能确认申请人的投标、竞买资格。

三、确定投标或竞买资格

（一）投标或竞买资格的确定

经审查，符合规定条件的，市、县国土资源管理部门应当确认申请人的投标或竞买资格，向投标人和竞买人发出投标资格确认书或竞买资格确认书，通知投标人或竞买人参加招标拍卖挂牌活动。投标资格确认书和竞买资格确认书的文本格式，参见第三章示范文本。

（二）取得投标或竞买资格者的人数要求

根据出让具体方式的不同，市、县国土资源管理部门对取得投标、竞买资格的人数要求也有区别。采取招标出让方式的，取得投标资格者不得少于3个；采取拍卖或挂牌出让方式的，对取得竞买资格者没有人数限制。

关于投标资格者不少于3人和挂牌资格不限制人数的相关政策规定，基本上不存在异议。对于参加拍卖出让没有人数限制，但实践中有人认为，拍卖出让必须有3人以上，否则就无法形成竞价，体现不了市场原则。针对这一问题，我们在下面将集中作出阐述。

四、关于终止拍卖

国土资源部11号令第十六条规定："竞买人不足3人，或者竞买人的最高应价未达到底价时，主持人应当终止拍卖。"这一规定明确了终止拍卖的两种情况。竞买人最高应价低于底价即终止拍卖，实质上是不得低于底价出让国有土地，各地对此的认识是相同的，问题主要集中在对"竞买人不足3人"的理解上。一些地方认为，"竞买人不足3人"是指一宗地的竞买人不能少于3人。其实，国土资源部11号令规定的"竞买人不足3人"是指一场拍卖会的竞买人不足3人，而不是指一宗地的竞买人不足3人。而且，《拍卖法》并没有对竞买人的人数进行规定。更为重要的是，拍卖作为一种市场交易方式，其核心是公开竞价，就土地拍卖而言，关键是能否做到公开出让计划、公开出让信息、公开出让程序、公开竞价、公开结果。信息公开了，即使一宗地只有一个竞买人参加竞买，这种竞买行为也是市场的，反之，如果设定了种种条件限制竞买人参加招标拍卖挂牌活动，即使一宗地有多个竞买人参加，也是非市场的。因此，国土资源部39号令删除了11号令"竞买人不足3人"的规定，明确规定："竞买人的最高应价未达到底价时，主持人应当终止拍卖。"

第六章 招标出让活动实施

一次完整的国有建设用地使用权招标出让活动，包括招标、投标、开标、评标、定标、发出《中标通知书》等许多环节。关于招标出让方案拟订、招标出让文件的制作、招标出让公告的发布，以及对投标申请的审查与确定投标资格等，已在前面几章做了阐述。本章主要就投标、开标、评标、定标、发出《中标通知书》等环节进行阐述。

第一节 投标文件的送达和签收

一、投标活动的组织实施主体

国有建设用地使用权招标投标活动，由市、县国土资源管理部门按照招标出让公告和出让文件规定的时间、地点组织实施。

按照《招标拍卖挂牌出让国有土地使用权规范》的要求，投标活动应当由土地招标拍卖挂牌主持人主持进行。

投标开始前，土地招标拍卖挂牌主持人应当现场组织开启标箱，检查标箱情况后加封。

二、投标文件的送达

投标文件的送达一般包括投标人直接送达和投标人邮寄送达两种方式。在招标出让文件中，市、县国土资源管理部门应当对送达方式进行明确。

（一）直接送达

投标人应当严格按照招标出让文件要求的时间和地点送达投标文件，不能将投标文件送交招标出让文件规定地点以外的地方。如果投标人因为递交投标书的地点发生错误而延误投标时间的，将被视为无效标而被拒收。

（二）邮寄送达

在投标文件的送达方式上，有的出让文件明确规定不接受邮寄送达的方式，只允许投标人直接送达；有的地方规定两种方式均可。如果招标出让文件允许邮寄投标文件的，投标人可以采取邮寄的方式。需要说明的是，采取邮寄方式的，投标文件以招标人在投标截止时间前收到的方为有效。因此，投标人必须留出邮寄时间，保证投标文件能够在规定的投标截止日之前送达招标人指定的地点。在截止时间后送达的投标文件，即已经过了招标有效期的，招标人应当原封退回，不得参加开标、评标。

三、投标文件的签收

采取直接送达方式的，投标人在规定的时间将标书及其他文件送达指定的投标地点，经招标人登记后，将其投入标箱。采取邮寄送达方式的，招标人对在投标截止时间前收到的投标文件进行登记后，负责在投标截止时间前将其投入标箱。

四、投标文件的补充和修改

（一）投标文件不可撤回

《招标拍卖挂牌出让国有土地使用权规范》明确规定：投标人投标后，不可撤回投标文件，并对投标文件和有关书面承诺承担责任。

（二）投标文件可以补充、修改

在招标投标过程中，由于投标人对招标文件的理解和认识水平不一，有些投标人对招标文件常常发生误解，或者投标文件对一些重要内容有遗漏，投标人需要补充、修改的，应当允许在提交投标文件截止日前进行补充修改。补充修改的内容为投标文件的组成部分。而且，这些补充修改的文件也应当在招标出让文件规定时间以前送达，严格履行签收登记手续，并妥善存放，在开标时一并拆开。对此，《招标拍卖挂牌出让国有土地使用权规范》也明确规定：投标人可以对已提交的投标文件进行补充说明，但应在招标文件要求提交投标文件的截止时间前书面通知招标人并将补充文件送达至投标地点。

第二节 开标

开标是指投标人提交投标文件后，招标拍卖挂牌主持人依据招标出让文件规定的时间和地点，当众开启投标人提交的投标文件，公开宣布投标人的名称、投标价格及其他主要内容的行为。招标出让制度的本质特征是公开、公平、公正，而开标则是体现“三公”原则的重要环节。

一、开标人

《招标拍卖挂牌出让国有土地使用权规范》明确要求，开标应当由土地招标拍卖挂牌主持人主持进行。因此，不具备土地招标拍卖挂牌主持人资格的人员，不能主持开标活动。

二、开标参加人

开标要邀请所有投标人参加，这是体现“三公”原则的一个重要方面。开标时，市、县国土资源管理部门要事先以各种方式通知投标人参加开标，不得以任何理由不通知或者拒绝一个或几个投标人参加开标，以示公允。也就是说，招标人有义务告知、邀请所有投标人参加开标，所有投标人有权利要求参加开标。

三、开标的时间、地点和程序

开标的时间和地点均根据国有建设用地使用权招标出让公告规定的时间、地点确定。开标程序一般包括：

（一）检查密封情况

招标主持人邀请投标人或其推选的代表检查标箱的密封情况。

（二）当众开启、宣读标书

当众开启标箱，标箱开启后，招标主持人应当组织逐一检查标箱内的投标文件，经确认无误后，由工作人员当众拆封，宣读投标人名称、投标价格和投标文件等其他主要内容。

当众检查投标文件的密封情况，确保投标文件完好，既可以防止招标人与某个投标人串通，防止招标人事先知道底细，也可以使投标人同一时间、同一地点，在所有人的监督下，确认自己和其他投标人的标书完整无损，真正体现公开、公平、公正的原则，消除个别投标人担心受到不公正待遇的疑虑。

（三）记录

整个开标过程都应当有专人进行记录，详细载明开标的过程及其主要内容，存档备查。

第三节 评 标

评标是招标投标的重要环节，在整个招标投标活动中具有举足轻重的作用，只有经过审慎、公正的评标，做到实体合法和程序合法，才有可能为公正地选择中标人奠定良好的基础，才有可能确定最佳的中标人。可以说，评标是招标投标过程的灵魂，在整个招标投标过程中起着承上启下的关键作用。在评标过程中，确定评标方式、组成评标小组、确定中标条件等十分重要。

一、评标方式

（一）按照综合条件最佳者得的原则进行评标

这种评标方式需要成立评标小组，评标工作由评标小组来做，评标小组按照招标文件确定的评标标准和方法，对投标文件进行评审，对能够最大限度地满足招标文件规定的各项综合评价标准的投标人，可以确定为中标人。

（二）按照价高者得的原则进行评标

这种评标方式不要求成立评标小组，可以直接由招标主持人根据开标结果，将能够满足招标文件的实质性要求且价格最高的投标人，确定为中标人。

二、评标方式的相关政策规定

对于评标方式，现行相关政策如下：

(1)《招标拍卖挂牌出让国有土地使用权规定》（国土资源部 11 号令）明确规定：对能够最大限度地满足招标文件中规定的各项综合评价标准，或者能够满足招标文件的实质性要求且价格最高的投标人，应当确定为中标人。这实质上是明确了“综合条件最佳者得”和“价高者得”两种评标方式。

(2)《招标拍卖挂牌出让国有土地使用权规范》(国土资发［2006］114号）进一步明确要求：按照价高者得的原则确定中标人的，可以不成立评标小组。招标人应当成立评标小组进行评标，以能够最大限度地满足招标文件中规定的各项综合评价标准确定中标人。

(3)《招标拍卖挂牌出让国有建设用地使用权规定》（国土资源部

39号令）对招标出让的评标方式再次进行了明确：“按照价高者得的原则确定中标人的，可以不成立评标小组，由招标主持人根据开标结果，确定中标人。”

可以看出，在招标出让活动中，评标方式的确定与中标人的确定原则是密不可分的。对于一宗出让土地，如果采取“价高者得”的方式确定中标人的话，因为作为出让方的市、县国土资源管理部门，在招标出让文件中已经将该宗地的所有条件在评标之前就已公之于众，所有参加投标活动的人都是符合所公布条件的，因此，采取这种评标方式的，就可以不成立评标小组，而是由招标拍卖挂牌主持人直接根据开标结果，确定有效投标价格最高者为中标人。

如果采取“综合条件最佳者得”的方式确定中标人的话，就应当成立评标小组，由评标小组进行评标，确定中标人。综合评价最佳的投标作为中标，是指按照价格标准和非价格标准对投标文件进行总体评估比较，以能够最大限度地满足招标文件规定的各项要求的投标作为中标。需要注意的是，价格以外的其他有关标准，以及如何折成货币或者如何加权计算，应当在招标文件中事先列明，不能在评标时才制定具体的量化计算方式。

在具体的招标出让活动中，一些地方感到，采取“价高者得”的评标方式，在投标人其他条件均符合出让文件要求的基础上，主要由价格因素确定中标人，具有很强的操作性，程序简单，公开透明，因此更倾向于采取这种方式。实际上，无论是综合条件最佳者得还是价高者得，都是符合政策要求的评标方式，在招标出让实施活动中，各地可以根据本地实际进行选择。

三、综合评标的要求

（一）成立评标小组

采取综合评价最佳方式进行评标的，市、县国土资源管理部门应当成立评标小组。为保证评标能够独立、客观、公平地进行，《招标拍卖挂牌出让国有土地使用权规范》要求：评标小组由出让人和有关专家组成，成员人数为5人以上的单数。有条件的地方，可建立土地评标专家库，每次评标前随机从专家库中抽取评标小组专家成员。

（二）评标保密

采取综合评标的，招标人应当采取必要的措施，保证评标在严格保密的情况下进行。只有这样，才能使评标小组成员不受外界干扰，按照招标出让文件事先规定的评标标准和方法对投标文件独立地进行评审，客观、公正地评标。要求评标保密，可以避免投标人想方设法地接近、贿赂评标小组成员，知晓、影响某些成员的意见、看法或者决定，影响最终的评标结果，也可以防止评标小组成员对外泄露有关评标情况，对某些投标人造成不利的影响。

（三）投标人对投标文件进行澄清或者说明

在综合评标中，评标小组可以要求投标人对投标文件中含义不明确的内容作出必要的澄清或者说明，但澄清或者说明不得超出投标文件的范围或者改变投标文件的实质性内容。一般来说，投标文件按照招标出让文件规定的截止时间提交给招标人后，就不允许被修改、补充。但在某些情况下，投标人可以应评标小组的要求，对投标文件中含义不明确的地方作出澄清或者说明。比如，评标小组在评标过程中，如果发现投标文件的含义不明确、前后不一致、书写打印错误或者纯属计算上的失误、差错等等情况，可以要求投标人就以上问题作出不超过原投标文件含义的澄清或说明，以确认其正确的内容，也使评标小组能依据准确的投标文件作出正确的判断。这种澄清或者说明应以书面形式，并构成投标文件的组成部分。

投标人的澄清或者说明，不能超出投标文件的范围，也不得改变投标文件的实质性内容。比如，下面几种情况都是不允许的：投标文件没有规定的内容，澄清的时候加以补充；投标文件规定的是某一特定条件作为某一承诺的前提，但解释为另一条件；澄清或者说明时改变了投标文件中的报价、主要指标、主要合同条款等实质性内容，等等。这些澄清和说明或超出了原有投标文件的范围，或改变了投标文件的实质性内容，如果允许这种情况存在，势必使原来本不符合要求的投标成为合格的投标，使竞争力差的投标成为竞争力强的投标，导致投标人处于不公平的状态，严重影响评标的公正性。

（四）无效投标文件

评标小组对投标人提交的投标文件进行有效性审查。有下列情形之一的，为无效投标文件：

（1）投标文件未密封的；

（2）投标文件未加盖投标人印鉴的，也未经法定代表人签署的；

（3）投标文件不齐备、内容不全或不符合规定的；

（4）投标人对同一个标的有两个或两个以上报价的；

（5）委托投标但委托文件不齐全或不符合规定的；

（6）评标小组认为投标文件无效的其他情形。

（五）确定中标候选人

评标小组应当按照招标文件确定的评标标准和方法，对投标文件进行综合评分，根据综合评分结果确定中标候选人。

根据评标结果，评标小组应当将能够最大限度地满足招标文件中规定的各项综合评价标准、综合评分最高的投标人确定为中标候选人，但低于标底者除外。同时有两个或两个以上申请人的综合评分相同且为最高的，按报价高低排名，报价也相同的，可以由综合评分相同的申请人通过现场竞价确定排名顺序。投标人的投标价均低于底价或投标条件均不能够满足标底要求的，投标活动终止。

第四节 定标、发出《中标通知书》

一、确定中标人

按照综合条件最佳的原则确定中标人的，招标人既可以根据评标小组推荐的中标候选人，自行确定中标人，也可以授权评标小组直接确定中标人。

按照价高者得的原则确定中标人的，由招标主持人根据开标结果，直接宣布报价最高且不低于底价者为中标人。有两个或两个以上申请人的报价相同且同为最高报价的，可以由相同报价的申请人在限定时间内再行报价，或者采取现场竞价方式确定中标人。

二、《中标通知书》的内容及效力

（一）招标人向中标人发出《中标通知书》

确定中标人后，招标人应当向其发出《中标通知书》，及时将中标结果通知中标人。同时，中标结果还要及时通知其他未中标的投标人。中标人参加投标，付出了人力、物力、财力，目的是为了谋求中标，取得开发地块，既有权利监督整个招标投标过程，更有权利知道自己是否中标。招标人和投标人是招投标活动必不可少的两个方面，招标人将中标结果通知所有未中标的投标人，也是招投标出让公开、公平、公正原则的具体体现。

（二）《中标通知书》的内容

《中标通知书》是指招标人在确定中标人后向中标人发出的通知其中标的书面凭证，是对招标人和中标人都有约束力的法律文书。《中标通知书》的内容要清楚、明确、简要，时限上要在确定中标人后不延迟地发出。《招标拍卖挂牌出让国有土地使用权规范》和《招标拍卖挂牌出让国有建设用地权规定》明确规定《中标通知书》的内容应当包括：出让人和中标人的名称，出让标的，成交时间、地点、价款，以及双方签订国有建设用地使用权出让合同的时间、地点等内容。

（三）《中标通知书》的法律效力

《招标拍卖挂牌出让国有建设用地使用权规定》和《招标拍卖挂牌出让国有土地使用权规范》规定，《中标通知书》对出让人和中标人具有法律效力。《中标通知书》发出后，出让人、招标人改变中标结果，或者中标人不按约定签订国有建设用地使用权出让合同、放弃中标宗地的，应当承担法律责任。对于这一规定，应从下列三个方面来理解：

（1）招标投标是以订立合同为目的的民事活动。根据我国《合同法》的规定，订立合同采取要约和承诺的方式。要约是希望和他人订立合同的意见表示，该意思表示内容具体，并表明经要约人承诺，要约人即受该意思表示的约束；承诺是受要约人同意要约的意思表示。就公开招标出让来说，市、县国土资源管理部门作为招标人所发出的招标出让公告，是吸引法人、自然人和其他组织向自己投标的意思表示，是要约邀请，而不是要约；投标人向招标人送达的投标文件，是投标人希望与招标人就招标项目订立合同的意思表示，是要约；招标人向中标的投标人发出的《中标通知书》，则表示招标人同意接受中标的投标人的投标条件，即同意接受该投标人的要约的意思表示，是承诺。所以，招标人向中标的投标人发出的《中标通知书》就产生承诺的法律效力，这是《合同法》的必然要求。

（2）《中标通知书》一经发出，承诺生效，对招标人和中标人均产生法律约束力，这就是通常所说的“发信主义”。如果《中标通知书》发出后，在传送、邮寄过程中非因招标人的过错发生延误、错误甚至丢失的情况，因采取“发信主义”，这时的《中标通知书》对招标人和中标人仍具有法律效力，并非自中标人收到《中标通知书》时起才对招标人和中标人有法律效力。

（3）所谓《中标通知书》对招标人和中标人产生法律约束力，主要是指《民法》上的法律约束力。依照我国《合同法》的规定，当事人在订立合同的过程中，因违背诚实信用原则而给对方造成损失的，应当承担赔偿责任。《中标通知书》产生法律效力后，双方要按照《中标通知书》的规定签订国有建设用地使用权出让合同，招标人不得改变中标结果，中标人不得放弃中标项目，否则，就要对因自己的行为而给对方造成的损失承担赔偿责任。

第七章 拍卖出让活动实施

一般来说，国有建设用地使用权拍卖出让活动总是通过一定形式和规模的拍卖会进行，拍卖会是市、县国土资源管理部门具体运作的必要载体，拍卖的实施即拍卖会的举办。拍卖活动实施一般包括拍卖主持人依程序拍卖、拍卖终止、拍卖成交、签订成交确认书等环节。

第一节 拍卖主持人与拍卖程序

一、拍卖主持人

《招标拍卖挂牌出让国有土地使用权规范》规定，市、县国土资源管理部门应当按照出让公告规定的时间、地点组织拍卖活动，具备竞买资格的竞买人参加拍卖活动。一般的拍卖活动，都是以拍卖主持人为核心的实际拍卖操作运作过程，土地使用权拍卖会，应当由土地招标拍卖挂牌主持人主持进行。

二、拍卖程序

根据国土资源部《招标拍卖挂牌出让国有建设用地使用权规定》

和《招标拍卖挂牌出让国有土地使用权规范》，土地使用权拍卖会一般包括下列程序：

（一）拍卖准备

（1）拍卖主持人宣布拍卖会开始。

（2）拍卖主持人宣布竞买人到场情况。出让宗地设有底价的，出让人应当现场将密封的拍卖底价交给拍卖主持人，拍卖主持人现场开启密封件。

（3）拍卖主持人介绍拍卖地块的面积、界址、空间范围、现状、用途、使用年限、规划指标要求、项目开工和竣工时间以及其他有关事项等。

（4）拍卖主持人宣布拍卖规则。拍卖主持人宣布拍卖宗地的起叫价、增价规则和增价幅度，并明确提示是否设有底价。在拍卖过程中，拍卖主持人可根据现场情况调整增价幅度。同时，拍卖主持人还要着重强调拍卖会的几个例行条款，如“价高者得”、“击槌表示成交”、“成交不得反悔，违约当受处罚”等，以便进一步提醒竞买人严格执行拍卖规则。

（二）报价应价

（1）拍卖主持人报出起叫价。拍卖主持人在宣布拍卖规则后，应当按照拍卖目录顺序依次宣布已轮到拍卖的宗地编号和内容，然后报出该宗地的起始价，供竞买人展开竞争。

（2）竞买人举牌应价或者报价。

（3）拍卖主持人确认该竞买人应价或者报价后继续竞价。

（三）落槌成交

（1）3声报价落槌。拍卖主持人连续3次宣布同一应价或报价而没有再应价，且该价格不低于底价的，拍卖主持人击槌表示拍卖成交。在这一环节需要注意两点：一是木槌是拍卖主持人手中的特殊工具，拍卖主持人的击槌动作表示竞价成交；二是拍卖主持人连续3次宣布同一应价或报价，即通常所说的“3 声报价”，是指拍卖过程中出现最高应价时，拍卖主持人便就最高应价或报价重复 3 遍，然后再击槌表示成交。如“1500 万元第 1 次”，“1500 万元第 2 次”，“1500 万元第 3 次”，3 声报价后再以槌击案。需要说明的是，“3 声报价”的方式只是拍卖活动中被普遍认可并遵守的拍卖习惯，而不是法律的强制性规定，也不具有法律效力。在国有建设用地使用权拍卖中，可以遵行“3 声报价”的拍卖方式，但不局限于这一方式。

（2）拍卖主持人宣布最高应价或报价者为竞得人。

第二节 拍卖成交与《成交确认书》

一、拍卖成交的认定

（一）合同订立的形式

我国《合同法》第十条规定：“当事人订立合同，有书面形式、口头形式和其他形式。”我国《民法通则》第五十六条规定：“民事法律行为可以采取书面形式、口头形式或者其他形式。”因此，按照法律规定，合同订立有三种形式：书面形式、口头形式和其他形式。

1. 书面形式，是指以文字等可以有形地表现内容的方式达成的协议。这种形式明确肯定，有据可查，对于防止争议和解决纠纷，有积极意义。

2. 口头形式，是指当事人面对面地谈话或者以通讯设备如电话交谈达成协议。口头订立合同的特点是直接、简便、快捷。数额较小或者现款交易通常采用口头形式，如在自由市场买菜等。

3. 其他形式，除了书面形式和口头形式，合同还可以其他形式成立。也就是说，可以根据当事人的行为或者特定情形推定合同的成立，或者也可以称之为默示合同。此类合同是指当事人未用语言明确表示成立，而是根据当事人的行为推定合同成立。现实中，以其他形式成立的合同有许多种，如租赁房屋的合同，在租赁房屋的合同期满后，出租人未提出让承租人退房，承租人也未表示退房而是继续交房租，出租人仍接受租金，那么，根据当事人的行为，可以推定租赁合同继续有效。再如，当乘客乘上公共汽车并到达目的地时，尽管乘车人与承运人之间没有明示协议，但可以依据当事人的行为推定运输合同成立。

（二）国有建设用地使用权拍卖成交的认定

1. 拍卖成交的时间认定。在国有建设用地使用权拍卖会上，落槌表示拍卖成交，合同成立。按照法律规定，这种情形属于合同成立的其他形式。因为，根据我国《合同法》的基本精神，在国有建设用地使用权拍卖会上，土地招标拍卖挂牌主持人的最后一次报价，属于要约邀请，即邀请或者引诱竞买人就自己所报出的拍卖价款发出要约的意思表示；竞买人的最后一次应价或出价为要约，即希望和拍卖主持人就最后一次报价订立合同；土地招标拍卖挂牌主持人击槌（或者以其他方式）拍定竞买人的最后出价，属于承诺。《合同法》第二十五条规定：“承诺生效时合同成立。”承诺为意思表示，所以意思表示效力发生之时也就是承诺效力发生之时。合同因对方要约的承诺而成立，所以承诺效力发生之时，就是合同成立之时。

2. 国有建设用地使用权拍卖成交合同的法律效力。由于承诺生效时合同成立，因此，国有建设用地使用权拍卖成交结果对拍卖人、竞得人和出让人，均具有法律效力。竞得人或拍卖人在拍卖成交后不签订成交确认书的，为违约，均应承担法律责任。竞得人违约的，竞买保证金不予退还。对此，《国有建设用地使用招标拍卖挂牌出让规定》和《招标拍卖挂牌出让国有土地使用权规范》均有明确规定。

二、拍卖出让合同与《成交确认书》

（一）拍卖出让合同与《成交确认书》的关系

《招标拍卖挂牌出让国有土地使用权规范》明确规定：“确定竞得人

后，拍卖人与竞得人当场签订《成交确认书》。拍卖人或竞得人不按规定签订《成交确认书》的，应当承担法律责任。”在国有建设用地使用权拍卖出让实践中，对于成交确认书的法律性质及法律效力，主要有两种不同的认识：一种观点认为，拍卖主持人与竞得人签订《成交确认书》表示拍卖出让合同成立；另一种观点认为，在《成交确认书》签订之前，土地招标拍卖挂牌主持人击槌表示拍卖成交，拍卖出让合同已经成立。

可以看出，在拍卖出让合同成立时间、《成交确认书》与拍卖出让合同之间的关系等重要法律问题上，还存在模糊认识甚至是错误认识。

依据我国《合同法》等法律规定，合同订立的形式包括书面形式、口头形式和其他形式。就国有建设用地使用权拍卖行为而言，在拍卖会上，竞买人最后的报价或应价为要约，拍卖主持人落槌为承诺，合同因对方要约的承诺而成立，承诺效力发生之时，就是合同成立之时。承诺生效之后即合同成立之后，拍卖主持人和竞得人签订的《成交确认书》，只是作为合同成立的证明，但合同并非从拍卖主持人和竞得人在《成交确认书》上签字盖章时成立。如果认为合同自双方在《成交确认书》上签字盖章时才成立，则与《合同法》对要约和承诺的科学严谨的规定相矛盾。

《招标拍卖挂牌出让国有建设用地使用权规定》依据《合同法》的基本理论，作出的“成交结果对拍卖人、竞得人和出让人均具有法律效力”规定，体现出的《合同法》的基本精神就是：拍卖成交，合同成立。双方签订《成交确认书》的行为，不影响已经成立的合同的效力。合同成立后，如果当事人任何一方不按规定签订《成交确认书》的，均属于违约，应承担法律责任，但对合同的成立不产生任何影响。

综上分析，在国有建设用地使用权拍卖出让中，拍卖成交时合同就已成立，这种合同形式按照《合同法》的分类，属于其他合同形式。合同成立后，土地招标拍卖挂牌主持人与土地竞得人再按照《招标拍卖挂牌出让国有建设用地使用权规定》签订《成交确认书》，《成交确认书》作为拍卖出让合同成立的证明，将合同双方当事人信息、土地出让标的、数量、价款、履行期限、违约责任等合同的基本内容通过书面形式固定下来。因此，拍卖出让合同与《成交确认书》的关系是：

落槌表示成交和合同成立，签订确认书则将合同内容进行固定化。

（二）《成交确认书》的内容

从2002年国土资源部发布实施《招标拍卖挂牌出让国有土地使用权规定》（国土资源部11号令），到2006年发布实施《招标拍卖挂牌出让国有土地使用权规范》（国土资发［2006］114号），再到2007年发布实施《招标拍卖挂牌出让国有建设用地使用权规定》（国土资源部39号令），均对《成交确认书》的内容有明确具体的规定。特别是，《招标拍卖挂牌出让国有建设用地使用权规范》制作了《成交确认书》的示范文本，供各市、县国土资源管理部门在拟定拍卖、挂牌出让国有建设用地使用权出让文件时参考。

1.《拍卖成交确认书》的主要内容。

（1）拍卖人与竞得人的名称；

（2）出让标的，即出让土地的面积、位置等；

（3）拍卖成交时间；

（4）拍卖成交地点；

（5）土地成交价款；

（6）双方签订《国有建设用地使用权出让合同》的时间、地点等。

2. 挂牌《成交确认书》的主要内容。

（1）挂牌人与竞得人的名称；

（2）出让标的，即出让土地的面积、位置等；

（3）挂牌成交时间；

（4）挂牌成交地点；

（5）土地成交价款；

（6）双方签订《国有建设用地使用权出让合同》的时间、地点等。

三、拍卖出让合同与《成交确认书》的法律效力

（一）合同效力的法律规定

我国《合同法》第四十四条规定："依法成立的合同，自成立时生

效。”所谓合同生效，是指合同产生的法律约束力。合同生效后，其效力主要体现在以下三个方面：

（1）在当事人之间产生法律效力。一旦合同成立生效后，当事人依法受合同的拘束，是合同的对内效力。当事人应正确、完全地行使权利和履行义务，不得滥用权利，违反义务。在客观情况发生变化时，当事人必须依照法律或者取得对方的同意，才能变更或解除合同。

（2）合同生效后产生的法律效力还表现在对当事人以外的第三人产生一定的法律拘束力。合同一旦生效后，任何单位或个人都不得侵犯当事人的合同权利，不得非法阻挠当事人履行义务。

（3）合同生效后的法律效力还表现在，当事人违反合同的，依法承担民事责任。

那么，什么样的合同才能生效呢？对此，我国《民法通则》第五十五条规定：民事行为应该具备下列三个条件：（1）行为人具有相应的民事行为能力；（2）意思表示真实；（3）不违反法律或者社会公共利益。这是合同的一般生效要件。

合同什么时间产生效力呢？我国《民法通则》第五十七条也有明确规定，即：民事法律行为从成立时起具有法律约束力。我国《合同法》第四十四条对合同生效做了以下两层规定：

第一，依法成立的合同，自成立时生效。也就是说，合同的生效，原则上是与合同的成立一致的，合同成立就产生效力。那么，合同何时成立？《合同法》第二十五条规定：“承诺生效时合同成立。”如买卖合同，如果双方当事人对合同的生效没有特别约定，那么双方当事人就买卖合同的主要内容达成一致时，合同就成立并且生效。再如国有建设用地使用权拍卖出让合同，在拍卖会上，土地竞买人的出价为要约，要约的内容具体明确，即有确定价款的国有建设用地使用权，只要作为受要约人的土地招标拍卖挂牌主持人承诺，土地竞买人即受该意思表示约束，而拍卖主持人以击槌形式表示同意接受竞买人的出价，即对要约人的要约作出承诺，承诺作出，合同即告成立并且生效。

第二，法律、行政法规规定应当办理批准、登记等手续生效的，自批准、登记时生效。也就是说，某些法律、行政法规规定合同的生效要经过特别程序后才产生法律效力，这是合同生效的特别要件。比如，我国的中外合资经营法规定，中外合资经营合同必须经过有关部门的审批后，才具有法律效力。

（二）拍卖出让合同与《成交确认书》的法律效力

依据我国《合同法》、民法基本原理和国土资源部《招标拍卖挂牌出让国有土地使用权规范》的规定，拍卖出让合同与《成交确认书》有法律效力主要体现在两个阶段：

(1) 拍卖成交合同成立，但未签订《成交确认书》之前。拍卖主持人以落槌表示拍卖成交，宣布最高出价者为竞得人，合同成立并且生效。成交结果对拍卖人、竞得人和出让人均具有法律效力。拍卖人与竞得人应当当场签订《成交确认书》。拍卖人或竞得人不按规定签订或者拒绝签订《成交确认书》的，应当承担法律责任。竞得人拒绝签订《成交确认书》的，属于违约，不能对抗拍卖成交结果的法律效力。

(2)《成交确认书》签订后，出让合同签订之前。《成交确认书》签订后，拍卖人、竞得人、出让人应当按照《成交确认书》的要求，履行相关权利义务。签订《成交确认书》后，如果出让人、拍卖人改变拍卖结果，或者出让人不按《成交确认书》约定签订国有建设用地使用权出让合同的，应当承担法律责任。同样，如果竞得人不按《成交确认书》约定签订国有建设用地使用权出让合同，或者要求放弃竞得宗地的，应当承担法律责任。

在国有建设用地出让实际操作中，如果竞得人在拍卖成交后，不签订《成交确认书》，或者在签订《成交确认书》后不签订国有土地出让合同的，均属于违约，符合上述情形之一的，出让方均可以不退回竞得人缴纳的竞买保证金。

第三节 终止拍卖

一、终止拍卖的政策规定

关于什么情况下终止拍卖的问题，2002 年 7 月 1 日实施的《招标拍卖挂牌出让国有土地使用权规定》（国土资源部 11 号令）与 2007 年 11 月 1 日实施的《招标拍卖挂牌出让国有建设用地使用权规定》（国土资源部 39 号令），均有具体规定。

国土资源部 11 号令第十六条规定："竞买人不足三人，或者竞买人的最高应价未达到底价时，主持人应当终止拍卖。"这一规定，明确了终止拍卖的两种情况，即：(1) 竞买人不足三人时，终止拍卖；(2) 竞买人的最高应价未达到底价时，终止拍卖。

国土资源部 39 号令第十六条规定："竞买人的最高应价或者报价未达到底价时，主持人应当终止拍卖。"这一规定，明确了只有在低于出让底价的情况下，才终止拍卖，而对参加拍卖会的竞买人的人数不再有限制性要求。

可以看出，国土资源部 11 号令与 39 号令对拍卖终止情况的规定是有区别的，国土资源部 11 号令规定了终止拍卖的两种情形，而国土资源部 39 号令只规定了一种情形。竞买人最高应价低于底价即终止拍卖，实质上是不得低于底价出让国有建设用地使用权，各地国土资源管理部门对这一终止拍卖的政策规定，普遍认同，没有异议，而且在实际操作中也能认真执行这一政策。但在对参加拍卖人数的政策规定上，认识不一。

二、对竞买人数不作限制的认识

在对参加国有建设用地使用权出让拍卖会的竞买人数的理解上，有三种观点。第一种观点认为，国土资源部 11 号令中规定的"竞买人不足三人”，是指一宗地的竞买人不能少于三人，每一宗地的竞买人少于三人的，拍卖终止。第二种观点认为，如果一宗地的竞买人少于三人，就不能形成有效的市场竞争。第三种观点认为，国土资源部 39 号令对拍卖出让的竞买人没有人数限制，今后市、县国土资源管理部门在拍卖出让国有建设用地使用权时，就不能对竞买人数再进行规定。这三种认识都是片面的。

首先，国土资源部 11 号令规定的“竞买人不足三人”，是指一场拍卖会的竞买人不足三人，而不是指一宗地的竞买人不足三人。这是因为，国土资源部 11 号令第十五条是对拍卖会程序的规定。在拍卖会上，主持人点算竞买人，如果竞买人不足三人，主持人按规定应当宣布拍卖终止。因此，竞买人不足三人即终止拍卖，是主持人在拍卖会上点算竞买人之后的行为，针对的是拍卖会，而不是具体的宗地数。

其次，拍卖出让作为典型的公开竞价方式，不能完全依据参加人数的多少来判断其市场配置的特性。拍卖作为一种典型的市场交易方式，其核心是公开竞价。就土地拍卖而言，关键是能否做到公开出让计划、公开出让信息、公开出让程序、公开竞价、公开结果等。信息充分披露后，意向用地者在是否参与拍卖出让、可接受的最高出价，以及拍卖会上的报价和应价等方面的选择或决策，均体现了市场竞争的特点。信息公开了，即使一宗地只有一个竞买人参加竞买，这种竞买行为也是市场的，反之，如果设定了种种条件限制竞买人参加拍卖活动，即使一宗地有多个竞买人参加，也是非市场的。因此，建设用地使用权拍卖出让中的公开竞争，并不仅仅在拍卖会上才表现出来的，而是从市、县国土资源管理部门发布出让信息就已经开始了。参加人数的多少可以在一定程度上反映竞争的激烈程度，但不一定就体现了公开、公平、公正。

正因为如此，国土资源部 39 号令取消了国土资源部 11 号令中有关竞买人不足三人就终止拍卖的规定。在国有建设用地招标拍卖挂牌出让实践中，市、县政府及国土资源管理部门当然应当依据国土资源部 39 号令的规定来组织实施拍卖出让活动。

第八章 挂牌出让活动实施

国有建设用地使用权招标拍卖挂牌出让中，与招标和拍卖活动相比，挂牌活动实施的时间较长。在招标出让中，最后的评标定标工作可以在1—2天就可以完成；在拍卖出让中，拍卖会上也只需要在几个小时内就可以确定竞得人。而根据《招标拍卖挂牌出让国有建设用地使用权规定》和《招标拍卖挂牌国有土地使用权规范》的规定，挂牌时间至少是10天，在规定的10天内，符合条件的竞买人在任何一天都可以进行报价。而且，如果挂牌期限截止时，如果竞买人有报价意向，还要通过现场竞价确定竞得人。因此，挂牌活动的时间长，程序也更为复杂，市、县国土资源管理部门必须按照法律政策规定规范操作。

挂牌出让方案的编制及报批、挂牌出让文件的制作、挂牌出让公告的发布、挂牌申请的审查、竞买资格的确定，以及挂牌成交后与竞得人签订成交确认书等，已在前面几章作了阐述。本章主要就公布挂牌信息、接受和确认竞买人报价、挂牌截止、现场竞价等操作程序进行阐述，并对挂牌出让实务中几个重要问题进行深入分析。

第一节 挂牌出让程序

通过挂牌出让确定土地竞得人，一般包括两个阶段，如果竞争程度不激烈，到挂牌限期届满时没有竞争，则通过第一阶段（挂牌活动的一般程序）即可；如果竞争激烈，到挂牌限期届满时仍有竞争而不能在规定时间内确定竞得人，就必须通过第二阶段（现场竞价程序）来确定土地竞得人。

一、挂牌活动的一般程序

根据《招标拍卖挂牌出让国有建设用地使用权规定》和《招标拍卖挂牌国有土地使用权规范》规定，挂牌活动一般包括下列程序：

（一）公布挂牌信息

在挂牌出让公告规定的挂牌起始日，土地招标拍卖挂牌人将挂牌出让宗地的位置、面积、用途、使用年期、规划要求、起始价、增价规则及增价幅度等，在挂牌公告规定的土地交易地点挂牌公布。挂牌时间不得少于10个工作日。

（二）竞买人报价

符合条件的竞买人，按照挂牌出让文件的要求，填写报价单，进行报价。竞买人报价有下列情形之一的，为无效报价：

（1）报价单未在挂牌期限内收到的；

（2）不按规定填写报价单的（有条件的地方，可以采用计算机系统报价）；

（3）报价单填写人与竞买申请文件不符的；

（4）报价不符合报价规则的；

（5）报价不符合挂牌文件规定的其他情形。

（三）挂牌主持人确认报价，接受新的报价

竞买人填写的报价符合要求的，由挂牌主持人确认该报价后，更新显示挂牌价格，继续接受新的报价。有两个或两个以上竞买人报价相同的，先提交报价单者为该挂牌价格的出价人。

（四）挂牌截止

在挂牌出让文件中，应当明确规定挂牌截止时点。挂牌主持人在挂牌截止时，应当主持挂牌现场，根据挂牌现场竞买人的具体报价情况，灵活确定挂牌成交、挂牌不成交、挂牌终止转入现场竞价等事宜。具体应注意把握以下几个环节：

1. 出让人将挂牌底价交给挂牌主持人。在挂牌期限截止前，出让人将密封的挂牌底价交给挂牌主持人，挂牌主持人现场打开密封件。

2. 公布最高报价。在挂牌出让公告规定的挂牌截止时间，竞买人应当出席挂牌现场，挂牌主持人宣布最高报价及其报价者，并询问现场竞买人是否愿意继续竞价。

3. 宣布挂牌活动结束，确定挂牌结果。挂牌主持人连续 3 次报出最后挂牌价格，没有竞买人表示愿意继续竞价的，挂牌主持人宣布挂牌活动结束，同时按下列规定确定挂牌结果：

（1）最后挂牌价格不低于底价的，挂牌主持人宣布挂牌成交，最后挂牌价格的出价者为竞得人；

（2）最后挂牌价格低于底价的，挂牌主持人宣布挂牌不成交。

4. 挂牌转入现场竞价。有竞买人表示愿意继续竞价的，挂牌主持人应当宣布挂牌出让转入现场竞价，并宣布现场竞价的时间和地点，通过现场竞价确定竞得人。

二、现场竞价的一般程序

现场竞价属于挂牌出让国有建设用地使用权活动的特定阶段。如果挂牌期限截止时，竞买人没有提出新的报价要求，那么，挂牌出让人就可以根据挂牌出让规则、所有竞买人报价及出让底价的情况，作出两种选择：第一种最高报价高于底价，挂牌成交，确定竞得人；第二种是最高报价低于底价，挂牌不成交。但是，如果在挂牌截止时，有竞买人通过各种形式继续要求报价，为体现国有建设用地使用权挂牌出让的公开、公平、公正原则，通过公开竞争的方式确定最终的土地竞得人，这种公开竞争方式就是现场竞价。

现场竞价的基本程序主要包括：

（1）挂牌主持人宣布现场竞价开始。挂牌主持人应当宣布现场竞价的起始价、竞价规则和增价幅度等竞价规则，并宣布现场竞价开始。现场竞价的起始价为挂牌活动截止时的最高报价增加一个加价幅度后的价格。

（2）竞买人应价或报价。参加现场竞价的竞买人按照竞价规则应价或报价。

（3）挂牌主持人确认该竞买人应价或者报价后继续竞价。

（4）挂牌主持人连续3次宣布同一应价或报价而没有再应价或报价的，且该应价或报价不低于底价的，挂牌主持人宣布最高应价或报价者为竞得人。如果最高应价或报价低于底价的，挂牌主持人宣布现场竞价终止。

（5）在现场竞价中，无人参加竞买或无人加价的，以挂牌截止时出价最高者为竞得人，但低于挂牌底价者除外。

三、成交确认书

在国有建设用地使用权挂牌出让中，通过挂牌程序确定土地竞得人或者通过现场竞价程序确定土地竞得人后，挂牌人应当与竞得人当场签订《成交确认书》。挂牌成交书的法律性质、内容等，与拍卖《成交确认书》相同，此章不再赘述。

《成交确认书》对挂牌人和竞得人具有法律效力。《成交确认书》签订后，出让人、挂牌人改变挂牌结果的，或者竞得人不按规定签订《国有建设用地使用权出让合同》、放弃竞得宗地的，应当承担法律责任。

第二节 挂牌出让制度

一、挂牌出让制度的产生和发展

挂牌出让是国有建设用地使用权出让的一种具体方式，是地方国土资源管理部门在国有建设用地供应方式上的创新。它最初来源于实践，被理论界、实际工作部门广泛接受，并最终体现在国家法规政策中。

（一）招标、拍卖、协议出让方式的特点

在2002年之前，国有建设用地使用权出让的法定方式有招标、拍卖和协议三种，三种出让方式各有特点。招标出让的最大特点是一次成交。即在投标人递交投标文件后到确定中标人之前，招标人不得与投标人就投标价格等实质性内容进行谈判。也就是说，投标人只能一次报价，不能与招标人讨价还价；拍卖出让的最大特点是价高者得，即举行拍卖会，由拍卖主持人按照最高应价者获取出让宗地的原则确定竞得人；协议出让的最大特点是谈判成交，即市、县国土资源部门与意向用地者应受让宗地的价格等土地使用条件进行多次谈判后才能成交。

在国有建设用地使用权出让实践中，一些地方感到，尽管土地出让已有三种方式，但三种方式各有局限性，还不能应对土地出让的复杂性，难以保证政府科学合理地供应土地。具体来说，采取招标方式出让的，如果投标人不足三人，就要取消招标活动，择机再重新出让，这对于土地市场发育程度较低，一宗地很难有三个以上意向用地者的地方，采取招标出让方式显然不利于政府按出让计划如期供应土地。

采取拍卖出让的，按照规定应当举行国有土地使用权出让拍卖会，通过拍卖程序确认竞得人。如果拍卖会现场无人应价，土地流拍，为拍卖会所投入的成本损失也无从回报，因此，一些经济困难的地方，对拍卖出让的积极性不高。

协议出让灵活性强，但如果几个意向用地者均看中了同一宗地，政府再以谈判方式确定受让人，显然难脱暗箱操作之嫌，也正是为了保证出让过程的公开透明，法律、政策才明确规定：除了工业、商业、旅游、娱乐和商品住宅用地必须以招标拍卖挂牌出让外，上述用途之外的其他用地有两个以上意向用地者的，也必须采取招标拍卖挂牌方式，禁止协议出让。

（二）挂牌方式的产生与发展

在土地出让中，如何既做到公开、公平、公正，又体现出让的灵活

性和可操作性，将土地配置的市场原则和政府有计划出让土地、及时形成土地有效供给有机结合？广东、福建等地进行了积极的探索。在2000年前后，福州、深圳、广州等省市创新了一种不同于招标、拍卖、协议的新的出让形式，这就是挂牌形式。可以说，挂牌出让综合体现了招标拍卖和协议方式的优点，并同样是具有公开、公平、公正特点的国有土地使用权出让的重要方式，尤其适用于当前我国土地市场现状，具有招标、拍卖、协议所不具备的优势。

一是挂牌时间长，且允许多次报价，有利于投资者理性决策和竞争。

二是操作简便，便于开展。挂牌作为市、县国土资源管理部门的日常工作，节省人力和成本。

三是挂牌出让过程公开，挂牌价格提前公开，报价只要高于底价，一人竞买也可以成交。

因此，挂牌方式一经问世，便体现出强大的生命力，被各地国土资源部门采用。2002年国土资源部发布实施《招标拍卖挂牌出让国有土地使用权规定》，明确将挂牌出让确定为国有土地使用权出让的方式。之后，这一方式在《国务院关于深化改革严格土地管理的决定》、《国务院关于加强土地调控有关问题的通知》、《国务院关于节约和集约用地的通知》等政策性文件中多次被肯定和重申。经过多年实践检验，国有土地使用权招标拍卖挂牌方式被称之为“招拍挂”，得到广泛认同，从而成为土地资源市场配置的代名词。

二、挂牌出让与招标拍卖出让的关系

挂牌与招标拍卖一样，被作为国有建设用地有偿供应的具体形式。就一宗国有建设用地出让而言，具体是采取招标方式，还是采取拍卖或者挂牌方式，由各市、县自主选择。但从招标拍卖挂牌制度设计的初衷来看，三种方式是平等的，都体现了公开、公平、公正的原则，都是市场配置的法定方式，不存在孰优孰劣的问题。

三、关于挂牌出让的组织实施主体

挂牌是出让时所采取的具体方式。作为国有建设用地使用权出让本身，依法应当由市、县国土资源管理部门组织实施。因此，整个挂牌过程，都应当由市、县国土资源管理部门来部署安排。具体来说，市、县国土资源管理部门应当拟定挂牌出让方案并报市、县人民政府批准，应当编制挂牌出让文件、发布挂牌出让公告，并按照出让公告规定的时间、地点组织挂牌活动。挂牌活动应当由土地招标拍卖挂牌主持人主持进行。挂牌截止进入现场竞价程序时，也应当由土地招标拍卖挂牌主持人主持进行，取得该宗地挂牌竞买资格的竞买人均可参加现场竞价。通过现场竞价确定竞得人，并由挂牌人与竞得人签订《成交确认书》。

四、挂牌公告时间、挂牌申请时间和挂牌时间

（一）挂牌公告时间、挂牌申请时间和挂牌时间的政策规定

2002 年发布实施的《招标拍卖挂牌出让国有土地使用权规范》（国土资源部令第 11 号）第八条规定：出让人应当至少在投标、拍卖或者挂牌开始日前 20 日发布招标拍卖挂牌出让公告，公布招标拍卖挂牌出让宗地的基本情况和招标拍卖挂牌的时间、地点。就挂牌而言，在市、县国土资源管理部门发布的挂牌出让公告中，应当明确申请取得竞买资格的具体办法，包括提交申请材料的时间、地点、截止受理申请的时间等。同时，国土资源部 11 号令第十八条规定：挂牌时间不得少于 10 个工作日。可以看出，为保证挂牌出让活动的公开、公平、公正，国土资源部 11 号令在挂牌出让过程设定了三个重要的时间：挂牌公告时间、挂牌申请时间和挂牌时间。2007 年发布实施的《招标拍卖挂牌出让国有建设用地使用权出让规定》（国土资源部 39 号令），对挂牌申请时间和挂牌时间做了进一步明确，在第十一条规定：挂牌出让的，出让公告中规定的申请截止时间，应当为挂牌出让结束日前 2 天。

（二）挂牌公告与挂牌申请时间的关系

市、县国土资源管理部门发布挂牌出让公告时，必须在公告中明确规定意向用地者参加挂牌竞买的申请时间。这个时间是一个时间段，包括挂牌申请开始时间和挂牌申请截止时间。意向竞买人应在这一时间段

内，向市、县国土资源管理部门申请取得竞买资格。公告规定的挂牌申请时间届满即挂牌申请时间截止，意向竞买人提交挂牌申请的，市、县国土资源管理部门可不予受理。也就是说，挂牌申请时间通过挂牌公告向社会公布。

（三）挂牌申请截止时间和挂牌时间的关系

一些地方认为，挂牌 10 日的规定太长了，如果挂牌出让只有一个竞买申请人报价，挂牌 10 个工作日没有意义。这主要是对挂牌出让的申请截止时间和挂牌开始时间的认识不全面造成的。

在实际挂牌出让中，不少地方往往把挂牌申请时间与挂牌时间截然分开，如比较常见的是，某地国土资源局挂牌出让宗地 A，2007 年 10 月 8 日发布公告，明确挂牌时间为 10 月 29 日至 11 月 9 日，同时该局规定申请时间为 10 月 10 日至 10 月 29 日，即 10 月 29 日为挂牌申请截止时间。10 月 29 日以后，即使有申请人符合其他所有条件，也被认为超过了申请截止时间而不再受理。显然，对挂牌申请截止时间和挂牌开始时间的规定，是混淆了挂牌时间、公告发布时间与挂牌申请时间的不同含义。

其实，国土资源部 11 号令并没有规定挂牌申请时间必须在挂牌开始日前截止。为保证充分公开和充分竞争，在具体挂牌出让活动中，出让人完全可以在挂牌期间继续接受挂牌申请，只要在挂牌截止前留有足够的审查时间即可，这也正是规定挂牌时间不少于 10 日的意义所在。因此，国土资源部 39 号令对挂牌申请截止时间做了进一步明确，规定：挂牌出让的，出让公告中规定的申请截止时间，应当为挂牌出让结束日前 2 天。仍以某地宗地 A 的挂牌出让为例，2007 年 10 月 8 日发布公告，明确挂牌时间为 10 月 29 日至 11 月 9 日，则挂牌申请时间为 10 月 10 日至 11 月 7 日，即挂牌 10 个工作日中的前 8 个工作日，仍可以继续接受申请。这样，挂牌申请时间与挂牌时间之间是交叉的，至少有 8 天时间是这样一种状态：未申请的竞买人可以继续申请，已申请并取得竞买资格的竞买人可以填写报价单进行报价。国土资源部 39 号令的这一规定，为潜在竞买人随时提出竞买申请提供了尽可能多的时间，出让方在挂牌期间仍可以接受新的申请人申请，使潜在竞买人可以随时加入竞买。

国土资源部39号令实施后，一些地方认为，为延长意向用地者的挂牌申请时间，应当允许市、县国土资源部门在出让公告中规定，申请截止时间为挂牌出让结束日前1天。我们认为，只要不影响出让人对挂牌申请人的资格审查和资格确定工作，地方可以采取灵活方式，以保证尽可能多的人参加挂牌活动。

（四）关于挂牌时间的规定

2002年发布的国土资源部11号令第十八条规定："挂牌时间不得少于10个工作日。"实际上，各地在挂牌操作中，为了保持挂牌出让的连续性，应在公告中明确挂牌时间必须是连续的，而不能在第一个工作周挂牌5天，周六和周日休息2天后，再挂牌5天。所以，此挂牌时间实际上至少是10个工作日再加上2个休息日，即不得少于12日。2007年发布实施的国土资源部39号令对10个工作日的规定进行了修改，在第十八条明确规定：挂牌时间不得少于10日。因此，各地在确定挂牌时间时，应按国土资源部39号令的规定，挂牌不应少于连续10日。如果规定某宗地挂牌时间为10月29日至11月9日的，那么，即使节假日也要正常受理竞买申请，正常接受报价和更新挂牌价格。

五、挂牌出让期限截止

（一）国土资源部11号令对挂牌出让期限截止的规定及执行中存在的问题

国土资源部11号令第十九条对"挂牌出让期限截止"时可能发生的情况做了具体规定："在挂牌期限截止时仍有两个或者两个以上的竞买人要求报价的，出让人应当对挂牌宗地进行现场竞价，出价最高者为竞得人。"该条中"有两个或者两个以上的竞买人要求"是指挂牌出让截止时，在已有竞买人报价和挂牌主持人确认报价的前提下，只要再有一个竞买人有继续报价的意思表示，就可以属于"有两个或者两个以上的竞买人要求”。设置该条款的目的，为了保证充分竞争，防止竞买申请人利用时间差规避他人竞争而提出的。

不过，各地在具体的挂牌出让活动中，对该条款的如何认定“有两个或者两个以上的竞买人要求”的理解不一致。一些地方在出让公告中将挂牌出让截止时间规定为“×日×点×分”或“×日×点整”，结果出现了接近挂牌时点时竞买人要求报价但没有时间填写报价单的情况，并因此产生了一些纠纷。此外，一些地方将国土资源部11号令第十九条“在挂牌期限截止时仍有两个或者两个以上的竞买人要求报价的”情形，理解为在挂牌期限截止时除了已被确认为最高报价的竞买人外，还必须有两个以上的竞买人提出报价要求。

上述理解是不对的。从最简单的道理上讲，在存在多个竞买人报价的情况下，挂牌期限截止时，已经有了最高报价人，这时，只要再有一个人有报价要求的，连同最高报价者，就属于有两个以上竞买人要求报价的情形。

（二）国土资源部39号令对挂牌期限截止的程序进行了重新规定

为了避免挂牌截止时由于理解不一致而产生纠纷，国土资源部39号令对国土资源部11号令的表述进行了完善，并对挂牌截止时的操作程序进行了重新规定。具体体现在第十九条第五款中，该条款规定：“挂牌截止应当由挂牌主持人主持确定。挂牌期限届满，挂牌主持人现场宣布最高报价及其报价者，并询问竞买人是否愿意继续竞价。有竞买人表示愿意继续竞价的，挂牌出让转入现场竞价，通过现场竞价确定竞得人；挂牌主持人连续3次报出最高挂牌价格，没有竞买人表示愿意继续竞价的，按照下列规定确定是否成交：（一）在挂牌期限内只有一个竞买人报价，且报价不低于底价，并符合其他条件的，挂牌成交；（二）在挂牌期限内有两个或者两个以上的竞买人报价的，出价最高者为竞得人；报价相同的，先提交报价单者为竞得人，但报价低于底价者除外；（三）在挂牌期限内无应价者或者竞买人的报价均低于底价或者均不符合其他条件的，挂牌不成交。”

上述规定的核心就是：在挂牌截止时，由土地招标拍卖挂牌主持人掌控挂牌现场。挂牌主持人视现场挂牌报价情况，灵活确定挂牌成交、挂牌终止或挂牌转为现场竞价。特别是，在进入挂牌出让程序后，对竞买人报价进行确认、更新显示挂牌价格，以及在挂牌截止时间确定竞得人等工作，均需要由具体人员主持进行，因此，国土资源部 39 号令第十七条对挂牌程序中不准确的表述进行了完善，规定：竞买人填写报价单报价；挂牌主持人确认该报价后，更新显示挂牌价格；挂牌主持人在挂牌公告规定的挂牌截止时间确定竞得人。也就是说，在挂牌出让进入具体实施阶段，政策赋予挂牌主持人更多具体、更明确的职责，以保证挂牌出让活动的有序进行，有效避免竞买人与挂牌人、竞买人与竞买人之间对挂牌结果产生的理解不一致甚至产生纠纷。

六、挂牌成交和《成交确认书》

挂牌出让成交后，挂牌人与竞得人应当签订《成交确认书》。《成交确认书》的法律性质和效力，在第七章中已详细说明，本章不再赘述。

第九章 签订出让合同与公布出让结果

本章主要涉及招标拍卖挂牌出让活动结束之后的工作，包括签订出让合同、公布出让结果、退还未中标人和未竞得人保证金、相关资料归档等招标拍卖挂牌活动实施后的相关工作。

第一节 签订出让合同办理土地登记

一、签订《国有建设用地使用权出让合同》

通过招标拍卖挂牌活动确定中标人或竞得人，市、县国土资源管理部门向中标人发出中标通知书或者与竞得人签订《成交确认书》后，招标拍卖挂牌的主要程序基本上已经完成。之后，市、县国土资源管理部门作为国有建设用地使用权的出让人，与作为国有建设用地使用权的受让人，将按照中标通知书或《成交确认书》中规定的时间、地点，签订《国有建设用地使用权出让合同》。出让合同签订后，招标拍卖挂牌出让行为完成。在实践中，有的地方规定在拍卖或挂牌成交时当场签订出让合同，也可以根据《成交确认书》按约定时间和地点签订出让合同。

二、核发《建设用地批准书》，交付土地

市、县国土资源管理部门以出让或划拨方式将土地供给用地者后，均要向用地者核发《建设用地批准书》，并按照《国有建设用地使用权出让合同》或《国有建设用地划拨决定书》、《建设用地批准书》确定的时间和条件，将土地交付给用地者。

《建设用地批准书》、《国有建设用地使用权出让合同》、《国有建设用地划拨决定书》作为市、县国土资源管理部门核发的法律文书，对国有建设用地的开发利用具有重要作用，在实际操作中被普遍适用。对三个法律文书的理解，应从以下五个方面把握：

第一，《国有建设用地使用权出让合同》或《国有建设用地划拨决定书》是对整个土地使用期内用地者的用地条件、权利设定和义务等进行约定或规定，是用地者使用国有建设用地使用权的法律文本；《建设用地批准书》是对建设期间用地者使用国有建设用地的用地条件进行规定，是建设部门颁发建设工程规划许可证的前提，是建设期间的用地凭证，也是用地者建设期间主动接受国土资源部门及相关部门用地监管的依据。建设用地批准书的有效期限较短，一般在两年左右。

第二，《国有建设用地使用权出让合同》或《国有建设用地划拨决定书》是对一宗国有建设用地的使用进行约定或规定，而建设用地批准书可根据建设进度颁发。

第三，对于政府供应环节的国有建设用地出让或划拨，市、县国土资源管理部门应向用地者同时发放《建设用地批准书》和签订《国有建设用地使用权出让合同》，或向用地者同时发放《建设用地批准书》和《国有建设用地划拨决定书》；对于使用者在已取得建设用地使用权的土地上改建、扩建、新建的，只颁发《建设用地批准书》，作为管理依据。

出让人应当按照出让合同约定的土地交付时间将符合合同约定条件的土地移交给受让人，具体交付方式可采用双方实地查验并签署交付土地确认书或下发交付土地通知书等方式。交付土地后，受让人即可进入场地开发建设，土地使用年期自交付土地之日起算。

三、办理土地登记

通过签订《国有建设用地使用权出让合同》，设立了出让建设用地使用权这一物权，为保护土地权利人的合法权益，就必须办理土地登记。受让人应当按照《土地登记办法》（国土资源部令第40号）的要求，在付清全部国有土地出让价款后，持《国有建设用地使用权出让合同》和土地出让价款缴纳凭证等相关证明材料，到国土资源管理部门申请出让国有建设用地使用权初始登记。国土资源管理部门应当对受理的土地登记申请进行审查，以宗地为单位办理土地登记手续，以宗地为单位向建设用地使用权人发放国有土地使用证。土地权利人领取的国有土地使用证，是其享有建设用地使用权的权利证明。

第二节 公布出让结果

一、退还未中标人（未竞得人）的投标（竞买）保证金

国有建设用使用权招标拍卖挂牌出让成交，确定中标人或竞得人后，中标人或竞得人作为国有建设用地使用权的受让人，将按《中标通知书》或《成交确认书》的约定，与作为出让人的市、县国土资源局签订出让合同，所缴纳的投标、竞买保证金将作为土地出让价款的一部分。而对于其他未中标和未竞得土地的投标人和竞买人，市县国土资源管理部门应当在招标拍卖挂牌活动结束后5个工作日内予以退还，不计利息。

招标拍卖挂牌活动结束后，投标、竞买保证金的作用已经发挥完毕，未中标人和竞得人的保证金应当尽快退还。这是因为，保证金的约束主体十分明确，就是参加招标出让的投标人和参加拍卖或挂牌出让的竞买人，保证金的主要作用是保证投标人和竞买人按照出让文件的约定参加招标拍卖挂牌活动，履行其在招标拍卖挂牌活动中的承诺，防止投

标人和竞买人违约，保证招标拍卖挂牌出让活动顺利开展。一旦招标拍卖挂牌出让成交确定了中标人或竞得人，或者由于招标拍卖挂牌不成交，本次招标拍卖挂牌活动结束，未中标人或未竞得人的保证金不再承担担保合同履行的责任，市、县国土资源管理部门应尽快退还。从现行法律政策对保证金退还的规定看来，保证金退还的时间和做法不统一，基本上不计利息退还。对此，国土资源部 11 号令及 39 号令，均明确规定：在招标拍卖挂牌出让活动结束后 5 个工作日内予以退还，不计利息。

二、公布招标拍卖挂牌出让结果

为保证土地出让的公开、公平和公正，中央纪委、监察部和国土资源部的政策明确要求，不仅要公开出让信息和出让过程，还必须公布出让结果，接受社会监督。为此，《招标拍卖挂牌出让国有土地使用权规范》规定了出让结果公布的时间、途径和内容。

（一）公布的时间

出让人应当在招标拍卖挂牌出让活动结束后 10 个工作日内，向社会公布出让结果。

（二）公布的途径

出让人应当在中国土地市场网以及土地有形市场等指定场所向社会公布。

（三）公布的内容

出让人公布出让结果，应当包括下列内容：

（1）出让土地的位置、面积、用途、开发程度、土地级别、容积率；

（2）出让土地的年限、出让方式；

（3）受让人；

（4）招标拍卖挂牌成交的时间和成交价格等。

出让人公布出让结果时，不得以任何名义向受让人收取费用。

第三节 招标拍卖挂牌出让资料归档

一、资料归档的必要性

招标拍卖挂牌出让作为政府供应国有建设用地的重要方式，从拟订出让计划、制订出让方案并报政府批准，到市、县国土资源管理部门编制出让文件、发布招标拍卖挂牌出让公告、进行资格审查、招标拍卖挂牌实施、确定中标人和竞得人、发布《中标通知书》和签订《成交确认书》、签订出让合同等，过程长、环节多、经济法律关系复杂，既涉及政府审批，又涉及要约邀请、要约和承诺的多次合同成立、合同变更、合同生效的民事法律关系；既关系到地方人民政府和相关的发展改革、规划、建设、国土、财政等部门，也关系到众多参与投标或竞买的经济主体。因此，如何验证最终出让的建设用地合法、有效，如何验证出让过程公开透明，如何为土地出让后可能引起的纠纷提供书面证明等等，就需要对整个招标拍卖挂牌出让活动中产生的全部材料进行归档。

此外，从招标拍卖挂牌出让实践看，近年来，随着国有建设用地使用权市场化配置进程的加快，招标拍卖挂牌供地的范围不断扩大，招标拍卖挂牌出让成为市、县国土资源管理部门的日常工作，更加需要归档工作的规范化管理。

对此，《招标拍卖挂牌出让国有土地使用权规范》对资料归档工作提出了明确要求："出让手续全部办结后，市、县国土资源管理部门应当对宗地出让过程中的用地申请、审批、招标拍卖挂牌活动、签订合同等各环节相关资料、文件进行整理，并按规定归档。"

二、归档的资料

宗地出让的归档资料，包括招标拍卖挂牌全部过程中所形成的书面文字资料。也就是说，从政府批准出让方案开始，一直到市、县国土资源管理部门作为出让人与受让人签订的出让合同，期间涉及的所有书面资料，都属于归档材料范畴。具体包括：

（1）宗地招标拍卖挂牌出让方案；

（2）宗地出让方案批复文件；

（3）宗地出让底价及集体决策记录；

（4）宗地评估资料；

（5）招标拍卖挂牌出让文件；

（6）申请人的申请材料；

（7）招标拍卖挂牌活动实施过程的记录资料；

（8）宗地条件及相关资料；

（9）《中标通知书》或《成交确认书》；

（10）《国有建设用地使用权出让合同》；

（11）出让公告和出让结果在中国土地市场网公开和公布的材料；

（12）其他应归档的材料。

第十章 土地招标拍卖挂牌主持人礼仪

第一节 商务礼仪概述

一、商务礼仪的基本概念

（一）礼仪

土地招标拍卖挂牌出让活动，是一项依据公开、公平、公正和诚实信用原则开展的社会活动，这决定了土地招拍挂主持人作为一个公众人物，在主持招标拍卖挂牌活动时要讲究必要的礼仪。

礼仪是人类为维系社会正常生活而要求人们共同遵守的最起码的道德规范，也是人们在长期共同生活和相互交往中逐渐形成的行为规范与准则。具体表现为礼貌、礼节、仪表、仪式等，并且以风俗、习惯和传统等方式固定下来。具体来说，礼貌是指人们在相互交往过程中应具有的相互表示敬意、友好、得体的气度和风范；礼节是指人们在社会交往过程中表示出的尊重、祝颂、致意、问候、哀悼等惯用的形式和规范；仪表是指人的外表，如容貌、服饰、姿态等；仪式是指在一定场合举行的，具有专门程序、规范化的活动，如颁奖仪式、签字仪式、开幕式等。

对一个人来说，礼仪是一个人的思想道德水平、文化修养、交际能力的外在表现；对一个社会来说，礼仪是一个国家社会文明程序、道德风尚和生活习惯的反映。因此，讲究礼仪并非是个人生活小节或小事，而是一个国家社会风气的现实反映，是一个民族精神文明和进步的重要标志。

礼仪具有共同性、继承性、统一性、差异性、阶级影响性、时代发展性等特征。礼仪的功能包括沟通功能、协调功能、维护功能、教育功能。礼仪对个人的作用是可以建立自尊，增强自重、自信、自爱，为社会的人际交往铺平道路，处理好各种关系。礼仪对社会的作用是能够改善人们的道德观念，净化社会风气，提高社会文化素质。

（二）商务礼仪

商务礼仪是在商务活动中体现相互尊重的行为准则，也是每个土地招拍挂主持人所必须具备的。商务礼仪的核心是一种行为的准则，用来约束日常商务活动的方方面面。商务礼仪的核心作用是为了体现人与人之间的相互尊重。可以用一种简单的方式来概括商务礼仪：它是商务活动中对人的仪容仪表和言谈举止的普遍要求。仪容仪表是指个人的形象，言谈举止是指每一个人在商务活动中的职业表现。

（三）商务礼仪构成

商务礼仪是商务活动中为了塑造个人和组织的良好形象而应当遵循的对交往对象表示尊敬与友好的规范或程序，是一般礼仪在商务活动中的运用和体现，包括商务礼节或仪式两方面的内容。商务礼节是人们在商务交往活动中为表示尊重对方而采取的人们共同约定并形成习惯的规范形式。仪式即按程序进行的礼节形式。一般来讲，在商务活动中言行合情合理、优美、大方、得体，符合要求，按约定俗成的规矩办事，礼貌待人；按约定俗成的、大家都可以接受的礼节程序接待客户等都属于商务礼仪的范畴。

二、商务礼仪的基本原则

礼仪名目众多，细则纷繁，讲究商务礼仪尤其还应掌握必要的世界各国的礼仪习俗。土地招拍挂主持人在从事土地招拍挂活动、具体遵行商务礼仪时，要言行文雅、尊重他人、态度恭敬、平等待人、表里一致等，具体应遵行以下基本原则：

（一）尊敬原则

尊敬是礼仪的情感基础。在土地招拍挂活动中，人与人是平等的，尊重长辈，关心各方主体，这不但不是自我卑下的行为，反而是一种至高无上的礼仪，说明一个土地招拍挂主持人具有良好的个人内在素质。“敬人者恒敬之，爱人者恒爱之。”“人敬我一尺，我敬人一丈。”“礼”的良性循环就是借助这样的机制而得以生生不已。当然，礼貌待人也是一种自重，不应以伪善取悦于人，更不可以富贵娇人。尊敬人还要做到入乡随俗，尊重他人的喜好与禁忌。总之，对人尊敬和友善，这是处理人际关系的一项重要原则。

（二）真诚原则

土地招拍挂主持人的礼仪主要是为了树立良好的个人和组织形象，所以礼仪对于主持招拍挂活动来说，不仅仅在于其形式和手段上的意义。同时土地招拍挂活动的从事并非短期行为，只有恪守真诚原则，讲究礼仪，通过长期潜移默化的影响，才会逐步树立个人和组织形象。也就是说，土地招拍挂主持人要爱惜自身形象与声誉，不应仅追求礼仪外在形式的完美，更应将其视为情感的真诚流露与表现。

（三）谦和原则

“谦”就是谦虚，“和”就是和善、随和。谦和既是一种美德，更是社交成功的重要条件。谦和在社交场上表现为平易近人、热情大方，善于与人相处，乐于听取他人的意见，显示出虚怀若谷的胸襟，对周围的人具有很强的吸引力，有着较强的调整人际关系的能力。当然，此处强调的谦和并不是指过分的谦和，无原则的妥协和退让，更不是妄自菲薄。土地招拍挂主持人应当认识到，过分的谦虚其实是社交的障碍，尤其是在和西方人的商务交往中，不自信的表现会让对方怀疑你的能力。

（四）宽容原则

宽即宽待，容即相容。宽容，就是心胸坦荡、豁达大度，能设身处地为他人着想，谅解他人的过失，不计较个人的得失，有很强的容纳意识和自控能力。中国传统文化历来重视并提倡宽容的道德原则，并把宽以待人视为一种为人处世的基本美德。从事招拍挂活动要求宽以待人，在人际纷争问题上保持豁达大度的品格或态度。在土地招拍挂活动中，出于各自的立场和利益，难免出现冲突和误解。遵循宽容的原则，凡事想开一点，眼光看远一点，善解人意，体谅别人，才能正确对待和处理好各种关系与纷争。

（五）适度原则

人际交往中要注意各种不同情况下的社交距离，也就是要善于把握住沟通时的感情尺度。在招拍挂活动的人际交往中，沟通和理解是建立良好的人际关系的重要条件，但如果不善于把握沟通时的感情尺度，即人际交往缺乏适度的距离，结果会适得其反。如在一般交往中，既要彬彬有理，又不能低三下四；既要热情大方，又不能轻浮谄谀。所谓适度，就是要注意感情适度、谈吐适度、举止适度。只有这样才能真正赢得对方的尊重，达到沟通的目的。

三、商务礼仪的基本特征

（一）以个人为支点

个人礼仪是对社会成员个人自身行动的种种规定，而不是对任何社会组织或其他群体行为的限定。但由于每个群体都是由一定数量的个体所组成的，每一个社会组织也都是由一定数量的组织成员所构成的。因此，个人行为的良好与否将直接影响着一个群体、社会组织乃至整个社会的生存与发展。从此意义看，强调个人礼仪，规范个人行为，不仅是为了提高个人自身的内在涵养，更重要的是为了促进社会发展的有序与文明。

（二）以修养为基础

个人礼仪不是简单的个人行为表现，而是个人的公共道德修养在社会活动中的体现，它反映的是一个人内在的品格与文化修养。若缺乏内在的修养，个人礼仪对个人行为的具体规定，也就不可能自觉遵守、自愿执行。只有“诚于中”，方能“行于外”，因此，个人礼仪必须以个人修养为基础。

（三）以尊敬为原则

在社会活动中，讲究个人礼仪，自觉按个人礼仪的诸项规定行事，必须奉行尊敬他人的原则。只有尊敬别人，才能赢得别人对你的尊敬。在社会主义条件下，个人礼仪不仅体现了人与人之间的相互尊重和友好合作的新型关系，而且还可以避免或缓解某些不必要的个人或群体的冲突。

（四）以美好为目标

遵循个人礼仪，按照个人礼仪的文明礼貌标准行动，是为了更好地塑造个人的自身形象，更充分地展现个人的精神风貌。个人礼仪教会人们识别美丑，帮助人们明辨是非，引导人们走向文明，它能使个人形象日臻完美，使人们的生活日趋美好。因此，个人礼仪是以“美好”为目标的。

（五）以长远为方针

个人礼仪的确会给人们以美好，给社会以文明，但所有这一切，都不可能立竿见影，也不是一日之功所能及的，必须经过个人长期不懈的努力和社会持续不断的发展，因此，对个人礼仪规范的掌握切不可急于求成，更不能有急功近利的思想。

四、商务礼仪的基本作用

商务礼仪能展示一个企业或单位的文明程度、管理风格和道德水准，塑造社会形象。良好的社会形象是一个企业或单位的无形资产，无疑可以为其带来直接的社会效益或经济效益。一个人讲究礼仪，就会在众人面前树立良好的个人形象；一个组织的成员讲究礼仪，就会为自己的组织树立良好的形象，赢得公众的赞誉。所以，招拍挂主持人时刻注重礼仪，既是个人和组织良好素质的体现，也是树立和巩固良好形象的需要。

（一）规范行为，体现形象

礼仪最基本的功能就是规范各种行为。商务礼仪可强化个人和单位的道德要求，树立遵纪守法、遵守社会公德的良好形象。道德是精神的东西，只能通过人的言行举止，通过人们处理各种关系所遵循的原则与态度表现出来。商务礼仪使规章制度、规范和道德具体化为一些固定的行为模式，从而对这些规范起到强化作用。各项规章制度既体现了一个单位的道德观和管理风格，也体现了礼仪的要求，其中的个体在制度范围内调整自己的行为，实际上就在固定的商务礼仪中自觉维护和塑造着集体的良好形象。

（二）传递信息，展示价值

良好的礼仪可以更好地向对方展示自己的长处和优势，它们往往决定了机会是否降临。比如，在公司，你的服饰适当与否可能就会影响到你的晋升和同事的关系；带客户出去吃饭时你的举止得体与否也许就决定了交易的成功与否；又或者在办公室不雅的言行或许就使你失去了一次参加老板家庭宴请的机会……这是因为礼仪是一种信息，通过这个媒介表达出尊敬、友善、真诚的感情。所以在社会活动中，恰当的礼仪可以获得对方的好感、信任，进而推动事业的发展。

（三）沟通感情协调人际

在商务活动中，随着交往的深入，双方可能都会产生一定的情感和情绪，或吸引或排斥。良好的礼仪，容易使人们之间的感情得到沟通，从而建立良好的人际关系，使商务交往取得成功。反之，如果不注意良好的人际关系，则很容易产生感情排斥，给对方以不佳印象，造成人际关系紧张，进而影响到商务活动的顺利进行。所以，从某种程度上说，商务礼仪是商务交往和谐发展的调节器，遵循它有助于加强人们之间的相互尊重、友好合作的新型关系，缓解不必要的障碍。对于土地招拍挂主持人来说，商务礼仪是思想水平、文化修养、交际能力的外在表现，是直接塑造企业商务人员形象的重要工具。

第二节 商务礼仪内容

一、言谈礼仪

（一）礼貌敬语

言谈作为一门艺术，是土地招拍挂主持人个人礼仪的一个重要组成部分。其要点为：

1. 礼貌。即态度要诚恳、亲切；声音大小要适宜，语调要平和沉稳；尊重他人。特别是要恰当地称呼他人。

无论是新老朋友，一见面就得称呼对方。每个人都希望得到他人的尊重，人们比较看重自己业已取得的地位。对有头衔的人称呼他的头衔，就是对他莫大的尊重。直呼其名仅适用于关系密切的人之间。你若与有头衔的人关系非同一般，直呼其名来得更亲切，但若是在公众和社交场合包括土地招标拍卖挂牌现场，还是称呼他的头衔会更得体。对于知识界人士，可以直接称呼其职称。但是，对于学位，除了博士外，其他学位，就不能作为称谓来用。

2. 敬语。即表示尊敬和礼貌的词语。如日常使用的“请”、“谢谢”、“对不起”，第二人称中的“您”字等。初次见面为“久仰”，很久不见为“久违”，请人批评为“指教”，麻烦别人称“打扰”，求给方便为“借光”，托人办事为“拜托”等等。土地招拍挂主持人要努力养成使用敬语的习惯。现在，我国提倡的礼貌用语是十个字：“您好”、“请”、“谢谢”、“对不起”、“再见”。这十个字体现了说话文明的基本的语言形式。

（二）谈话姿势

谈话的姿势往往反映出一个人的性格、修养和文明素质。所以，土地招拍挂主持人在交谈时，首先要做到认真正视，耐心倾听，不能东张西望，面带倦容，哈欠连天。否则，会给人心不在焉、傲慢无理等不礼貌的印象。

（三）谈话距离

说话通常是为了与别人沟通思想，要达到这一目的，首先必须注意说话的内容，其次也必须注意说话时声音的轻重，使对话者能够听明白。这样在说话时就必须注意保持与对话者的距离。说话时与人保持适当距离也并非完全出于考虑对方能否听清自己的说话，另外还存在一个怎样才更合乎礼貌的问题。从礼仪上说，说话时与对方离得过远，会使对话者误认为你不愿向他表示友好和亲近，这显然是失礼的。然而如果在较近的距离和人交谈，稍有不慎就会把口沫溅在别人脸上，这是最令人讨厌的。有些人，因为有凑近和别人交谈的习惯，又明知别人顾忌被自己的口沫溅到，于是先知趣地用手掩住自己的口。这样做形同“交头接耳”，样子难看也不够大方。因此从礼仪角度来讲，一般保持一两个人的距离最为适合。如果土地招拍挂主持人能这样做，既让对方感到有种亲切的气氛，同时又保持一定的“社交距离”，在常人的主观感受上，这也是最舒服的。

（四）谈吐文雅

语言是社会交际的工具，是人们表达意愿、思想感情的媒介和符号。语言也是一个人道德情操、文化素养的反映。在与他人交往中，如果能做到言之有礼，谈吐文雅，就会给人留下良好的印象；相反，如果满嘴脏话，甚至恶语伤人，就会令人反感讨厌。因此，土地招拍挂主持人必须注意以下几方面：

1. 态度诚恳亲切。说话本身是用来向人传递思想感情的，所以，说话时的神态、表情都很重要。例如，当土地招拍挂主持人向竞得人表示祝贺时，如果嘴上说得十分动听，而表情却是冷冰冰的，那对方一定认为你只是在敷衍而已。所以，说话必须做到态度诚恳和亲切，才能使对方对你产生表里一致的印象。

2. 用语谦逊文雅。如称呼对方为“您”、“先生”、“小姐”等，用“贵姓”代替“你姓什么”，用“不新鲜”、“有异味”代替“发霉”、“发臭”。如你在一位陌生人家里做客需要用厕所时，则应说“我可以使用这里的洗手间吗?”或者说“请问，哪里可以方便?”等。多用敬语、谦语和雅语，能体现出一个人的文化素养以及尊重他人的良好品德。

3. 声音大小适当。语调应平和沉稳。土地招拍挂主持人咬字都要清晰，音量要适度，以对方听清楚为准，切忌大声说话；语调要平稳，尽量不用或少用语气词，使听者感到亲切自然。

（五）语言表达

1. 语速与调门。在主持土地招拍挂活动中，语速有快慢之分，调门有高低差别。对此，土地招拍挂主持人应当熟练把握。如向竞买人传递信息时语速要慢，而报价时语速则可适当加快；另如解答问题时调门要略低，而报价时调门则可适当提高等等。

2. 严肃与幽默。语言表达上有严肃与幽默之分，对此，土地招拍挂主持人亦应当熟练把握。如宣读竞价规则及其他注意事项时，语言应当严肃认真；对年长者与异性讲话也要以严肃为主，从而显示沉稳与教养；然而在土地招拍挂活动现场比较冷清时则可以开些玩笑，使用幽默的语言打破僵局，扭转呆板、消极的态势。

案例 10－1　　说话失礼买家走人

“今天的拍卖会所拍标的为某某地块，该宗地由150万元起拍，竞价阶梯为10万元。好，竞价开始。”土地招拍挂主持人话音刚落，场上就有三四个买家应价。当价位已高达300万元时，场上的竞买气氛却显得有些低落。土地招拍挂主持人见状便适时地把竞价阶梯降为3万元。果不出土地招拍挂主持人所料，场上甲乙两位买家又开始了竞争。当甲买家把价抬至315万元时，乙买家有点儿犹豫不决。“这不就是多出3万元的事吗，您还在乎?”土地招拍挂主持人不失时机地挑逗乙买家。乙买家听罢，愤然离去。

案例 10－2　　普通话太差减人气

这是个艺术品拍卖的例子。虽然不是土地招拍挂的例子，但其中显露的问题却值得引以为戒。一场艺术品拍卖会正在京城举办。主持此场拍卖会的是一位“酷”小伙。他的亮相，一下子吸引了场上人们的注意力。“第一号拍品……”小伙子刚一张口，便引来全场的大笑。本来就操着广东普通话，外加有点儿紧张，小伙子的所言倒像是在演小品。拍卖进行到后来，小伙子没那么紧张了，但他一会儿是普通话，一会又冒出粤语，在加上“四”与“十”的不分，让在场的买家苦笑不得，他的额头上也急出了汗。

二、举止礼仪

（一）仪态礼仪

土地招拍挂主持人的仪表泛指其气质风度，通常包括两种类型：其一是儒雅型。儒雅型的土地招拍挂主持人沉稳大度，端庄平易，语调柔和，音量适中，待人彬彬有礼，始终谦逊有加。此种类型土地招拍挂主持人主持的招拍挂活动，给人心理上一种和风细雨般的感觉，犹如艺术享受。其二是激昂型。激昂型的土地招拍挂主持人活泼自信，锋芒毕露，说话快人快语，音调铿锵有力，作风公正无私，沟通直来直去。此种类型土地招拍挂主持人主持的招拍挂活动，给人心理上一种急风暴雨般的感觉，凸显商战特色。

土地招拍挂主持人的举止泛指其身姿动作。举止体现在人的面部表情、站、坐、走、手等姿态，我们经常评价他人风度优美、气质超群，所谓的气质是一个人工作生活中的言谈、行为、姿态、表情等外在美的一种反映。人的喜、怒、哀、乐、恐惧、愤怒、厌恶、蔑视等都是通过表情来传达的。

1. 立姿。站立是人最基本的姿势，是一种静态的美。站立时，身体应与地面垂直，重心放在两个前脚掌上，挺胸、收腹、收颈、抬头，双肩放松。双臂自然下垂或在体前交叉，眼睛平视，面带笑容。站立时不要歪脖、斜腰、屈腿等，在一些正式场合不宜将手插在裤袋里或交叉在胸前，更不要下意识地做些小动作，那样不但显得拘谨，给人缺乏自信之感，而且也有失仪态的庄重。

长时间站立是土地招拍挂主持人的基本功。因此，土地招拍挂主持人必须有良好的职业站姿，从而充分体现其精神面貌、信心与礼节。土地招拍挂主持人在主持招拍挂活动时的站姿，通常应当是直立、挺胸、平视、自然、潇洒，切记不可偏头、屈腿、含胸及东张西望。

2. 坐姿。坐是一种静态造型。端庄优美的坐，会给人以文雅、稳重、自然大方的美感。正确的坐姿应该是：腰背挺直，肩放松。女性应两膝并拢；男性膝部可分开一些，但不要过大，一般不超过肩宽。双手自然放在膝盖上或椅子扶手上。在正式场合，入座时要轻柔和缓，起座时要端庄稳重，不可猛起猛坐，弄得桌椅乱响，造成尴尬气氛。不论何种坐姿上身都要保持端正，如古人所言的“坐如钟”。若坚持这一点，那么不管怎样变换身体的姿态，都会优美、自然。

3. 行姿。行走是人生活中的主要动作，走姿是一种动态的美。“行如风”就是用风行水上来形容轻快自然的步态。正确的走姿是：轻而稳，胸要挺，头要抬，肩放松，两眼平视，面带微笑，自然摆臂。

4. 仪态。

(1) 男性土地招拍挂主持人。

其一是发型发式。男士的发型发式统一的标准就是干净整洁，并且要经常地注意修饰、修理，头发不应该过长。一般认为男士前部的头发不要遮住自己的眉毛，侧部的头发不要盖住自己的耳朵，同时不要留过厚或者过长的鬓角，男士后部的头发，应该不要长过你自己西装衬衫领子的上部。

其二是面部修饰。男士在面部修饰的时候要注意两方面的问题：男士在进行商务活动的时候，要每天进行剃须修面以保持面部的清洁；同时，男士在商务活动中经常会接触到香烟、酒这样有刺激性气味的物品，所以要注意随时保持口气的清新。

（2）女性土地招拍挂主持人。

其一是发型发式。女士的发型发式应该保持美观、大方，需要特别注意的一点是，在女士选择发卡、发带的时候，它的式样也应该庄重大方。

其二是面部修饰。女士的面部修饰应该以淡妆为主，不应该浓妆艳抹，也不应该一点妆也不化。

（二）见面礼仪

1. 握手。这是一种常见的“见面礼”，貌似简单，却蕴涵着复杂的礼仪细节，承载着丰富的交际信息，土地招拍挂主持人必须高度重视。比如，与成功者握手，表示祝贺；与失败者握手，表示理解；与同盟者握手，表示期待；与对立者握手，表示和解；与悲伤者握手，表示慰问；与欢送者握手，表示告别等等。

标准的握手姿势应该是平等式，即大方地伸出右手用手掌和手指用一点力握住对方的手掌。请注意：这个方法，男女是一样的！在中国很多人以为与女士握手只能握她的手指，这都是错误的！在社交场合，行握手礼时应注意以下几点：

（1）上下级之间：上级伸手后，下级才能伸手相握。

（2）长辈与晚辈之间：长辈伸出手后，晚辈才能伸手相握。

（3）男女之间：女士伸出手后，男士才能伸手相握。

（4）人们应该站着握手。如果你坐着，有人走来和你握手，你必须站起来。

（5）握手的时间通常是3—5 秒钟。匆匆握一下就松手，是在敷衍；长久地握着不放，又未免让人尴尬。

(6) 别人伸手同你握手，而你不伸手，是一种不友好的行为。

(7) 握手时应该伸出右手，绝不能伸出左手。

(8) 握手时不可以把一只手放在口袋。

握手是一种沟通思想、交流感情、增进友谊的重要方式。与他人握手时，目光注视对方，微笑致意，不可心不在焉、左顾右盼，不可戴帽子和手套与人握手。

握手讲究的顺序是"尊者决定"，即待女士、长辈、已婚者、职位高者伸出手来之后，男士、晚辈、未婚者、职位低者方可伸出手去呼应。若一个人要与许多人握手，那么有礼貌的顺序是：先上级后下级，先长辈后晚辈，先主人后客人，先女士后男士。

2. 鞠躬。鞠躬意即弯身行礼，是对他人敬佩的一种礼节方式。土地招拍挂主持人鞠躬时必须立正、脱帽，不应当边鞠躬边说与行礼无关的话。鞠躬应前视对方，以表尊重的诚意。

3. 致意。致意是一种不出声的问候礼节，常用于与相识的人打招呼。在社交场合里，人们往往采用招手致意、欠身致意、脱帽致意等形式来表达友善之意。对此，土地招拍挂主持人也应当掌握。

(三) 接待礼仪

迎来送往是社会交往接待活动中最基本的形式和重要环节，是表达主人情谊、体现礼貌素养的重要方面。尤其迎接，是给客人良好印象的最重要工作，也是土地招拍挂主持人不可忽略的工作。

1. 在走廊的引导方法。在客人二三步之前，配合步调让客人走在内侧。

2. 在楼梯的引导方法。当引导客人上楼时，应该让客人走在前面，接待人员走在后面；若是下楼时，应该由接待人员走在前面，客人走在后面。上下楼梯时接待人员应该注意客人的安全。

3. 在电梯的引导方法。引导客人乘坐电梯时，接待人员应先进入电梯，等客人进入后关闭电梯门；到达时由接待人员按开电梯门，让客人先走出电梯门。

4. 在客厅的引导方法。当客人走入客厅，接待人员用手指示，请客人坐下，看到客人坐下后，才能行点头礼，然后离开。如客人错坐下座时，应请客人改坐上座（靠近门的一方为下座）。

5. 乘小轿车的座位排定。如有司机驾驶时，以后排右侧位为首位，左侧次之，中间座位再次之，前座右侧殿后，前排中间为末席。如果由主人亲自驾驶，以驾驶座右侧为首位，后排右侧次之，左侧再次之，而后排中间座为末席，前排中间座则不宜再安排客人。

6. 乘旅行车的座位排定。司机座后第一排即前排为尊，后排依次为小，其座位的尊卑以每排右侧向左侧递减。

（四）卫生礼仪

个人良好的仪容卫生，给人以端庄、稳重、大方的印象。既能体现自尊自爱，又能表示对他人的尊重与礼貌。土地招拍挂主持人做好个人的仪容卫生，要注意以下几点：

头发要勤于梳洗，发型要朴素大方。男士可选择中分式、侧分式、短平式、后背式，女士可选择齐耳的直发式或留稍长微曲的长发。男士头发不应盖过耳部，不触及后衣领，也不要烫发。女士头发不应遮住脸部，前面刘海儿不要过低，在正式社交场合无论男士还是女士不可将头发染成黑色以外的颜色。

面部要注意清洁与适当的修饰。男士要剃净胡须，刮齐鬓角，剪短鼻毛，不留小胡子和大鬓角。女士可适当化妆，但以浅妆、淡妆为宜，不可浓妆艳抹，并避免使用气味浓烈的化妆品。

做到勤洗澡，勤换衣袜，勤剪指甲，勤漱口，上班前忌吃大葱、大蒜、韭菜之类有异味的食物，必要时可含一点茶叶或嚼口香糖，以去除异味。

（五）形体语言

在人际交往中，人们的感情流露和交流经常会借助于人体的各种器官和姿态，这就是通常所说的“形体语言”。它作为一种无声的语言，在生活中被广泛地运用，在社交活动包括拍卖活动中有着特殊的意义和重要的作用。

1. 眉毛。眉毛能表达人们丰富的情感，土地招拍挂主持人同样如此。如舒展眉毛，表示愉快；紧锁眉头，表示遇到麻烦或表示反对；眉梢上扬，表示疑惑、询问；眉尖上耸，表示惊讶；竖起眉毛，表示生气。

2. 眼睛。眼睛是人体传递信息的器官，形体语言中使用频率最高的是人的眼睛，“眼睛是心灵的窗户”，很多人都是通过眼神来与人交谈的，土地招拍挂主持人也不例外。一般交往中，尤其是谈话双方应关注对方，以眼神表现出热情关切，表示自己是重视对方的谈话，尊重对方，喜欢对方，但切忌直勾勾地盯住对方，上下打量，左顾右盼。目光应正视对方的两眼与嘴部的三角区，表示对对方的尊重；但凝视的时间不能超过四五秒，因为长时间凝视对方，会让对方感到紧张、难堪。如果面对熟人朋友、同事，可以用从容的眼光来表达问候，征求意见，这时目光可以多停留一些时间，切忌迅速移开，不要给人留下冷漠、傲慢的印象。

3. 嘴巴。嘴巴可以表达生动多变的感情，土地招拍挂主持人会经常用到。如紧闭双唇，嘴角微微后缩，表示严肃或专心致志；嘴巴张开成“O”形，表示惊讶；撅起双唇，表示不高兴；撇撇嘴，表示轻蔑或讨厌；咂咂嘴，表示赞叹或惋惜。

4. 手势。人们交往时，手势是语言的最好辅助，如翘起拇指或鼓掌表示钦佩、赞扬；连连摆手表示反对；握紧拳头表示愤怒、焦急；招手叫人过来，挥手表示再见或叫人走开；搔头表示困惑，用力挥手或拍额头表示恍然大悟。

使用专业手势也是土地招拍挂主持人的基本功。因此，土地招拍挂主持人必须学会使用专业手势，从而胜任招拍挂活动的主持工作。一般而言，掌握土地招拍挂主持人的专业手势应当明确两点，一是手势因人而异，没有固定模式，只要大方、实用即可；二是手势因事而用，并非每次报价都用手势，只要恰到好处即可。

（六）微笑作用

微笑可以表现出温馨、亲切的表情，能给对方留下美好的心理感受，从而形成融洽的交往氛围，可以反映本人高超的修养，待人的至诚。微笑有一种魅力，它可以使强硬者变得温柔，使困难变容易。微笑是人际交往的润滑剂，是广交朋友、化解矛盾的有效手段。微笑要发自内心，不要假装。笑容是一种令人感觉愉快的面部表情，它可以缩短人与人之间的心理距离，为深入沟通与交往创造温馨和谐的氛围。

在人际交往中和拍卖活动中，保持微笑，至少有以下几个方面的作用：

1. 表现心境良好。面露平和欢愉的微笑，说明心情愉快，充实满足，乐观向上，善待人生，这样的人才会产生吸引别人的魅力。

2. 表现充满自信。面带微笑，表明对自己的能力有充分的信心，以不卑不亢的态度与人交往，使人产生信任感，容易被别人真正地接受。

3. 表现真诚友善。微笑反映自己心底坦荡，善良友好，待人真心实意，而非虚情假意，使人在与其交往中自然放松，不知不觉地缩短了心理距离。

4. 表现乐业敬业。工作岗位上保持微笑，说明热爱本职工作，乐于恪尽职守。如在服务岗位，微笑更是可以创造一种和谐融洽的气氛，让服务对象倍感愉快和温暖。

（七）常见的不良举止

1. 使用手机不当。手机是现代人们生活中不可缺少的通讯工具，如何通过使用这些现代化的通讯工具来展示现代文明，是生活中不可忽视的问题。如果事务繁忙，不得不将手机带到社交场合，那么你至少要做到以下几点：将铃声降低，以免惊动他人。铃响时，找安静、人少的地方接听，并控制自己说话的音量。如果在车里、餐桌上、会议室、电梯中等地方通话，尽量使你的谈话简短，以免干扰别人。如果下次你的手机再次响起的时候，有人在你旁边，你必须道歉说："对不起，请原谅。"然后走到一个不会影响他人的地方把话讲完再入座。如果有些场合不方便通话，就告诉来电者说你会打回电话的，不要勉强接听而影响别人。

2. 当众嚼口香糖。有些人必须嚼口香糖以保持口腔卫生，那么我们应当注意在别人面前的形象。咀嚼的时候闭上嘴，不能发出声音；并把嚼过的口香糖用纸包起来，扔到垃圾箱。

3. 当众挠头皮。有些头皮屑多的人，往往在公众场合忍不住头皮发痒而挠起头皮来，顿时皮屑飞扬四散，令旁人大感不快。特别是在那种庄重的场合，这样是很难得到别人谅解的。

4. 当众打哈欠。在交际场合，打哈欠给对方的感觉是：你对他不感兴趣，表现出很不耐烦了。因此，如果你控制不住要打哈欠，一定要马上用手盖住你的嘴，跟着说："对不起。"

5. 当众挖鼻孔或掏耳朵。有些人习惯用小指、钥匙、牙签、发夹等当众挖鼻孔或者掏耳朵，这是一个很不好的习惯。尤其是在餐厅或茶坊，别人正在进餐或茶，这种不雅的小动作往往令旁观者感到非常恶心，故是很不雅的举动。

案例 10－3　　　　接听手机妨碍拍卖

沿海某城市，一场罚没土地拍卖会正在一家饭店里举行。大厅里座无虚席，槌起槌落间，已有数件标的物卖出。正在人们聚精会神地关注下面的拍卖时，场上的所有人惊讶地发现，主持拍卖的那位土地招拍挂主持人不见了。人们疑惑不解，土地招拍挂主持人怎么会在瞬间奇迹般地消失了呢？这时，从拍卖台处传来声音："哎，我知道了，拍卖会结束后我再给你回复。"原来土地招拍挂主持人蹲在拍卖台下接手机呢。

三、服饰礼仪

（一）土地招拍挂主持人着装

土地招拍挂主持人的着装包括"穿与戴"。穿衣要得体，这是最基本的要求。只要是适合自己体形，漂亮又有新意的衣服，就应当大胆穿着。服饰的个性，也能让人判出你的审美观和性格特征。服饰式样过时，人家会认为你刻板守旧；太过超前会让人觉得你轻率固执，我行我素。这两种情况都可能让人得出"此人不好接近"的结论，自然会影响你在社会活动中的形象。

1. 性别差异。男性土地招拍挂主持人的穿着，应当从外衣、衬衣、裤子、袜子、鞋子的装束是否得体、整洁等来判断。提倡男性土地招拍挂主持人凡主持招标、拍卖和挂牌活动均穿西装，打领带。

女性土地招拍挂主持人的穿着，应当从服装样式、眉眼、唇、指甲的化妆到耳、脖、腕、指等的首饰的有无、齐全等来判断。提倡女性土地招拍挂主持人主持招拍挂活动也以穿西装为主，但并不是千篇一律。

2. 年龄差异。年轻土地招拍挂主持人的穿着可追求两种类型。一种是“少年老成型”，即衣料虽不高级但裁剪讲究，颜色偏深灰，式样大方不戴饰物，给人一种年少不愚、略显成熟的印象。另一种是“蓬勃进取型”，即衣料略为考究，颜色明亮浅淡，式样新潮，注重饰物(包括领带夹、纸绢、首饰等)，给人一种朝气散发、自信进取的印象。

年长土地招拍挂主持人的穿着也可追求两种类型。一种是“深沉庄重型”，即衣料讲究，裁剪得体，颜色深纯，饰物简单但质地贵重，给人一种庄严、敬畏、矜持稳重的感觉。另一种是“和蔼通达型”，即衣料属中高档，裁剪一般，颜色浅淡，式样不太老气，饰物简单通俗，给人一种平易近人、交流通畅的感觉。

(二) 着装原则

服饰是非语言交流的重要媒介，人们常借这种交流媒介不断地传递和吸收信息。服饰可作为一种手段来进行自我保护、自我表现、自我否定，掩盖缺陷，确认所属的社会集团，显示地位和角色。很多个人属性可通过良好的服饰来表达。这些特征包括性别、年龄、民族、国籍、与异性的关系、社会地位和经济地位、所属集团和从事的职业、精神状态、个性、态度、兴趣和价值观念。着装，指服装的穿着。但从礼仪的角度看，着装不能简单地等同于穿衣。它是着装人基于自身的阅历修养、审美情趣、身材特点，根据不同的时间、场合、目的，力所能及地对所穿的服装进行精心的选择、搭配和组合。在各种正式场合特别是招标拍卖挂牌活动期间，注重个人着装能体现仪表美，增加交际魅力，给人留下良好的印象，使人愿意与其深入交往，同时，注意着装也是每个事业成功者的基本素养。

服装是一种无声的语言，如何着装可从一个侧面真实地传递出一个土地招拍挂主持人的修养、性格、气质、爱好与追求。要使着装后的个人形象富有神韵和魅力，应遵循以下原则：

1. 整体性原则。正确的着装，能使形体、容貌等形成一个和谐的整体美。服饰的整体美构成因素是多方面的，包括人的形体和内在气质、服装饰物的款式、色彩、质地、加工技巧乃至着装的环境等等。孤独地看一个事物的各个部分可能不美，但就整体看却可能显得很美。

着装的整体美是由服饰的内在美与外在美构成的。外在美指人的形体及服饰的外在表现；内在美指人的内在精神、气质、修养及服装本身所具有的“气韵”。打扮是外在的，土地招拍挂主持人若能不断充实自己的内涵，培养自己优雅的风度及高贵的气质，那么着装上一定是成功的。

2. 个性化原则。着装的个性原则不单指通常意义上的个人的性格，它是主要方面，还包括一个人的年龄、身材、气质、爱好、职业等因素在外表上的反映所构成的个人的特点。有的人穿上崭新的服装，觉得浑身不自在，变得傻愣呆板，就因为这衣服不是他的个性表达，仍是外加的壳。各式服装有自己的风格和内涵，理解服装应如同理解自身一样，就能找到适合自己穿的衣服。对土地招拍挂主持人来说，只有个性化的着装，才能与自己的个性和谐一致，才能烘托个性、展示个性，保持自我以别于他人；只有当服饰与个性协调时，才能更好地发挥其效应，塑造出自己的最佳形象和礼仪风貌。

3. 符合“社会角色”原则。人们的社会生活是多方面的、多层次的，在不同的社会场合，扮演不同的社会角色。在社会活动中，人们的仪表、言行必须符合他的身份、地位、社会角色，才能被人理解，被人接受。人们对土地招拍挂主持人的期望形象是：热情有礼，衣服整洁，洒脱端庄，精明练达，富有责任心。如果一个颇有实力的土地招拍挂主持人，蓬头垢面，破衣烂衫，卑贱胆小，出现在众人面前，就很难让人相信他的主持实力。因此，利用得体的着装，可以满足他人对自己社会角色的期待，促成社交成功。

（三）职业服装的穿着

穿衣应分场合，尤其在招拍挂活动举办的场合，应庄重保守，不可以过于时髦或太随便，应穿西装、套装、套裙，颜色为藏蓝色、灰色、白色衬衫，肉色丝袜、黑色皮鞋，不能穿背心、短裤、健美裤、超短裙、迷你裙、皮裙、露脐装等。

穿着职业服装不仅是对服务对象的尊重，同时也使土地招拍挂主持人有一种职业的自豪感、责任感，是敬业、乐业在服饰上的具体表现。规范穿着职业服装的要求是整齐、清洁、挺括、大方。

1. 整齐。服装必须合身，袖长至手腕，裤长至脚面，裙长过膝盖，尤其是内衣不能外露；衬衫的领围以插入一指大小为宜，裤裙的腰围以插入五指为宜。不挽袖，不卷裤，不漏扣，不掉扣；领带、领结、飘带与衬衫领口的吻合要紧凑且不系歪；如有工号牌或标志牌，要佩戴在左胸正上方，有的岗位还要戴好帽子与手套。

2. 清洁。衣裤无污垢、无油渍、无异味，领口与袖口处尤其要保持干净。

3. 挺括。衣裤不起皱，穿前要烫平，穿后要挂好，做到上衣平整，裤线笔挺。

4. 大方。款式简练、高雅，线条自然流畅，便于岗位接待服务。

（四）西服的穿着

西服是一种国际性服装，亦是土地招拍挂主持人主持的常用服装。一套合体的西服，可以使着装者显得潇洒、精神，风度翩翩。人们常说："西服七分在做，三分在穿。"那么，怎样穿西服才算得体呢？

1. 讲究规格。西服有二件套、三件套之分。正式场合应穿同质、同色的深色毛料套装。二件套西服在正式场合不能脱下外衣。按习俗，西服里面不能加毛背心或毛衣。在我国，至多也只能加一件 V 字领羊毛衣，否则显得十分臃肿，以致破坏西服的线条美。

2. 穿好衬衫。衬衫为单色，领子要挺括，不能有污垢、油渍。衬衫下摆要放在裤腰里，系好领扣和袖扣。衬衫衣袖要稍长于西装衣袖

0.5—1 厘米，领子要高出西装领子 1—1.5 厘米，以显示衣着的层次。

3. 系好领带。西装驳领间的 V 字区最为显眼，领带应处在这个部位的中心，领带的领结要饱满，与衬衫的领口吻合要紧凑，领带的长度以系好后下端正好触及腰上皮带扣上端处为最标准。领带夹一般夹在衬衫第三粒与第四粒扣子间为宜。西装系好纽扣后，不能使领带夹外露。

4. 用好衣袋。西服上衣两侧的口袋只做装饰用，不可装物品否则会使西服上衣变形。西服上衣左胸部的衣袋只可放装饰手帕。有些物品，如票夹、名片盒可放在上衣内侧衣袋里，裤袋亦不可装物品，以求臀位合适，裤形美观。

5. 系好纽扣。双排扣的西服要把纽扣全部系上，以示庄重。单排两粒扣，只扣上面一粒纽扣，三粒扣则扣中间一粒，坐下时可解开。单排扣的西服也可以全部不扣。

6. 穿好皮鞋。穿西服一定要穿皮鞋，皮鞋要每天保持光亮整洁，而且裤子要盖住皮鞋鞋面。不能穿旅游鞋、轻便鞋或布鞋、露脚趾的凉鞋，也不能穿白色袜子和色彩鲜艳的花袜子。男士宜着深色线织中筒袜，切忌穿半透明的尼龙或涤纶丝袜。在选择袜子的时候要注意，袜子的质地、透气性要良好，同时袜子的颜色必须保持和西装的整体颜色相协调。穿深色皮鞋的时候，袜子的颜色也应该以深色为主，并避免出现比较花哨的图案。

（五）休闲服装的穿着

休闲服装是指在休闲场合所穿的服装，而非招拍挂活动上所穿的服装。所谓休闲场合，就是人们在公务、工作外，置身于闲暇地点进行休闲活动的时间与空间。如居家、健身、娱乐、逛街、旅游等都属于休闲活动。穿着休闲服装，追求的是舒适、方便、自然，给人以无拘无束的感觉。

适用于休闲场合穿着的服装款式，一般有家居装、牛仔装、运动装、沙滩装、夹克衫、T 恤衫等。男式西服也可以做成休闲装，做男式休闲西服，面料有小格子薄呢、灯芯绒、亚麻、卡丹绒等，式样大多数为不收腰身的宽松式，背后不开叉，有的肘部打补丁，有的采用小木纹纽扣等等。

正规的西装如果内穿T恤衫、花格衬衫、牛仔布衬衫、半高领羊毛衫或西服上装配牛仔裤，灯芯绒休闲西服配正规西裤，以致不同面料、不同颜色的西服上下装组合也能穿出休闲味来。

（六）正式场合的穿着

在隆重的正式场合男性除穿中山装外，还可穿西服或庄重的民族服装。女性按季节与活动性质的不同，可穿西服（配着西裤或裙）、民族服装、中式上衣配长裙或长裤、旗袍、连衣裙等；夏季也可穿长、短袖衬衫配长裤或长裙。

参加葬礼和吊唁活动，男性一般可着黑色或深色中山装或西服，女性着深色服装，内穿白色或暗色衬衣，不用花手帕，不抹口红，不戴装饰品。

俗话说："鞋袜半身衣。"就是说，光有好看的衣着是不够的，还要配上合适的鞋袜，男士穿黑色系带皮鞋、深色袜子，显得庄重大方，能适应各种衣着；女士穿中跟皮鞋显得精神和健美。皮鞋要上油擦亮，在隆重的正式场合，女士应穿长筒丝袜或裤袜，不宜穿短袜，袜口不能露在衣裙之外。

第三节 土地招拍挂主持人职业素养

一、职业道德

（一）职业道德的概念

所谓职业道德，就是与人们的职业活动紧密联系的符合职业特点所要求的道德准则、道德情操与道德品质的总和。

每个从业人员，不论是从事哪种职业，在职业活动中都要遵守道德。如教师要遵守教书育人、为人师表的职业道德，医生要遵守救死扶伤的职业道德，土地招拍挂主持人也要遵守公开、公平、公正的职业道德。

职业道德不仅是从业人员在职业活动中的行为标准和要求，而且是本行业对社会所承担的道德责任和义务。职业道德是社会道德在职业生活中的具体化。正确理解职业道德需要掌握以下四点：

1. 在基本内容方面。职业道德总是要鲜明地表达职业义务、职业责任以及职业行为上的道德准则。它不是一般地反映社会道德和阶级道德的要求，而是要反映职业、行业以至产业特殊利益的要求；它不是在一般意义上的社会实践基础上形成的，而是在特定的职业实践的基础上形成的，因而它往往表现为某一职业特有的道德传统和道德习惯，表现为从事某一职业的人们所特有的道德心理和道德品质，甚至造成从事不同职业的人们在道德品貌上的差异。如人们常说，某人有“军人作风”、“工人性格”、“农民意识”、“干部派头”、“学生味”、“学究气”、“商人习气”等。

2. 在表现形式方面。职业道德往往比较具体、灵活、多样。它总是从本职业的交流活动的实际出发，采用制度、守则、公约、承诺、誓言、条例，以至标语口号之类的形式，这些灵活的形式既易于为从业人员所接受和实行，而且易于形成一种职业的道德习惯。

3. 在调节范围方面。职业道德一方面是用来调节从业人员内部关系，加强职业、行业内部人员的凝聚力；另一方面，它也是用来调节从业人员与其服务对象之间的关系，用来塑造本职业从业人员的形象。

4. 在产生效果方面。职业道德既能使一定的社会或阶级的道德原则和规范“职业化”，又能使个人的道德品质“成熟化”。职业道德虽然是在特定的职业生活中形成的，但它绝不是离开阶级道德或社会道德而独立存在的道德类型。在阶级社会里，职业道德始终是在阶级道德和社会道德的制约和影响下存在和发展的；职业道德和阶级道德或社会道德之间的关系，就是一般与特殊、共性与个性之间的关系。任何一种形式的职业道德，都在不同程度上体现着阶级道德或社会道德的要求。同样，阶级道德或社会道德，在很大范围上都是通过具体的职业道德形式表现出来的。与此同时，职业道德主要表现在实际从事一定职业的成人的意识和行为中，是道德意识和道德行为成熟的阶段。职业道德与各种职业要求和职业生活结合，具有较强的稳定性和连续性，形成比较稳定的职业心理和职业习惯，以致在很大程度上改变人们在学校生活阶段和少年生活阶段所形成的品行，影响道德主体的道德风貌。

（二）职业道德的特点

职业道德有以下一些特点：

1. 职业道德具有适用范围的有限性。每种职业都担负着一种特定的职业责任和职业义务。由于各种职业的职业责任和义务不同，从而形成各自特定的职业道德的具体规范。

2. 职业道德具有发展的历史继承性。由于职业具有不断发展和世代延续的特征，不仅其技术世代延续，其管理员工的方法，与服务对象打交道的方法，也有一定历史继承性。如“有教无类”、“学而不厌，诲人不倦”，从古至今始终是教师的职业道德。

3. 职业道德表达形式多种多样。由于各种职业道德的要求都较为具体、细致，因此其表达形式多种多样。

4. 职业道德兼有强烈的纪律性。纪律也是一种行为规范，但它是介于法律和道德之间的一种特殊的规范。它既要求人们能自觉遵守，又带有一定的强制性。就前者而言，它具有道德色彩；就后者而言，又带有一定的法律色彩。就是说，一方面遵守纪律是一种美德，另一方面，遵守纪律又带有强制性，具有法令的要求。例如，工人必须执行操作规程和安全规定，军人要有严明的纪律等等。因此，职业道德有时又以制度、章程、条例的形式表达，让从业人员认识到职业道德具有纪律的规范性。

（三）职业道德的作用

职业道德是社会道德体系的重要组成部分，它一方面具有社会道德的一般作用，另一方面它又具有自身的特殊作用，具体表现在：

1. 调节人员关系。职业道德的基本职能是调节职能。它一方面可以调节从业人员内部的关系，即运用职业道德规范约束职业内部人员的行为，促进职业内部人员的团结与合作。如职业道德规范要求各行各业的从业人员，都要团结、互助、爱岗、敬业，齐心协力地为发展本行业、本职业服务。另一方面，职业道德又可以调节从业人员和服务对象之间的关系。如职业道德规定了制造产品的工人要怎样对用户负责，营销人员怎样对顾客负责，医生怎样对病人负责，教师怎样对学生负责等等。

2. 维护集体信誉。一个行业、一个企业的信誉就是它们的形象、信用和声誉，是指企业及其产品与服务在社会公众中的信任程度，提高企业的信誉主要靠产品的质量和服务质量，而从业人员职业道德水平高是产品质量和服务质量的有效保证。若从业人员职业道德水平不高，很难生产出优质的产品和提供优质的服务。

3. 促进行业发展。行业、企业的发展有赖于高的经济效益，而高的经济效益源于高的员工素质。员工素质主要包含知识、能力、责任心三个方面，其中责任心是最重要的。而职业道德水平高的从业人员其责任心是极强的，因此，职业道德能促进本行业的发展。

4. 推动社会进步。职业道德是整个社会道德的主要内容。职业道德一方面涉及每个从业者如何对待职业，如何对待工作，同时也是一个从业人员的生活态度、价值观念的表现；是一个人的道德意识，道德行为发展的成熟阶段，具有较强的稳定性和连续性。另一方面，职业道德也是一个职业集体，甚至一个行业全体人员的行为表现，如果每个行业，每个职业集体都具备优良的道德，对整个社会道德水平的提高肯定会发挥重要作用，从而推动整个社会的进步。

（四）土地招拍挂主持人职业道德

土地招拍挂主持人职业道德通常包括政治态度、思想品德、人格情操三个方面。

1. 政治态度。我国正处于社会主义初级阶段，凡是热爱祖国、有民族自尊心和正义感的公民，包括土地招拍挂主持人，都应当以热忱的态度、积极的方式拥护党以经济建设为中心，坚持四项基本原则，坚持改革开放的基本路线。在职业劳动中努力提高自身的素质，为促进科技进步，推动生产力发展做贡献，做有理想、有道德、有文化、守纪律的社会主义建设者。

2. 思想品德。土地招拍挂主持人职业道德是指人品、德行，正确的人生观、价值观。以追求社会经济进步为己任，全心全意为人民服务，是高尚思想品德的集中体现。土地招拍挂主持人必须以积极的人生态度抵制拜金主义、极端个人主义等腐朽思想的侵蚀，崇尚真、善、美，摒弃假、丑、恶，正确认识土地招标拍卖挂牌主持工作的价值和意义，热爱专业，做不唯利是图、脱离低级趣味、有益于人民的人。

3. 人格情操。土地招标拍卖挂牌出让活动的主持，本质上是在土地出让活动中维系着人们的合法权益与社会的公平正义。因此，土地招拍挂主持人的理想人格情操应是：有自尊、自重、自强不息的奋斗精神；为追求进步而勤奋学习，刻苦钻研业务；对保障公平竞争有高度的社会责任感和纯朴情怀；自知、自爱，正视自己在能力、品质、行为方面的弱点，力求不断自我完善；以人格的力量敬业，在奉献中提高自己的精神境界。

总之，土地招拍挂主持人应当达到的目标是：职业精神的最高水准，职业表现的最高水平，服务于公共利益的最好形象。这实际上也是土地招拍挂主持人职业道德的要求。具体来讲，土地招拍挂主持人职业道德的三项要求是：良好的个人声誉、高尚的职业精神、优质的服务质量。其职业道德所遵循的基本原则是：公正客观的职业方法，严谨负责的胜任能力。

二、职业守则

（一）职业守则的内容

1. 遵纪守法，恪守行规。土地招拍挂主持人应当具有较强的法制观念，认真学习党和国家的路线、方针、政策，在职业活动中必须服从法律，坚持依法办事，忠于职守，廉洁自律。要以国家利益、社会利益、企业利益、群众利益为重，树立合法求利的效益观念，出以公心，不谋私利。要严格遵守合情、合理、合法的行规行约，严格遵守规章制度，集中精力做好本职工作。

2. 诚实守信，公平公正。土地招拍挂主持人应当坚持诚实信用原则，提高诚信服务，防止信用缺失，维护良好形象，在职业活动中言而有信，不欺不诈，遵守合同约定，自觉履行义务，杜绝见利忘义、投机取巧的行为发生。要坚持平等待人，不偏不倚，维护正常的市场秩序，保护土地招标拍卖挂牌活动各方当事人的合法权益。

3. 爱岗敬业，热情服务。土地招拍挂主持人应当树立正确的世界观、人生观和价值观，具有高度的事业心和责任感，坚持干一行爱一行，干一行干好一行，立足本职，放眼全局，提高个人修养，树立自身形象，为企业多出力，为社会多奉献。要发扬团结协作精神，坚持务实高效运作，想客户所想，急客户所急，以礼待人，热情周到，多说敬语、谦词、婉词，尽一切努力提供优质服务。

4. 勤奋钻研，精通业务。应当具备较丰富的基础知识、专业知识和综合知识，坚持勤奋学习，自觉刻苦钻研，争取用符合时代的最新鲜的知识武装自己，跟上现代科技迅猛发展的步伐，在职业活动中始终保持较充分的知识含量，努力创造更多的切实可行的智力成果。要锐意进取，开拓创新，充分掌握业务基本技能，不断提高业务综合素质，从而胜任本职工作，顺应社会发展。

（二）职业守则的作用

1. 规范行为。职业守则属于一种社会规范，用来规范各行业从业人员的职业行为，具有较强的规范作用。土地招拍挂主持人职业守则主要作用是：

（1）指引作用。即对土地招拍挂主持人的行为起到导向、引路的作用。其一，确定性指引。通过职业守则规定一定的义务，要求土地招拍挂主持人依照守则规定作出或抑制一定的行为，防止违反职业守则的规定各行其是。其二，选择性指引。通过职业守则授予一定的权力，给土地招拍挂主持人创造一种选择的机会，让其可以自行决定是否这样行为，鼓励他们从事职业守则所允许和提倡的行为。

（2）评价作用。即对土地招拍挂主持人的行为起到判断、衡量的作用。其一，明确性。职业守则对土地招拍挂主持人行为的评价具有一定的明确性。什么行为正当或是不正当、可做或不可做、必须做或禁止做，通常都一目了然，便于适用。其二，有效性。职业守则对土地招拍挂主持人行为的评价具有普遍的有效性。不管什么人，只要从事招拍挂活动，都应当遵守职业守则，职业守则确定的规范对其行为都是有效的。

（3）非强制作用。即职业守则不像法律规范那样，是国家制定或认可、国家强制力保证实施的社会规范。相反，职业守则不具有强制作用，故不应当等同于法律适用。其一，相对性。职业守则一般只适用于某个行业，甚至是某个行业中的某个工种，因此，它不具有各行业普遍的约束力，而是仅在一个相对狭小的范围内发生作用。其二，示范性。职业守则往往以其进步内容向人们灌输占支配地位的意识形态，使之渗透到人们的心中，并借助于人们的行为使之进一步传播，从而对人们的行为起到示范和促进的作用。

2. 提高素质。职业守则不是法律，但它同样具有鞭策人、教育人、提高人们素质的重要作用。

（1）思想道德素质。提高思想道德素质的基本任务是坚持爱国主义、集体主义、社会主义教育，加强社会公德、职业道德、家庭美德建设，引导人们树立建设有中国特色社会主义的共同理想和正确的世界观、人生观、价值观。以为人民服务为核心，以集体主义为原则，以爱祖国、爱人民、爱劳动、爱科学、爱社会主义为基本要求，在全社会形成团结互助、平等友爱、共同前进的人际关系。因此，土地招拍挂主持人在日常社会活动中，严格遵守与思想道德素质内涵一致的职业守则，便有助于提高思想道德素质，是提高思想道德素质的一种反映和表现。

（2）科学文化素质。科学文化素质的高低同样影响着行业发展的兴衰，如果土地招拍挂主持人坚持科学技术是第一生产力的理念，按照职业守则的要求，把刻苦学习当作终身任务和自觉行为，不断学习，勇于实践，崇尚科学精神。坚持科学思维，努力积累和储备科学知识，争取建立信息、技术、知识优势，那么就能够切实提高自身的科学文化素质，并及时将科学技术转化为生产力，从而造福于社会。

（3）职业素质。职业素质是国民素质的重要组成部分，与思想道德素质和科学文化素质享有同样的重要地位。土地招拍挂主持人的职业素质是指在招拍挂活动中的基本素质，即应当具有团队精神和协作能力，善于沟通和配合，能通过一定的个体行为和群体行为，为企业和社会创造财富。为了提高职业素质，制定和遵守职业守则是有效途径之一，提高职业素质离不开职业守则，职业守则是提高职业素质的工具，两者相互联系和作用。

3. 加强精神文明建设。社会主义现代化事业是物质文明和精神文明相辅相成、协调发展的事业，在推进物质文明建设的同时，我们还要努力推进精神文明的建设，从这个意义上讲，制定和遵守职业守则对于加强精神文明建设具有十分重要的作用。

（1）基础作用。精神文明是一个广泛的概念，内容丰富，体系庞大，包括先进文化即先进的意识形态及与之相适应的制度和机构。因此，各行各业的职业守则包括土地招拍挂主持人职业守则也是它的具体内容，并与先进文化的其他内容共同构成精神文明。没有这些具体内容作为基础，精神文明就是无源之水、无根之木，所以，职业守则在加强精神文明建设方面必然发挥着一定的基础作用。

（2）补充作用。精神文明是一个不断发展和完善的体系，其中一些内容消失了，而另一些内容又产生了，如此循环往复，川流不息。在这种情况下，某个行业的职业守则制定出来，便会成为整个精神文明体系中的一种补充，从而使其增加和更新内容。尽管它不是精神文明的主要内容，但它可能填补了某个领域或者某个方面的空白。正是这种永无止境的新陈代谢，才使精神文明的完整体系永存青春，职业守则的作用也被发挥出来。

（3）直接作用。由于职业守则是精神文明的组成部分，因此，健康良好的职业守则必然对加强精神文明建设起着直接作用，而不是间接作用。各行各业都要加强精神文明建设，各行各业的职业守则便都对精神文明建设产生影响，从而丰富特定范围内精神文明的内容，直接推动精神文明建设的发展。

（4）促进作用。制定职业守则是对精神文明的静态建设，它使精神文明的内容体系得到丰富和加强；而遵守职业守则则是对精神文明的动态建设，它使精神文明的内容得到实践。通过这种实践，人们能够有效地验证职业守则的合理性和正确性，并在总结、借鉴的基础上加以完善，这就必然对推动精神文明建设起着积极的促进作用，使精神文明在动态建设过程中不断提高水平。

第十一章 土地招标拍卖挂牌活动主持技巧

土地招拍挂主持人主要是主持国有建设用地使用权招标拍卖挂牌出让活动，由于招标、拍卖、挂牌活动各自的特点，需要招拍挂主持人有较强的现场掌控能力，特别是采用拍卖方式或挂牌方式进入现场竞价环节，现场主持人的主持技巧非常重要。本章着重介绍土地拍卖活动中土地招拍挂主持人的主持技巧。

第一节 土地招标拍卖挂牌现场主持

一、现场主持方法

（一）稳步推进法

1. 稳步推进法的含义。稳步推进法是指招拍挂主持人以较慢节奏主持拍卖活动，使拍卖标的的价位逐渐发生变化。

2. 稳步推进法的特点。稳步推进法的特点在于：

其一，操作要求较低。即对招拍挂主持人的主持技巧要求不高。

其二，成交周期较长。即由于拍卖速度较慢，故使每个拍卖标的的运行时间较长，直至拍卖成交时已形成较长周期。

3. 稳步推进法的适用。稳步推进法比较适用于下列情况：

其一，现场气氛平和。即土地拍卖现场没有大起大落的事态发生，竞买人按部就班地应价，并且通常以举牌应价为主，致使土地拍卖现场竞争气氛比较平和。

其二，竞买人慢速应价。即竞买人应价速度慢，应价间隔长，招拍挂主持人随其之后需要稳步推进才行。

其三，招拍挂主持人经验不足。即主持人现场主持实践较少，还不适应竞争气氛过于热烈的土地拍卖现场，故最好采用稳步推进法以实现主持土地拍卖活动的目标。

（二）快速推进法

1. 快速推进法的含义。快速推进法是指招拍挂主持人以较快节奏主持土地拍卖活动，使拍卖标的的价位迅速发生变化。

2. 快速推进法的特点。快速推进法的特点在于：

其一，操作要求一般。即对招拍挂主持人的主持技巧要求一般。

其二，成交周期较短。即由于拍卖速度较快，故使每个拍卖标的的运行时间较短，直至拍卖成交时只形成较短周期。

3. 快速推进法的适用。快速推进法比较适用于下列情形：

其一，现场气氛热烈。即土地拍卖现场常有大起大落的事态发生，竞买人互不相让地应价，并且随时以喊价行为表示，致使土地拍卖现场竞争气氛十分热烈。

其二，竞买人快速应价。即竞买人应价速度快，应价间隔短，招拍挂主持人随其之后需要快速推进才行。

其三，招拍挂主持人经验丰富。即招拍挂主持人现场主持实践较多，十分适应竞争气氛过于热烈的土地拍卖现场，故可以采用快速推进法以实现主持拍卖活动的目标。

（三）引导劝说法

1. 引导劝说法的含义。引导劝说法是指招拍挂主持人充分运用语言技巧主持拍卖活动，使竞买人从观望状态进入竞价状态。

2. 引导劝说法的特点。引导劝说法的特点在于：

其一，操作要求较多。即对招拍挂主持人的主持技巧要求较高。

其二，内容包括两个方面。即引导劝说法由引导法和劝说法共同构成，两者互相联系，互相作用，服务于土地拍卖主持活动。

3. 引导劝说法的适用。引导劝说法比较适用于下列情形：

其一，现场气氛冷清。即土地拍卖现场应价乏力，或应价无人，致使已经出现土地流拍的情况，需要及时调动竞买人的应价积极性。

其二，招拍挂主持人技巧娴熟。即招拍挂主持人不仅要有较多的现场主持实践和比较丰富的主持经验，而且还要有十分娴熟的主持技巧，特别是语言表达技巧、现场交流能力等，否则难以胜任。

二、土地招标拍卖挂牌现场沟通

现场沟通属于招拍挂主持人的场内沟通，它对于招拍挂主持人来说更加重要。具体操作通常包括以下几个方面：

（一）正常情况下的沟通

正常情况下的沟通是指招拍挂主持人在土地招标拍卖挂牌会进程平稳，未发生意外情况下与其他招标拍卖挂牌当事人之间的沟通。其中主要是与竞买人的沟通，即招拍挂主持人通过沟通向竞买人提供必要的服务，从而帮助竞买人把握商机，正确决策，合理竞买。

1. 说明式沟通。说明式沟通是指招拍挂主持人对所拍标的进行解释，使竞买人了解有关情况，参与竞买。在国有土地使用权招标拍卖挂牌过程中，招拍挂主持人可根据已经掌握的数据和情况，针对所拍标的进行一定的说明，指出其利弊优劣，分析其发展前景，从而供竞买人参考。

运用说明式沟通方法应当注意的是：

其一，介绍标的要分主次。由于之前有出让公告及出让文件介绍招标拍卖挂牌地块，因此招拍挂主持人不需要对每宗地都进行详细说明，而是应当分出轻重。倘若招标拍卖挂牌标的较少，可每个均予以说明，而倘若招标拍卖挂牌标的较多，则无必要逐一说明，因为场上招标拍卖挂牌时间有限。

其二，言谈话语要有详略。招拍挂主持人对有些招标拍卖挂牌标的作较详细的介绍，以影响其竞买人的思路和决策，也可轻描淡写地略讲几句就行。

其三，意思表示要讲诚信。招拍挂主持人对标的的说明或解释都应当真实可信，绝不能向竞买人传递虚假信息，误导投资与消费，甚至实施欺诈行为。

2. 答疑式沟通。答疑式沟通是指招拍挂主持人对竞买人提出的问题进行解答，使竞买人不断打消顾虑，坚定信心，帮助其正确掌握要领，从而积极参与到竞价交易活动中来。

运用答疑式沟通方法应当注意的是：

其一，解答问题有的放矢。即招拍挂主持人解答问题要有很强的针对性，就事论事，答其所问。如一些竞买人可能会问："土地容积率能否改变?"对此，招拍挂主持人应当明确地回答："不能改变。"而不应当辗转腾挪，含糊其辞，答非所问，甚至枉顾左右而言他，使人毫无所获。

其二，解答问题深入浅出。即招拍挂主持人解答问题要有很强的表达力，言简意赅，画龙点睛。如一些竞买人可能会问："这块地上的拆迁安置什么时候能全部完成?"对此，招拍挂主持人应当反应机敏，如实阐述，尽量给对方一个满意的回答，而不应当高谈阔论，故弄玄虚，词不达意，使人不得要领。

（二）非正常情况下的沟通

非正常情况下的沟通是指招拍挂主持人在招标拍卖挂牌会进程动荡，发生意外情况下，与其他招标拍卖挂牌当事人之间的沟通。其中既有与竞买人的沟通，又有与场下观众等的沟通。

在招标拍卖挂牌实践中，有时会招致来自第三方的困扰，从而迫使招拍挂主持人与其沟通解决。如招标拍卖挂牌会即将举行时，有对拆迁安置不满的群众在现场贴出标语或高呼口号，表示反对，对此，招拍挂主持人应当在取得有关部门支持和配合的同时，与场上的反对者善意对话，争取最大限度地平息事态。

三、现场主持技巧

（一）口语技巧

口语技巧要求招拍挂主持人在口头语言表达方面能够胜任土地招标拍卖挂牌主持活动，即具有良好的说话能力。

1. 语言规范。招拍挂主持人在主持招标拍卖挂牌过程中，通常扮演着一名公众人物的角色。因此，其在说话时必须使用规范的语言，并做到尊重对方，从而向公众展示自己端庄、正确的个人形象。

如招拍挂主持人对竞买人的称呼应当用“女士”、“先生”、“您”等，而不是过于随便说“大哥”、“大姐”、“戴眼镜的人”、“拿6号牌的”等。

2. 通俗易懂。招拍挂主持人在语言规范的基础上还应当做到通俗易懂，即要善于用通俗的语言表达深刻的道理，使人感到朴实亲切从而吸引人，打动人，说服人，并收到比较良好的效果。

如招拍挂主持人在现场介绍某块土地时，必须进行深入浅出地讲解，而不能照本宣科，使用过多的术语、公式，令人感到深奥难懂，听不明白而失去兴趣。

3. 简明准确。招拍挂主持人在主持招标拍卖挂牌过程中，应当简洁明了地表达思想，发布信息，用词恰当，字音准确，而不能拖泥带水，模糊不清，令人听后抓不住要领，甚至造成误解，酿成不必要的纠纷。

如招拍挂主持人在引导或劝说竞买人应价时，不应当东拉西扯一些不必要的内容，更不能过多表述毫不相干的内容，而应当单刀直入，礼貌地询问竞买人是否应价。另外，在报价时务必做到清晰、准确，防止数字误读，价位误报。

4. 运用幽默。招拍挂主持人在语言表达的时候还应当学会和运用幽默，通过幽默调节谈话气氛，迅速消除隔阂，排除尴尬局面，拉近与竞买人之间的心理距离，从而推动土地招标拍卖挂牌活动的正常发展。

如招拍挂主持人面对招标拍卖挂牌场面冷清时，除采取引导劝说等方法进行拉动和刺激外，还可以适当地讲几句玩笑话助兴，以打破呆板与沉默。

然而需要注意的是，招拍挂主持人应当避免将长者与异性置于玩笑的话题之中，以免引起误会，弄巧成拙。

5. 展现风格。招拍挂主持人在主持招标拍卖挂牌过程中，应当逐渐形成自己的主持风格并在一定条件下予以充分展现，从而使主持效果得到进一步提高。

如招拍挂主持人因年龄、性别、文化程度、阅历经验、气质修养等不同会形成不同的主持风格，具体表现在口语技巧方面为：有人柔声细语，有人粗声大气；有人直言快语，有人幽默风趣；有人简洁明快，有人雄辩滔滔等等。显然，每个招拍挂主持人都应当根据自己的主持风格实施，力争圆满完成主持任务。

（二）体语技巧

体语技巧即体态语言技巧，要求招拍挂主持人在体态语言表达方面能够胜任土地招标拍卖挂牌主持活动，即具有良好的辅助说话能力。体态语言又称非语言，通常包括以下一些：

1. 手势。招拍挂主持人在主持土地招标拍卖挂牌过程中，应当充分利用手势配合口头表达，这对于传递信息及提高招拍挂主持人在现场对竞买人的号召力和征服力均具有十分重要的作用。

如招拍挂主持人在现场报出某个价位时，同时立刻辅之以手势指向应价人，即做到口到、手到，两者相互结合对竞买人的应价进行确认，从而使体语和口语相互联系，共同提高土地招标拍卖挂牌现场的报价效果。

然而需要注意的是，体语必须使用得当，否则效果不佳。首先，招拍挂主持人的手势与言词不能相悖。如前排竞买人应价，手势却指向后排；其次，招拍挂主持人的手势强度应有限制。如无论什么手势，不宜用力过猛或前后左右摇摆幅度太大。第三，招拍挂主持人的手势不能来得太突然。如使用手势的速度应与口头报价的速度相匹配，防止惊吓竞买人。

2. 表情。招拍挂主持人在主持招标拍卖挂牌过程中，还可以充分利用表情配合口头表达，这对于传递信息及提高招拍挂主持人在现场对竞买人的号召力和说服力也具有一定的作用。

如招拍挂主持人在竞价气氛热烈，竞买人屡屡竞价成功时，可面带笑容，表情欢快，这对于现场竞买人继续积极竞价的局面是一种有力的支持；而招拍挂主持人在竞价现场冷清、招标拍卖挂牌标的面临流标时，可面带遗憾，表情严肃，这对于现场竞买人扭转竞价不利的局面是一种无声的期盼，等等。

四、报　价

（一）报价方法

招拍挂主持人是土地招标拍卖挂牌活动的主持者，在现场招标拍卖挂牌过程中，需要频繁地从事报价行为，从而最大限度地促成每一块招标拍卖挂牌土地的成交。

报价，就是把竞买人用各种应价方式表现出来的价位在土地招标拍卖挂牌现场大声重复。根据土地招标拍卖挂牌活动的大量实践来看，招拍挂主持人常见的报价方法有以下一些：

1. 平缓式报价。平缓式报价是指招拍挂主持人语气平和，语速缓慢，每报完一个价位后都有一定时间的停顿，然后再报下一价位。

如土地拍卖现场有一个竞买人按增价方式应价 50 万元（举牌示意或喊价表示，下同），则招拍挂主持人可报价“50 万元”；之后另有一个竞买人按规定的加价幅度应价 55 万元，则此时招拍挂主持人便可报价“55 万元”；以此类推，直至该标的拍卖结束（或者成交，或者流标，下同）。

2. 快速式报价。快速式报价是指招拍挂主持人语气紧张，语速加快，每报完一个价位后停顿时间较短，然而就连续报出后面的若干个价位。

如土地拍卖现场竞买人连续应价，甲按增价方式应价 120 万元，乙又应价 140 万元，而丙再应价 160 万元等，则此时招拍挂主持人就必须分别跟上甲、乙、丙 3 个竞买人的应价节奏，马不停蹄地接连报出“120 万元”、“140 万元”、“160 万元”等，而不能延缓报价，甚至漏报。

快速式报价方式适用于拍卖过程中竞买人竞争比较激烈的场合，由于竞买人互不相让，应价此起彼伏，因而招拍挂主持人必须聚精会神，紧跟其后，以十分迅速的节奏频频报价，使报价与竞买人的应价前后有机地呼应起来。

3. 爆发式报价。爆发式报价是指招拍挂主持人突然报价，声音洪亮，震撼全场，目的是在土地拍卖过程中人为地制造竞价高潮，把拍卖活动向前推进。

采用这种方法必须掌握时机和火候，否则效果不好。

其一是经过较长时间的沉寂后才有人应价，此时招拍挂主持人便可以十分激动地突然高声报价，如说：“2100 万元！30 号（假设）2100 万元！”如此一来土地拍卖现场便会为之一振，可能重新活跃起来。

其二是经过较长时间的竞争后，有人应价达到了一个比较可观的整数价位，此时招拍挂主持人便可以十分激动地突然高声报价，如说：“6000 万元！78 号（假设）6000 万元！”如此一来土地拍卖现场也会受到刺激，更高的价位可能接踵而来。

爆发式报价方法适用于拍卖过程中场面有时冷清的情况，招拍挂主持人采用这种方法能够起到某种救市作用，即号召竞买人继续投入竞争，而不要死气沉沉，无所作为。

4. 反复式报价。反复式报价是指招拍挂主持人就土地拍卖过程中出现的某一个价位不断重复，多次报出，目的是拖延时间，争取拍卖活动向好的方面发展。

采用这种方法有很强的针对性，而且只有条件具备才能采用：

其一是土地拍卖现场出现的应价尚未达到底价，但此时也无其他竞买人连续出价，于是招拍挂主持人便可以反复报价，并劝说动员，力争使场上局面出现转机，即有人继续出价。

其二是土地拍卖现场出现的应价虽已达到底价，但此时并不是出让人所期望的理想价位，于是招拍挂主持人也可以反复报价，并劝说动员，力争使场上局面出现变化，即趁机扩大战果。

反复式报价方法适用于招标拍卖挂牌过程面临流标或面临成交不理想的情况，招拍挂主持人采用这种方法属于万般无奈，偶然性很大，故处于十分被动的境地，通常并不奏效。因为招拍挂主持人在土地招标拍卖挂牌现场不能无限拖延时间，如果流标或成交不理想实际上已成定局，则反复报价也同样是根本无能为力的。

5. 提醒式报价。提醒式报价是指招拍挂主持人对招标拍卖挂牌过程中出现的某些价位重点强调，给予暗示，目的是提醒竞买人继续应价或停止应价。

在土地拍卖等增价拍卖过程中，由于价位节节上升，致使有些竞买人可能不够冷静，表现为盲目应价，其价位高度已经超过了自身的心理价位，更与实际情况出现较大差距，此时招拍挂主持人便可以出于善意的目的，如考虑一旦成交其资金实力能否承受，而通过提醒式报价方法，对其予以规劝。

此外，作为了解，在减价拍卖过程中，由于价位节节下降，也会致使有些竞买人可能不够冷静，表现为盲目应价，此时招拍挂主持人便可以出于善意的目的，通过提醒式报价方法，对其予以规劝。

提醒式报价方法适用于拍卖过程中竞买人不切合实际盲目应价的情况，招拍挂主持人采用这种方法既是为竞买人自身的利益考虑，同时也是为出让人利益考虑，因为不切合实际盲目应价导致的成交结果往往很不巩固，成交人后悔违约的概率很大。

6. 混合式报价。混合式报价是指招拍挂主持人在拍卖过程中将各种报价方法交替使用，优化组合，灵活地加以掌握，并运用于拍卖过程中的不同具体实践环节。

如在一场土地拍卖活动中，可能有许多不同的地块和不同的竞买人，故针对有些竞买人和地块，招拍挂主持人可以采用平缓式报价方法；而针对另一些竞买人和地块，招拍挂主持人则可以采用反复式报价方法。

总之，拍卖过程中的情况千变万化，任何招拍挂主持人都不可能使用单一的报价方法渡过全场，这便是混合式报价方法存在的价值。

（二）报价技巧

报价方法是招拍挂主持人主持拍卖活动的手段，而报价技巧是招拍挂主持人运用主持手段的基础和过程。

常见的报价技巧有以下一些：

1. 语言运用技巧。语言运用技巧首先要求招拍挂主持人用普通话报价，报价时的语言简洁清晰，不拖泥带水；亲切生动，富有感染力；抑扬顿挫，产生节奏感，等等。因为招拍挂主持人报价并非单纯地、机械式的数字喊叫，而是在报价过程中，还必须穿插其他的语言内容调解气氛，过渡时间。如招拍挂主持人报出“1000 万元”后，短时间内无人应价，则可增加别的相关内容，防止冷场。这是对语言表达技巧的具体运用。

其一，商业语言的运用。招拍挂主持人报价时往往需要大量运用商业语言。商业语言泛指市场营销方面的术语等。如发现场上竞价激烈，竞买人互不相让时，招拍挂主持人可以说“商场如战场，看看今天鹿死谁手”、“有眼光你就争，有实力你就赢”等等。类似的商业语言无穷无尽，成熟的招拍挂主持人能够运用的恰到好处，从而使拍卖中的报价过程不再乏味、呆板。

其二，法律语言的运用。招拍挂主持人报价时也会大量运用法律语言。法律语言泛指法律法规方面的术语等。如发现场上价位已经很高时，招拍挂主持人可以提醒竞买人，“举牌不得反悔”、“要对自己的应价行为承担法律责任”等等。法律语言的运用，有助于帮助竞买人始终保持清醒的头脑而不致盲目应价，真正认识到投资有风险，举牌要谨慎。

其三，文学语言的运用。招拍挂主持人报价时还会大量运用文学语言。文学语言泛指修辞比喻方面的表述等。如发现场上应价停滞、气氛凝重时，招拍挂主持人可以对竞买人说："谁愿意雪中送炭呀？"从而引导竞买人应价。又如发现场上价位不高、竞争不强时，招拍挂主持人可以对竞买人说："谁愿意锦上添花呀？"从而引导竞买人攀峰。文学语言的运用，往往能够起到通过调侃换取轻松，通过幽默打破坚冰的重要作用。

2. 当众交流技巧。当众交流技巧要求招拍挂主持人在拍卖过程中，一边报价一边视情况与竞买人进行语言沟通，即通过不断报价把拍卖推向前进，通过当众交流拉近与竞买人的距离，从而最大限度地引起竞买人的心理共鸣，并力争获得更好的拍卖效果，包括经济效果和社会效果。

其一，年龄层次的交流。对于年长的竞买人，招拍挂主持人在交流中应当谦逊虚心，以礼相待，尊敬为上，多用商业语言。例如："您是前辈，这次竞价您应当发挥作用。""您的竞价经验真是丰富，值得大家学习。"对于年轻的竞买人，招拍挂主持人在交流中应当不亢不卑，略显威严，鼓励有加，多用法律语言和文学语言。例如："你这么年轻就负这么重大的责任，真是有魄力，你们企业一定前途无量。"

其二，性别层次的交流。对于同性竞买人，招拍挂主持人在交流当中语言幽默，适当调侃，活跃气氛，多用文学语言。例如："现在场上竞价是男（女）同胞领先。""这位男士（女士）不愧是商场高手。"对于异性竞买人，招拍挂主持人在交流中应当语言端重，充满敬意，温文尔雅，多用商业语言。例如："女士经商是很能创造业绩的。""有谁挑战这位女士（男士）的应价。"

其三，生疏层次的交流。对于初次见面的竞买人，招拍挂主持人在交流中应当热情亲切，小心试探，耐心等待，多用商业语言和法律语言。例如："这位新来的朋友要应价吗？""想必您对本次拍卖的规则已经熟悉了。"对于经常见面的竞买人，招拍挂主持人在交流中应当以诚相见，开门见山，平铺直叙，多用商业语言和文学语言。例如："你是我们的老主顾，这次胃口更大了？""你不准备再加点（减点）吗？"

（三）报价训练

对于招拍挂主持人来说，报价方法和报价技巧是其基本功。然而，要熟练掌握报价方法，不断提高报价技巧，招拍挂主持人除了必须经常亲身参加拍卖活动实践外，还必须经常进行刻苦全面的训练才能达到目的。

1. 知识训练。知识训练是指招拍挂主持人应当具备多方面的知识，成为一个知识比较丰富的人。

其一，政策法律知识。要求招拍挂主持人了解和掌握国家现行的主要法律、法规及相关国际惯例，能自觉运用法律解决相关问题，依法参与拍卖活动。

其二，土地管理知识。要求招拍挂主持人具备土地出让、土地供应、土地价格、土地评估，以及房地产市场运作等方面的知识，从而保证在拍卖过程中对地块有比较充分和深入的了解。

其三，市场营销知识。要求招拍挂主持人了解和掌握市场营销方面的相关知识，如营销条件、营销战略、营销策略、营销渠道、营销方式、营销手段等方面的知识，尤其对地产、房产的市场营销有比较深刻的认识。

其四，招标拍卖挂牌知识。要求招拍挂主持人熟知招标拍卖挂牌的基本知识和运作过程，能协助出让人顺利举办土地招标拍卖挂牌活动，能在招标拍卖挂牌活动中独立发挥招拍挂主持人的主持作用，完成招标拍卖挂牌活动的主持任务。

其五，公关知识。要求招拍挂主持人具备良好的公共关系知识，善于与他人沟通和交往，能够处理好拍卖机构内外部的公共关系和拍卖活动各方当事人之间的公共关系，避免纠纷，解决纠纷，化解矛盾。

2. 能力训练。能力训练是指招拍挂主持人应当具备多方面的能力，成为一个能够胜任拍卖活动的优秀主持人。

其一，组织能力。要求招拍挂主持人在主持拍卖活动时行为规范，有章法、有条理，凝聚力强，吸引力大，通常能被竞买人所接受和欢迎，从而能够在土地拍卖现场聚起人气，积极推动拍卖活动的发展。

其二，表达能力。要求招拍挂主持人在主持拍卖活动时具有良好的口头表达能力，音量适中，咬字清楚，语言流畅，能够清晰、准确地表达思想，发布信息，且吸引人、打动人、影响人、说服人，从而收到良好的效果。

其三，自控能力。要求招拍挂主持人在主持拍卖活动时具有良好的心理承受能力和高度的忍让精神，面对土地拍卖现场发生的任何事件和情况，都能心平气和，沉着冷静，表现出很强的自制自控能力。

其四，应变能力。要求招拍挂主持人在主持拍卖活动时善于随机应变，灵活机动。特别是面对错综复杂的情况发生时，既要做到忍让又不失原则，力争有理、有利、有节地妥善处理问题，从而维护拍卖秩序。

3. 素质训练。

其一，热忱勤奋。要求招拍挂主持人面对拍卖活动中的各种情况，应当有坚定的信心和满腔的工作热情，任劳任怨，克服困难，具有强烈的责任感。

其二，知识面广。要求招拍挂主持人应当具有旺盛的求知欲，善于学习为完成主持土地拍卖等活动所必需的广泛知识，是熟悉土地拍卖等活动的行家里手。

其三，个性良好。要求招拍挂主持人举止适度，谦恭有礼，仪表端庄，态度从容，谈吐文明，口齿伶俐，平易近人，谨慎机敏，保持良好的礼貌与风度。

五、确认竞买人应价

在招标拍卖挂牌过程中，竞买人通常采用增价拍卖方式参与竞买。但从一般拍卖角度而言，有增价和减价两种方式，所以这里分别介绍两种确认应价的方法。

（一）增价方式的应价确认

对于竞买人在增价方式中的应价，其确认方法是：

1. 确认竞买人持有竞价号牌。即该人是出让人认可的竞买人。但有时竞买人本人并不应价，而是由其他随行人员代为应价，对此招拍挂主持人同样应当予以确认。

2. 确认竞买人的应价符合价格上行的规则。即该应价是逐渐增高的价位。如目前价位是800万元，某竞买人在此基础上按增价幅度加价20万元，即应价820万元，故该竞买人应价有效。但如果这位竞买人应价780万元，则违背了价格上行规则，故其应价无效。

有时竞买人并未按增价幅度应价，但只要超过增价幅度，亦可确认有效。如上述竞买人在800万元的基础上应价30万元，招拍挂主持人都有权予以确认。

3. 对竞买人的应价进行口头确认。即无论竞买人举牌应价还是发声应价，招拍挂主持人均应当当场予以重复报价，表示确认。

（二）减价方式的应价确认

在一般的减价方式中，对于竞买人应价的确认方法是：

1. 确认竞买人持有竞价号牌。即该人是被认可的竞买人。但有时竞买人本人并不应价，而是由其他随行人员代为应价，对此同样应当予以确认。

2. 确认竞买人的应价符合价格下行的规则。即该应价是逐渐降低的价位。如目前价位是12万元，某竞买人在此基础上按减价幅度降低2万元，即应价10万元，故该竞买人应价有效。但如果这位竞买人应价14万元，则违背了价格下行规则，故其应价无效。

由于拍卖过程中竞买人采用减价方式不能自由选择降价幅度，因而不存在偏离幅度应价的问题。如果报价分别是12万元、10万元、8万元，则竞买人只能在12万元、10万元、8万元的价位上应价，而一般不能自由应价11万元、9万元、7万元等。

3. 对竞买人的应价进行口头确认。即无论竞买人举牌应价还是发声应价，均应当当场给予重复报价，表示确认。

六、确认竞买人成交价

前面介绍了增价和减价两种方式的应价确认，这里也对应介绍两种确认成交价的方法。

（一）增价方式的成交价确认

对于竞买人在增价方式中的成交价，其确认方法是：

1. 确认竞买人持有竞价号牌。即该人是出让人认可的竞买人。但有时竞买人本人并不产生成交价，而是由其他随行人员代为产生成交价，对此招拍挂主持人同样应当予以确认。

2. 确认竞买人的应价符合价格上行的规则。即该应价是逐渐增高的价位。

3. 确认竞买人的成交价是场上的惟一最高应价（在有底价拍卖中还应达到底价）。即该成交价超过场上所有其他竞买人的应价居于惟一的最高应价价位。如招拍挂主持人确认同时有两个以上最高应价，则可安排相关竞买人继续竞价直到分出胜负为止，或采用其他方式确认竞得人。

有底价时，竞买人的成交价必须达到底价才能被确认为成交价。如底价是1000万元，成交价必须是1000万元以上（含1000万元），否则不能成为成交价。

4. 对竞买人的成交价进行击槌确认。即无论竞买人举牌产生成交价还是发声产生成交价，招拍挂主持人均应当当场击槌表示确认。

5. 对击槌确认的成交价进行书面确认。即招拍挂主持人击槌之后，出让人应当当场与买受人签署成交确认书。

（二）在减价拍卖中的确认

对于竞买人在减价拍卖中的成交价，其确认方法是：

1. 确认竞买人持有竞价号牌。即该人是被认可的竞买人。但有时竞买人本人并不产生成交价，而是由其他随行人员代为产生成交价，对此同样应当予以确认。

2. 确认竞买人的成交价符合价格下行的规则。即该应价是逐渐降低的价位。

3. 确认竞买人的成交价是场上的惟一最高应价（在有底价拍卖中还应达到底价）。即该成交价超过场上所有其他竞买人的应价居于惟一的最高应价价位。如同时有两个以上的最高应价，则可安排相关竞买人继续竞价直到分出胜负为止，或采用其他方式确认成交价。

有底价时，竞买人的成交价必须达到底价才能被确认为成交价。如底价是2000万元，成交价必须是2000万元以上（含2000万元），否则不能成为成交价。

4. 对竞买人的成交价进行击槌确认。即无论竞买人举牌产生成交价还是发声产生成交价，均应当当场击槌表示确认。

5. 对击槌确认的成交价进行书面确认。即击槌之后，应当当场组织签署成交确认书。

第二节 土地招标拍卖挂牌现场调控

一、掌握现场情况

（一）对人的掌握

对人的掌握是指招拍挂主持人对拍卖当事人及其他有关情况的掌握，以便及时发现问题，采取有效对策。

1. 竞买人的情况。在土地招标拍卖挂牌过程中，招拍挂主持人应当随时掌握场上所有竞买人的应价情况。如竞买人应价是否踊跃；哪些竞买人应价次数较多，哪些竞买人应价次数较少或者从未应价；竞买人之间是否有恶意串通的迹象发生等，从而对竞买人在土地招标拍卖挂牌现场的具体表现了如指掌，心中有数。

2. 观众的情况。在招标拍卖挂牌过程中，通常除了竞买人以外，还有大量的场下观众，他们或者是竞买人的随行人员，或者是相关人员。对于这些观众，招拍挂主持人也应当给予关注。如要随时观察和了解观众随招标拍卖挂牌进程而发生的情绪变化，防止让这种情绪变化影响招标拍卖挂牌活动的正常进行；要及时发现观众趁机无效应价的情况，防止其干扰正常竞价过程等。

（二）对事的掌握

对事的掌握是指招拍挂主持人对拍卖过程及其相关情况的掌握，以便及时发现问题，采取有效对策。

1. 竞价情况。竞价情况是指土地招标拍卖挂牌现场每个招标拍卖挂牌标的的价位情况。

一般而言，在土地招标拍卖挂牌中，所有招标拍卖挂牌标的的价格通常都会逐渐上升，然而各自上升的幅度和最后的定位并不相同。对此，招拍挂主持人应当充分了解，随机应变。如有些招标拍卖挂牌标的的价位较高但属于正常情况，而有些招标拍卖挂牌标的的价位较高则属于非正常情况。对于后者，招拍挂主持人必须多考虑几种可能，努力做到透过现象看本质，不要轻易被一时的高价位所迷惑。

2. 成交情况。成交情况是指招标拍卖挂牌标的被竞买人成功买进的交易情况。在土地招标拍卖挂牌中，招拍挂主持人应当随时了解招标拍卖挂牌标的的成交情况。

其一，了解每个招标拍卖挂牌标的的成交情况。如其成交量、成交额等，从而掌握竞买人对某区位土地的需求程度。

其二，了解所有招标拍卖挂牌标的的成交情况。如成交量、成交额、所占成交比例等，从而掌握竞买人对某些区位土地的需求程度。

3. 流标情况。流标情况是指招标拍卖挂牌标的未能成交的交易情况。在土地招标拍卖挂牌中，招拍挂主持人应当充分了解招标拍卖挂牌的流标情况。如随机分析招标拍卖挂牌不成交的大致原因，流标涉及的招标拍卖挂牌标的的数量、金额、所占比例等，从而掌握哪些地块缺乏市场吸引力而不受竞买人的欢迎。

二、现场调控方法

（一）语言调控

即招拍挂主持人通过语言表达实施现场调控。

在土地招标拍卖挂牌过程中，竞买人是土地招标拍卖挂牌现场的主要角色，招标拍卖挂牌活动的成败与否，关键取决于竞买人对招标拍卖挂牌标的的购买欲望和现场竞价行为。因此，招拍挂主持人必须以竞买人为主要对象，适时调控土地招标拍卖挂牌现场气氛。

如发现竞买人不应价时，招拍挂主持人可采取劝说方法，引导其加入竞价行列；又如发现竞买人应价不高时，招拍挂主持人可采取鼓励方法，促使其多出价。

1. 场面过于冷清的调控。招拍挂主持人面对招标拍卖挂牌活动现场过于冷清、人气不足，应当采用一切有效手段加以调控，争取最大限度地排除障碍，扭转态势，从而推进土地招标拍卖挂牌活动朝理想方向发展。

常见的现场调控方法有：

其一，引导法。引导法要求招拍挂主持人向竞买人进一步传递相关信息，使其了解和掌握招标拍卖挂牌标的深层次情况，从而确立竞价信心，进行竞价决策，实现竞价行为。如招拍挂主持人可随机介绍一些关于招标拍卖挂牌活动的背景资料或安排穿插播放有关招标拍卖挂牌标的的光盘资料等，引导竞买人逐渐进入角色。

其二，劝说法。劝说法要求招拍挂主持人使用亲切生动的语言打动竞买人，帮助其解除不必要的心理戒备，认识到参与竞价的重要性和必要性，从而付诸行动。如招拍挂主持人可举例分析招标拍卖挂牌的利弊得失，并适当介绍若干个以往的招标拍卖挂牌案例，以便让竞买人产生兴趣，逐渐进入角色。

2. 场面过于热烈的调控。招拍挂主持人面对招标拍卖挂牌活动现场过于热烈、虚火太旺时，应当采用一切有效手段加以调控，争取最大限度地使其恢复常态。常见的现场调控方法主要是降温法。

降温法要求招拍挂主持人努力维护土地招标拍卖挂牌现场的竞价秩序，通过音响设备不断向竞买人传递相关信息，提醒或暗示竞买人谨慎竞价，更注意考虑后果和防范风险。

如招拍挂主持人在人气过旺时，可适当放慢竞价节奏，拉长竞价间隔，使土地招标拍卖挂牌现场尽量平稳运行。

（二）技术调控

即招拍挂主持人采用技术手段实施现场调控。通常采用调整竞价阶梯的方法。这种方法在土地招标拍卖挂牌现场既可用于场面过冷时的调整，也可以用于场面过热时的调整。

其一，场面过冷。招拍挂主持人发现招标拍卖挂牌现场场面过于冷清时，可随机加大竞价幅度的密度，即缩小竞价阶梯。如现场价位处于1000万元，竞价阶梯20万元，即增价应加到1020万元。此时，招拍挂主持人便可将竞价阶梯调整为10万元，即增价应加到1010万元。其结果是，由于竞价阶梯的缩小，竞买人会感到应价压力也相对减小，故有可能加入竞价行列从而使过于冷清的土地招标拍卖挂牌现场有所升温，由阴转晴。

其二，场面过热。招拍挂主持人发现招标拍卖挂牌现场场面过于热烈时，可随机缩小竞价幅度的密度，即加大竞价阶梯。如现场价位处于1000万元，竞价阶梯20万元，即增价应加到1020万元。此时，招拍挂主持人便可将竞价阶梯调整为50万元，即增价应加到1050万元。其结果是，由于竞价阶梯的加大，竞买人会感到应价压力相对增大，故有可能退出竞价行列，从而使过于热列的土地招标拍卖挂牌现场有所降温，由晴转阴。

第三节 拍卖挂牌主持操作失误及其纠正

一、视觉错误

（一）看错竞价号牌

即招标拍卖挂牌主持人看错竞买人举起的竞价号牌，并且随后报价时又报出了错误号码。如某竞买人应价2000万元，其举起的竞价号牌是88号，然而招拍挂主持人错看成68号，并报错为“68号、2000万元”，于是可能引起场上不解甚至酿成纠纷。补救办法是：一经发现，立即更正。

（二）未看到竞价号牌

即招标拍卖挂牌主持人未看到竞买人举起的竞价号牌，造成随后报价时不知道该竞价号牌的号码。

如场上相继有三个竞买人举牌应价，即26号1000万元，39号1100万元，46号1200万元，然而招拍挂主持人只看到了竞买人的举牌动作，并准确报出这三个不同的应价，但由于最后一个竞买人落牌动作较快，致使招拍挂主持人知道其应价1200万元，却不知道其竞价号牌号码。补救方法是向持牌应价的竞买人及时询问，例如：“应价1200万元的竞买人，请再出示一下您的竞价号牌好吗？”

（三）看错拍卖和挂牌标的底价

即招标拍卖挂牌主持人看错出让标的底价单上标明的底价，并且在随后错误地击槌表示成交。

如招标拍卖挂牌标的底价为7700万元，然而招标拍卖挂牌主持人却错看成是7100万元，于是当场上最高应价达到7300万元时，招标拍卖挂牌主持人便击槌将其卖出。对此，通常难有有效的补救办法，往往需要各方当事人协商解决或诉讼解决。

二、听觉错误

（一）听错应价

即招标拍卖挂牌主持人听错竞买人发声报出的应价，并且随后报价时又报出了错误价位。如某竞买人口头喊价“510万元”，然而招标拍卖挂牌主持人却听成是“570万元”，并错报为“570万元”，于是可能引起场上不解甚至酿成纠纷。补救办法是一经发现，立即更正。

（二）听错成交价

即招标拍卖挂牌主持人听错竞买人发声报出的成交价，并且随后报价时又报出了错误价位。

如某竞买人口头喊价“4 万元”，然而招拍挂主持人却听成是“10 万元”，并错报为“10 万元”，于是可能引起场上不解甚至酿成纠纷。如果招标拍卖挂牌主持人尚未击槌，则补救办法是一经发现，立即更正。但如果招标拍卖挂牌主持人已经击槌，则需要拍卖各方当事人协商解决或诉讼解决。

三、口头错误

（一）报错竞价号牌

即招标拍卖挂牌主持人报错竞买人举起的竞价号牌号码。

报错竞价号牌通常有两个原因，一是看错竞价号牌而产生报错；二是虽未看错竞价号牌，但脱口说出的却是错误号码。补救办法是一经发现，立即更正。

（二）报错应价

即招标拍卖挂牌主持人报价错误，所报价位并非竞买人的应价。

报错应价通常有两个原因，一是听错应价而产生报错；二是虽未听错应价，但脱口说出的却是错误价位。补救办法是一经发现，立即更正。

（三）报错成交价

即招标拍卖挂牌主持人报价错误，所报价位并非竞买人的成交价。

报错成交价通常有两个原因，一是听错成交价而产生报错；二是虽未听错应价，但脱口说出的却是错误价位。如果招标拍卖挂牌主持人尚未击槌，则补救办法是一经发现，立即更正。但如果招拍挂主持人已经击槌，则需要招标拍卖挂牌当事人协商解决或诉讼解决。

第十二章 土地招标拍卖挂牌的实践与探索

第一节 浙江省湖州市招标拍卖挂牌出让实践

一、湖州市织里镇工业用地拍卖基本情况

湖州市织里镇是浙江省百强镇之一，童装行业是当地的支柱产业，共有 5700 多家童装企业落户当地，织里在童装行业的重要地位还得到中国纺织协会的认同，被授予"童装之都"的称号。经过 20 多年的发展，该镇已形成了服装、印染、棉布、辅料一条龙产业链，主导产业突出，相关配套产业发达，产业集聚效应明显。许多企业经过多年经营，已完成资本原始积累，需扩大规模、提升档次。同时织里镇土地使用制度改革起步较早，1992 年就成功拍卖了湖州市第一宗经营性用地。2004 年湖州市第一次成功拍卖工业（仓储）用地也是在织里镇。2005 年，童装工业园区内两宗服装类工业用地要出让，而提出用地需求者较多，国土资源局因此决定采取公开拍卖方式出让。两宗地面积分别为 6.9 亩和 6.75 亩，起始价为 181 万元、183 万元，最终成交价远远高出底价。

2006 年 6 月 13 日，湖州市国土资源局在织里镇镇政府大楼又以拍

卖方式公开出让13宗工业用地使用权，出让总面积94.55亩，成交总金额为3105万元，平均地价为每亩32.84万元。这13宗地也位于童装工业园区内，为一类工业用地（服装类），出让年限为50年。由于拍卖的地块地理位置优越，配套设施齐全，加上政府前期大力宣传，广大投资商踊跃参加，共有31家单位和个人参与竞拍。拍卖会现场气氛非常热烈，每宗地块的平均竞拍次数为34次，其中2006-19-6号地块的竞拍次数高达51次。拍卖成交的平均地价为每亩32.84万元，超过该地段当时工业用地基准地价（每亩12万元）20多万元。2006-19-6号地块的起拍价为88万元，而成交地价达到195万元，平均地价达到每亩40.30万元。经过2小时的激烈竞拍，该13宗工业用地全部成功拍卖，竞得者当场与湖州市国土资源局签订了《成交确认书》。由于这次拍卖积累了一定经验，以后拍卖或挂牌出让的工业用地宗地数、面积数也更多。2006年9月6日，浙江省工业用地公开出让现场会在湖州市织里镇举行，取得圆满成功，对浙江全省的工业用地市场配置起到积极示范作用。

二、湖州市织里镇工业用地拍卖的运作程序

为顺利开展工业用地公开拍卖工作，湖州市制订了明确的程序和具体的步骤，具体如下：

1. 制定年度工业用地出让计划。由国土资源部门会同发展改革、规划等部门依据国家产业政策、土地利用总体规划、城市建设规划、年度供地计划和土地市场供求状况等，编报年度工业用地出让计划。工业用地年度出让计划具体落实到区位、地块，并通过媒体向社会公布，接受意向用地者的用地预申请。计划在执行过程中经批准可适当予以调整。

2. 根据年度工业用地出让计划及市场需求确定具体拍卖地块。主要考虑该地区的产业特点及区域产业布局规划，进一步细化拟出让工业用地的类别，同时根据市场需求确定用地规模。

3. 做好拟拍卖地块的农用地转用、土地征收报批及地块前期开发工作。由国土资源管理部门根据年度工业用地出让计划和地块落实情

况，组织实施农用地转用、土地征收报批。农用地转用报批主体为国土资源管理部门，地块“三通一平”等前期工作由乡镇、开发区（园区）负责。

4. 协调有关部门出具对拟拍卖地块意见。发展改革、经济、外经贸等投资行政管理部门按照国家产业政策、区域产业布局规划等提出产业类别、行业标准、投资强度等意见；规划部门出具地块红线图和规划设计条件，明确地块面积、容积率、建筑密度、绿地率等规划控制指标；环保等部门从各自职责出发，明确相关要求。

5. 确定地块出让价格。由国土资源管理部门依据土地估价结果、产业政策以及土地市场情况，经集体会审确定土地出让起始价。

6. 编制工业用地拍卖出让方案和文件。由国土资源管理部门综合相关部门意见，拟定土地拍卖出让方案，按审批权限报批同意后，再编制拍卖出让文件（包括拍卖规则、土地出让合同草案、宗地图、规划设计条件等）。

7. 发布工业用地拍卖公告。由国土资源部门根据有关要求，通过媒体发布工业用地拍卖公告，接受用地意向者的报名。国有建设用地拍卖出让公告应当至少在拍卖出让活动开始前20日发布。

8. 审查竞买人资格。由国土资源部门根据投资行政管理部门提出的工业用地竞买人的资格条件，做好工业用地报名者的资格审查，收取履约保证金。

9. 实施工业用地拍卖出让。按拍卖规则的有关规定，依法确定竞得人，签订《土地成交确认书》，并向社会公示出让结果。

10. 签订《土地出让合同》。核发《国有土地使用证》。竞得人与国土资源部门签订《国有建设用地使用权出让合同》，缴纳地价款，办理土地使用权登记和交地手续。

11. 办理工业项目立项、规划、环评等报批工作。竞得人凭《国有土地使用权证》及相关资料，到发展改革、经委、建设规划、环境保护、工商等部门依法办理工业项目立项或核准、规划、环评、工商登记等有关报批手续。

12. 实施工业用地批后监管。国土资源管理部门协同各相关部门根据各自工作职责，加强对项目投产、环保、土地、规划等方面的监督管理，并通过工业用地复核验收，督促用地者按出让合同的约定使用土地，对违反约定的，依法予以处理。

三、关于工业用地招标拍卖挂牌出让的思考

工业用地使用权招标拍卖挂牌出让工作，除按照有关法律、法规和规范操作进行外，还须注重以下几个方面工作：

1. 做好征地拆迁等前期工作。为保证“净地”出让，市、县人民政府要负责地面建筑物拆迁安置补偿、路桥等基础设施配套建设，达到“三通一平”。涉及农用地转用和征收的，应当先行办理农用地转用和土地征收手续。涉及国有建设用地的，应当进行土地收购或收回。

2. 加强部门间的协调。推行工业用地招标拍卖挂牌出让要求“先供地后批项目”，而现行工业项目审批是“立项在前，供地在后”，整个供地程序和机制都变了。对此，政府各部门应积极做好衔接，明确相应的操作方法。国土资源部门拟定工业用地出让方案时须事先与发展改革、规划、环保等有关部门协调，统筹考虑各方面因素。

3. 突出工业用地产业特点。在工业用地招标拍卖挂牌出让的操作程序、操作技术上要突出工业用地的产业特点。不同产业类型、不同规模的工业项目，对工业用地有不同的要求。在拟订工业用地出让方案时，不仅要考虑拟出让土地的规划条件，还要考虑本地区的产业特点。相关部门结合职能职责和行业标准提出明确意见，同时在出让文件中，除明确出让土地的一般规划条件外，还应当按《工业项目建设用地控制指标》的有关要求，明确拟出让地块的投资强度、容积率、配套设施比例、产业要求、具体工业用地类别、建设要求、开工日期、竣工日期、违约责任等内容。

4. 体现公开、公平、公正原则。工业用地招标拍卖挂牌出让原则是公开、公平、公正，核心是扩大市场配置土地资源的范围。国土资源部 39 号令也增加了不得对竞买申请人设定限制条件的条款，因此，应允许自然人、法人和其他组织参加工业用地标招拍卖挂牌出让活动，但是考虑到拍卖地块用于工业产业，对自然人或非规定行业企业取得土地

使用权的，出让文件中应明确要求成立相应行业工业企业。从而既体现公开、公平、公正原则，又保证公开出让地块用于规定产业建设。

5. 合理确定土地出让价格。工业用地招标拍卖挂牌出让起始价依据土地估价结果、产业政策以及土地市场情况，并经集体会审后确定，不得低于国家和省规定的工业用地出让最低价标准。严禁以财政补贴、返还、减免或变相减免土地出让金等形式低价出让土地。

6. 依法高效办理后续报批工作。工业用地招标拍卖挂牌出让确定用地者后，各有关部门应依法为竞得人办理工业项目立项、建设规划、环境评估、企业登记等手续。相关部门在法律法规许可范围内，进一步转变职能、简化手续、提高效率，加快工业项目开工建设。如因特殊原因，未能依法办理相关报批手续的，应按有关规定，视具体情况另行处置拟出让土地。

第二节　重庆市工业用地招标拍卖挂牌出让实践

一、重庆市工业用地供应基本情况

（一）工业发展概况

重庆市是具有“都市定位、省域特征”的直辖市，全市包含40个区县（自治县、市），面积8.24万平方公里，形成“大城市带大农村”的二元经济格局。重庆市工业基础雄厚，是西部地区最大的工业城市，经过20世纪30、60年代两次大规模迁建、扩建，已形成轻重并举、行业齐全、配套能力强的现代工业体系。改革开放和直辖以来，重庆工业经济快速发展，已形成以汽车、摩托车为主体的机械工业、以天然气化工和医药化工为重点的化工工业、以优质钢材和优质铝材为代表的冶金工业三大支柱产业。随着新型工业化和城镇化加速推进，招商引资规模扩大，全市固定资产投资、企业效益、财政收入、城乡居民收入的增速大大提高。

重庆市近期土地供应的重点是支持三大战略性产业发展。一是IT产业，包括集成电路生产和软件开发。二是物流业，重庆处在中国版图的中轴线上，地理位置优势，必然会成为全国重要的综合交通枢纽。现在铁道部已认可将重庆作为全国五大铁路枢纽之一来打造，交通部也认可将重庆作为长江上游公路枢纽来建设。三是创意产业。重庆创意产业发展刚刚处于萌芽状态，但发展潜力很大，有条件与其他地区一争高下。

（二）工业布局情况

土地是工业发展最基本的依托，根据国务院关于开发区要“布局集中、用地集约、产业集聚”的要求，重庆市工业用地主要集中在35个工业园区内，各园区根据自身特点，以骨干企业和重大项目为龙头，以产业延伸和集聚为重点，以自主创新为动力，集中力量发展优势突出的主导产业，促进产业集群发展。

“一小时经济圈”的工业园区立足产业基础和资源环境条件，重点发展汽车摩托车、装备制造、天然气石油化工、高新技术、材料工业五大支柱产业。以工业园区为载体，优化都市核心产业区，培育成渝高速、渝遂高速、渝涪高速和渝黔高速四个高速路沿线产业密集带。渝东北区域以长江水道、渝万高速公路为轴线，以万州区为中心，重点发展化工、能源、矿产资源加工型产业，形成沿路临港产业带。渝东南区域以渝怀铁路为轴线，以黔江为中心，重点围绕劳动密集型产业，重点发展建材、医药、农产品加工等产业。

近年来重庆市工业用地总量逐步增长，由于受到产业结构调整和企业改制的影响，工业用地在城市建成区中的比例有所下降，但随着北部新区和新兴工业园区的发展，工业用地近两年增长较快。特殊的地貌条件制约了产业活动的空间，都市区工业主要集中在主城区，零散布局在各组团。根据退二进三和退城进园的调整原则，需要尽快将混杂在居住区中污染严重或效益不好的工业转移出内环以内的城市密集发展地区，都市区工业既存在整体用地增加的动力和空间向外拓展的压力，又必须对工业园区内部行业结构进行调整，培育具有竞争优势的产业集群，同时又必须面对一些历史遗留的工业布局问题。

（三）工业用地历史遗留问题处理情况

2007年4月30日，重庆市国土房管局和重庆市监察局印发了《关于转发〈国土资源部　监察部关于落实工业用地招拍挂出让制度有关问题的通知〉的通知》（渝国土房管发［2007］264号），对区县（自治县）人民政府已经签订具体工业项目投资协议，所涉及的土地已办理完农用地转用和集体土地征收审批手续的，本着尊重历史，实事求是的态度，仍继续采取协议方式出让，但必须将意向出让地块的位置、用途、土地使用条件、意向用地者和土地价格等信息向社会公示。要求各区县（自治县）及时上报拟解决遗留问题的名单，并在2007年6月30日前完成此项工作。

2007年6月20日，全市各区县（自治县）均上报了拟解决遗留问题的名单。按照供地审批权限，市国土房管局责成主城区以外各区县（自治县）国土资源主管部门从严把关，严格按照文件规定界定和解决遗留问题。主城区上报拟解决的遗留问题137宗，用地面积516公顷。经市国土房管局、市监察局、市经委、市发改委、市环保局等单位两次集中审查，共审减91宗，用地面积292公顷，其中：征地时间在2006年8月31日以后的有49宗，用地面积108公顷；涉及特钢企业破产用地11宗，面积76公顷；签约主体是镇政府的5宗，面积3.5公顷；协议供地范围与征地不一致的25宗，面积49公顷；不符合产业政策的1宗，55公顷。6月29日，市国土房管局在《重庆日报》和中国土地市场网上对符合政策的工业用地遗留问题46宗，用地面积224公顷的项目名单进行了公告，6月30日，全部报件审批完毕。

（四）工业用地招标拍卖挂牌出让的积极意义

在《国务院关于加强土地调控有关问题的通知》（国发［2006］31号）出台前，重庆市工业用地主要是通过协议出让方式供应。改革开放以来，工业用地协议出让，规范了工业用地供应秩序，增加了政府财力，曾为重庆市工业化、城市化建设作出了巨大的贡献。但随着改革开放的不断深入，工业用地协议出让的局限性逐渐显现，工业地价过低与重庆市建设长江经济中心的发展目标已经严重冲突。

由于征用新增建设用地成本较低，以低廉的土地出让价格吸引外资，赚取税利，成为部分区县（自治县）政府“以地生财”之道。他们根据投资者投资规模、年产值、带动效应的不同，量身定做土地优惠政策。投资规模、年产值、带动效应越大的投资者，可获得越多的土地优惠。为了吸引项目，一些区县（自治县）政府热衷于制造“地价洼地”，在招商引资中竞相压低地价出让工业用地，一些企业以投资项目为筹码，脚踏几只船，胁迫政府降低门槛，以更低的价格协议出让，从而造成工业用地价格的低迷。恶意竞争的结果，除导致政府财力不堪重负、被征地农民利益得不到保障外，还造成土地资源粗放利用，危及耕地安全。

工业用地协议出让导致工业用地低成本过度扩张，以邻为壑的低地价恶性竞争，对固定资产投资规模过大起了火上浇油的作用，严重影响了国家宏观调控政策的实效；是对工业粗放经营和土地粗放利用的最大鼓励，为违规圈占囤积和倒卖土地等行为提供了土壤；破坏了公开、公平、竞争有序的市场环境，促成了“隐形土地市场”的滋生、蔓延，也影响了区域协调发展，而且妨碍了经济一体化成长和梯次转移。

推行工业用地招拍挂出让制度，是工业用地实行市场化配置的重大制度变革，对于严把土地“闸门”、防止工业用地低成本过度扩张，建立工业用地市场形成价格机制，防治土地出让领域的腐败行为，具有重要意义。因此工业用地招拍挂的大方向不可逆转。重庆市对土地供应，提出了坚持“三个必须”：必须坚持规划先行，所有拟出让土地必须由政府做好控制性详规后再出让；必须坚持土地从生地整治为熟地后才能出让，市地产集团等要搞好土地储备，垄断一级土地市场；必须坚持包括工业用地在内的所有经营性土地以招拍挂方式出让，实行“阳光操作”，推动土地资源配置从过去的行政配置为主向市场配置为主转变。同时还要做到“四个严禁”：一是严禁乡镇直接招商引资。乡镇政府没有用地、用电、用水等保障能力，也没有审计、监察等监督机构，招商效果不好，有很多教训。二是严禁对不符合国家产业政策、行业标准和市场准入条件的投资项目供地。三是严禁低技术水平、浪费资源、破坏生态环境的重复建设项目上马。四是严禁以低价或变相低价出让土地。

二、重庆市工业用地招标拍卖挂牌出让的做法

（一）执行时间和执行情况

根据《关于发布实施〈全国工业用地出让最低价标准〉的通知》（国土资发［2006］307 号），工业用地最低价标准自 2007 年 1 月 1 日执行，因此重庆市工业招标拍卖挂牌工作的执行时间统一为 2007 年 1 月 1 日。

2007 年重庆市主城区工业用地招标拍卖挂牌出让 12 宗，成交土地面积近 1000 亩，成交金额近 3 亿元，政府收益 7000 万元，平均地价约 30 万元/亩，平均投资强度约 1806 万元/公顷。

（二）最低价情况

根据《重庆市国土房管局转发〈国土资源部关于发布实施全国工业用地出让最低价标准的通知〉的通知》（以下简称《标准》），重庆市工业用地共有 10 等，土地最低价从四等的 32 万元/亩到十五等的 4 万元/亩。

《标准》的实施，为各区县（自治县）工业用地出让确定了一条价格“底线”，给在招商引资中搞恶性竞争、低价贱卖国有土地资产等行为戴上了“紧箍咒”，为全面推行工业用地招标拍卖挂牌方式出让奠定了基础，为建立统一规范有序竞争的土地市场提供了保障，也为查处低价出让土地的违法行为提供了参考依据。《标准》基本反映了重庆市不同区域的社会经济发展状况与土地利用差异，体现了区域产业政策和土地利用政策导向，有利于缩小区域差距，实现区域间产业结构的调整和产业的梯度转移，促进区域协调发展。最低价标准的严格施行将有效抑制一些地方因低价出让土地而有意压低征地补偿费用的行为，有利于保护被征地农民的基本权益，促进社会的和谐稳定。

在重庆市少数地区，也存在一些情况比较特殊的工业项目，即因为选址、原材料等原因，确需使用土地利用总体规划确定的城市建设用地范围外的土地，而且主要使用荒山、荒滩等国有未利用地的工业项目用地。对于此类项目用地，如果土地前期开发由土地使用者自行完成的工业项目用地，在出让时可按不低于所在地土地等别相对应最低价标准的60%执行。对于其中使用未列入耕地后备资源，未确定土地使用权人（或承包经营权人）的国有沙地、裸土地、裸岩石砾地，且由土地使用者自行完成土地前期开发的工业项目用地，在出让时可按不低于所在地土地等别相对应最低价标准的30%执行。

（三）范围

重庆市范围内工业用地使用权的招标拍卖挂牌出让的范围包括工业厂房用地、工业仓储用地、工业研发用地以及工业区内设置的必备的办公和生产生活辅助设施用地。

（四）程序

1. 编制工业用地年度供应方案。重庆区县（自治县）人民政府应及时了解用地需求情况，国土资源行政主管部门应会同本级投资（发展改革委、经委）、建设、规划、环保等行政主管部门科学合理安排工业用地出让的总量、布局、时序和宗地规模等，经当地人民政府审查同意后报市国土资源行政主管部门，市国土资源行政主管部门会同市投资和规划等部门进行综合平衡并报市政府批准后执行，保证工业用地招标拍卖挂牌出让制度的有效落实。

重庆区县（自治县）投资部门应根据国家产业政策和重庆市工业发展规划，分别制定区域禁止用地项目目录、鼓励用地项目目录和重点引进项目目录，并报市投资部门备案。区县投资部门应根据市政府对各地区工业项目投资的基本要求，设定本地区具体拟出让宗地的项目准入条件，包括产业要求、环保要求、单位用地投资强度、建筑总规模、建设进度等，并负责出让地块前期开发和配套基础设施建设的核准（备案）工作。规划部门应依据土地利用总体规划、城乡总体规划及其实施时序，适时编制地块控制性详细规划，并按程序向国土部门发出拟供应宗地的《工业项目建设用地规划公告函》及附图。环保部门应在地块招标拍卖挂牌出让前明确拟出让宗地的环保要求。

2. 用地预申请。重庆区县（自治县）人民政府招商部门和开发区管委会应及时将拟供应工业用地信息向社会公布。工业用地供应信息包括地块位置、产业政策、用地标准、规划控制及环保要求等内容，国土资源、投资、规划、环保等部门应按照职责分工及时向区县（自治县）人民政府和开发区管委会提供相应信息。

工业用地需求者可向重庆区县（自治县）人民政府和开发区管委会相关部门提出用地需求。拟投资工业项目的单位或个人，对具体地块有使用意向的，可以提出用地预申请，并承诺愿意支付的土地价格和建设内容、建设规模、容积率等土地使用条件。区县（自治县）国土资源行政主管部门认为其承诺的土地价格、保证金和土地使用条件符合国家关于地价、建设工程用地定额、工业项目投资强度与用地规划控制指标、供地目录等有关规定，并符合土地利用总体规划和城乡建设规划的，应当在办理农用地转用与土地征收手续后组织实施招标拍卖挂牌或挂牌出让活动，并通知提出该宗地用地预申请的单位或个人参加。提出用地预申请的单位或个人，应当参加该宗地竞投或竞买，且报价不得低于其承诺的土地价格。

3. 招标拍卖挂牌出让方案。投资、规划、环保等部门应当于下一年度土地供应计划报经批准后，根据土地供应计划落实具体出让地块，并将出让地块的具体位置、面积、用途及土地利用要求等书面告知国土资源行政主管部门。

国土资源行政主管部门应拟订工业用地招标拍卖挂牌出让实施方案并报区县（自治县）人民政府审批。

工业用地招标拍卖挂牌出让实施方案应当包括：产业类型、准入条件、规划设计条件、环境保护要求，以及拟出让土地面积、建设项目规模、投资强度、容积率、出让年限、开竣工期限等。实施方案的内容，应当作为招标拍卖挂牌公告文件或土地使用权出让合同的内容。

4. 工业用地交易公告和报名竞买。发布工业用地拟出让公告，除应载明国土资源部《招标拍卖挂牌出让国有土地使用权规范（试行）》（国土资发［2006］114号）规定的内容外，还应载明下列内容：

项目准入条件，包括允许投资的工业项目类型、产业政策、环保要求和投资强度等；拟出让土地面积、土地用途、容积率、建筑密度、须配套的行政办公及生活服务设施用地所占比重等规划设计条件；拟出让宗地的现状、土地开发程度及地价内涵。

拟出让宗地有预申请人之外的其他人提出竞投（竞买）的，其他竞投（竞买）人应按规定缴纳竞投（竞买）保证金。工业用地预申请人或其他竞投（竞买）人签订《国有建设用地使用权出让合同》后，其缴纳的保证金可抵缴土地出让价款。对境外投资者预申请工业用地的，允许其向土地交易机构经批准开立的专用保证金外汇账户缴纳预申请保证金。

5. 招标拍卖挂牌。在公告报名期内报名参与竞买的竞买人不少于3人的，为实施城市规划和政府产业政策，有必要对土地开发利用方案先行审核并进行综合评定以确定受让人的，可以采用公开招标或邀请招标方式出让。

在公告报名期内报名参与竞买的竞买人不少于3人的，不需采用招标方式出让的，采用公开拍卖方式出让。

在公告报名期内报名参与竞买的竞买人少于3人的，采用挂牌方式出让。在挂牌竞买报名期间仅有1人提出书面竞买申请，并符合竞买条件的，在挂牌报价期内报价不低于公告起始价的，挂牌成交。两人提出书面竞买意向，并符合竞买条件的，由两人在挂牌期内竞价，在高于底价的基础上价高者得。挂牌期满仍要求报价的，采取现场竞价方式确定竞得人。

6. 签发成交确认书和签订出让合同。招标拍卖挂牌结束后，由国土资源行政主管部门或土地交易机构向竞得人签发《成交确认书》或《中标通知书》。

《成交确认书》或《中标通知书》内容应包含：土地交易的公告日期及载体；成交土地的位置、面积和成交金额；土地用途和产业类别；出让金计价建筑面积；投资、规划、环保等条件；成交价款的支付和竞得人应尽的其他主要义务；签署《国有建设用地使用权出让合同》的时间约定等。

竞得人或中标人凭土地成交确认书等文件，在规定时间内与组织招标拍卖挂牌活动的国土资源部门签订《国有建设用地使用权出让合同》。出让合同应对工业项目开竣工期限、投资强度、利用强度、闲置标准、转让条件、违约责任和赔偿标准等事项进行约定。出让合同需要调整的，按照有关约定进行调整。《国有建设用地使用权出让合同》可直接作为国土资源部门的建设项目用地预审意见。

7. 土地登记和项目验收。国有建设用地使用权出让合同签订后，中标人或者竞得人依据确定的土地使用条件，编制工业项目可行性研究报告（或项目申请报告），到环境保护、投资行政主管部门办理环境影响评价审批和工业项目审批、核准手续。

中标人或者竞得人持环境影响评价审批和工业项目审批（核准、备案）文件，向市、县国土资源管理部门申领建设用地批准书。中标人或者竞得人按照国有建设用地使用权出让合同约定付清全部出让价款后，依法申请办理土地登记，领取《国有土地使用权证书》。

工业项目竣工后，区县（自治县）国土资源管理部门对其用地进行验收。未经出让人同意改变《国有建设用地使用权出让合同》约定的土地使用条件的，区县（自治县）国土资源行政主管部门依法收回该宗用地，重新组织出让。

案例 12-1　沙坪坝区西永组团 R 分区 R21-2/03 宗地工业用地出让情况

宗地位于重庆市沙坪坝区土主镇三圣宫村，邻渝遂高速西永出口，属重庆西永微电子产业园储备范围。土地面积约 2.59 公顷，土地级别为工业 12 级。

重庆市规划局于 2007 年 8 月向国土部门出具了《重庆市建设用地规划公告函》（渝规公［2007］沙字第 0313 号）。明确宗地的规划要求为：用地性质为教育科研设计用地；基本容积率不得大于 3.5，地上总建筑规模不超过 90573 平方米；建筑密度不大于 50%，绿地率不小于

30%。

重庆市沙坪坝区发改委于2007年9月向国土部门出具了《关于沙坪坝区土主镇三圣宫村地块工业用地出让前相关条件意见的函》，对宗地提出了以下要求：产业要求为高技术产业科技开发、设计及生产制造；投资强度要求为不低于307万元/亩；产出强度要求为不低于394万元/亩；建设进度要求为取得土地后3个月内开工，16个月内建成投入使用。

重庆市沙坪坝区发改委根据重庆市环保局出具的《重庆市建设项目环境保护批准书》（渝市环准［2006］141号）提出环保要求为：组织实施低污染、低能耗、科技含量高、附加值高、清洁生产项目。

2007年9月27日，沙坪坝区人民政府向市政府提交了《沙坪坝区人民政府关于公示供应西永组团R21－1/03和R21－2/03地块土地使用权的请示》（沙坪坝府文［2007］122号），申请将宗地进行招标拍卖挂牌供应。

经重庆市土地和矿业权交易中心现场踏勘和初审，并经市国土资源行政主管部门及纪检监察部门专题会议会审，2007年11月24日，重庆市国土房管局在《重庆日报》、《中国土地市场网》和《重庆市土地和矿业权交易网》等媒体上对该宗地进行了拟供应土地公告（渝国土房管告字［2007］31号），公告时间为11月24日至12月13日。

公告报名期间，仅重庆康田置业有限公司（以下简称“康田公司”）和重庆中振土地综合治理有限公司（以下简称“中振公司”）联合参与竞买，并支付了149万元保证金。12月20日，重庆市土地和矿业权交易中心向两公司出具了《国有建设用地使用权成交确认书》（渝地交易工［2007］9号），确认两公司以报价1243万元挂牌竞得该宗土地。

2008年1月22日，重庆市人民政府向沙坪坝区人民政府签发了《重庆市人民政府关于重庆康田置业有限公司和重庆中振土地综合治理有限公司有偿使用国有土地的批复》（渝府地［2008］15号），批准将宗地出让给康田公司和中振公司。市国土房管局与两公司订立了出让合同。

第三节

深圳市工业用地招标拍卖挂牌出让实践

一、工业用地招拍挂工作的制度背景

为全面贯彻落实科学发展观，实施创新战略，充分发挥市场在土地资源配置中的基础性作用，保障资源紧缺约束条件下的经济社会可持续发展，建设和谐深圳、效益深圳和国际化城市，按照中央《建立健全教育、制度、监督并重的惩治和预防腐败体系实施纲要》和广东省委、深圳市委相应实施意见的要求，以及深圳市政府《关于进一步加强土地管理推进节约集约用地的意见》（深府［2006］106号）精神，除重点引进项目、重大投资项目、政府财政投资的公共配套和市政基础设施项目等用地可以协议方式出让外，其他用地在3年内逐步实现全部按招标拍卖挂牌方式进行出让。

由于工业用地招标拍卖挂牌出让工作事关经济社会工作大局，深圳市政府专门制定《深圳市工业用地招标拍卖挂牌出让工作近期实施方案（2006—2008）》，以确保按照公开、公平、公正的市场原则，分阶段、分行业、分项目、稳妥有序地推进该项工作。实施方案明确提出如下指导思想：创新土地出让机制，在产业用地方面逐步扩大市场化配置的比例和范围；转变土地管理模式，减少用地审批过程，提高行政效率，促进审批型政府向服务型政府转变；更新资源观，促进产业政策和用地政策从事前优惠向投产后奖励转变；提升土地节约集约利用效益，促进旧工业区改造升级。

二、工业用地招拍挂的组织机构和各部门职责分工

深圳市政府成立深圳市工业用地招标拍卖挂牌出让工作领导小组（以下简称“领导小组”），以保证工业用地招标拍卖挂牌出让工作的顺利实施。分管副市长担任组长，协调城建的副秘书长担任副

组长，市国土、规划、法制、监察、发改、贸工、环保、农林渔业、城管、高新办、建筑工务等部门和宝安、龙岗区政府有关负责人为领导小组成员，领导小组负责统筹工业用地招标拍卖挂牌出让相关工作和协调解决出让过程中遇到的重大问题。深圳市政府相关部门做了职责分工：

(1) 市国土部门负责草拟适用全市的《深圳市土地使用权出让条例》和对《深圳经济特区土地使用权招标拍卖挂牌规定》进行修改；编制年度工业用地招标拍卖挂牌出让计划；制定年度工业用地招标拍卖挂牌出让方案；组织实施具体地块的招标拍卖挂牌出让工作；对项目用地进行监督管理。

(2) 市规划部门负责招标拍卖挂牌出让地块的规划选址，制作用地方案图，核发《建设用地规划许可证》；完成出让地块的前期土地开发与配套设施建设工程的规划、设计；对项目的建设进行监督、验收。

(3) 市发改部门负责制定产业政策和产业发展规划，并以此为依据，会同贸工、国土、规划等部门编制年度产业导向目录，该目录包含禁止协议出让用地的产业目录和重点引进项目、重大投资项目的产业目录；负责出让地块的前期土地开发与配套设施建设工程的立项工作；负责出让地块的项目立项审查；对项目的建设进行监督管理。

(4) 市贸工部门负责统筹设定全市出让地块的项目准入条件，结合市环保局、高新办、大工业区管委会等部门的书面意见，设定招标拍卖挂牌出让地块的包含工业用地控制指标体系等相关指标在内的项目准入条件；负责审查竞买申请人的竞买资格；对项目的建设进行监督管理。

(5) 市环保部门在出让地块的项目准入条件设定阶段明确出让地块的环保要求，并书面提交至市贸工部门；负责项目环境影响的审批工作；对项目的建设、生产进行监督管理。

(6) 市建筑工务部门负责出让地块的前期土地开发与配套设施建设。

(7) 市法制部门负责工业用地招标拍卖挂牌出让的相关法规、政策的审核工作；对深圳市工业用地招标拍卖挂牌出让过程中有关行政部门发生的职责争议进行协调，并对出现的法律问题进行研究论证，向领导小组提出书面法律意见。

（8）市高新办（市产业带办）在市贸工部门制定的全市招标拍卖挂牌出让工业用地的项目准入条件的基础上，结合高新技术用地特点，进一步明确高新园区或高新技术产业带内招标拍卖挂牌出让工业用地的具体项目准入条件，并书面提交至市贸工部门；对辖区项目的建设、生产进行监督管理。

（9）市大工业区管委会在市贸工部门制定的全市招标拍卖挂牌出让工业用地的项目准入条件的基础上，结合辖区用地特点，进一步明确大工业区范围内的招标拍卖挂牌出让工业用地的具体项目准入条件，并书面提交至市贸工部门；对辖区项目的建设、生产进行监督管理。

（10）城市管理部门依职责对工业用地招标拍卖挂牌出让后的违法违规行为依法进行处罚。

（11）市农林渔业部门负责审查核实拟招标拍卖挂牌出让的工业用地不在基本农田和农业保护区、林地等保护用地范围内。

（12）各区政府积极配合市政府各职能部门开展工业用地招标拍卖挂牌出让工作。

（13）市监察部门负责工业用地招标拍卖挂牌出让工作的监督检查，对违法违规行为依法查处，构成犯罪的，移送司法机关追究其刑事责任。

三、工业用地招标拍卖挂牌出让的操作程序

（一）制定年度工业用地招标拍卖挂牌供应计划

对于产业导向目录中禁止协议出让的工业用地、以协议方式出让但在其公示期间有其他符合条件的土地使用者提出用地意向的工业用地、工业用地招标拍卖挂牌出让工作领导小组确定以招标拍卖挂牌方式出让的工业用地，必须以招标拍卖挂牌方式出让。市国土

部门以国民经济和社会发展规划、城市规划、土地利用规划为指引，依据近期建设规划年度实施计划、年度产业导向目录、年度土地供应计划，结合市场需求情况，在征求规划、发改、工业等主管部门和区政府等相关部门意见后，于当年1月1日前拟定该年度工业用地招标拍卖挂牌供应计划，供应计划中须包括以招标拍卖挂牌方式供应工业用地的总量、大致范围和时序安排，供应计划经市政府批准后书面报送至规划、发改部门。

（二）规划选址与准入条件设定

市规划部门在该年度的供应计划批准后30个工作日内，按供应总量的1.2—1.5倍，在供应计划拟定的大致范围内落实具体出让地块，明确具体出让地块的土地利用要求，并书面送至市国土部门。规划落实的地块应当具备通水、通电、通路等基本开发条件。

自收到市规划部门的书函之日起20个工作日内，市国土部门审核选址地块的权属，在选址地块中按总量要求确定具体的出让地块，并书面报送至市贸工、环保、高新产业、农林渔业、建筑工务等部门和各区政府征求意见。

自收到市国土部门的征求意见函之日起20个工作日内，各部门按职责对征求意见函给予回复。市贸工部门会同市环保部门、高新办（市产业带办）、大工业区管委会设定出让地块的项目准入条件。

（三）前期土地开发与配套设施建设

市建筑工务署或区政府收到市国土部门征求意见函后，核查地块的“三通一平”等基本开发条件。

需要建设或完善配套设施的，由市建筑工务署向市发改部门发函提请出让地块的前期土地开发与配套设施建设工程立项。市发改部门须在收到市建筑工务署书函之日起10个工作日内给予复函。

市建筑工务署向市规划部门发函提请出让地块的前期土地开发与配套设施建设工程规划设计。市规划部门须在收到市建筑工务署书函之日起25个工作日内将规划设计文件送至市建筑工务署。

自收到市规划部门规划设计文件之日起 3 个月内，由市建筑工务署或区政府完成出让地块的前期土地开发与配套设施建设工作。确有特殊原因无法完成的，应当承诺在地块成交后 3 个月内完成。

（四）制订年度工业用地招标拍卖挂牌出让方案

市国土部门汇总各部门意见，制定年度工业用地招标拍卖挂牌出让方案。出让方案中明确各出让地块的项目准入条件、出让模式、出让方式和出让日期。项目准入条件包括产业目录、工业用地控制指标体系和环保要求等。依据出让对象的性质分为生地、熟地出让模式；依据出让条件变更性分为不可变更和可变更两种出让方式。不可变更方式出让的地块以总价竞争方式出让，其面积、形状、利用要求等一经出让前公示后，不得变更；可变更方式出让的地块以单价竞争方式出让，竞得方可根据项目需求按照出让前公示中的变更规则，申请对竞得地块的面积、形状等进行适当调整。

在方案制定后 10 个工作日内对外公告年度工业用地招标拍卖挂牌出让方案。

（五）具体地块招标拍卖挂牌出让的实施

市国土部门根据出让方案发布具体地块的土地使用权出让公告，组织宣传推广，受理竞买申请，在竞买申请期结束之日将竞买申请人的名单书面报送至市贸工部门。

自竞买申请期结束之日起 5 个工作日内，竞买申请人应准备相关文件资料，由市贸工部门按照该出让地块预先设定的项目准入条件对竞买申请人的相关资质进行审核，逾期则视为自动放弃竞买申请。收到市国土部门的竞买申请人名单之日起 10 个工作日内，市贸工部门向市国土部门提交通过审核的竞买申请人名单。只有通过市贸工部门审核的竞买申请人才能获得竞买资格。

市国土部门主持举行招标拍卖挂牌、挂牌交易会，经公开竞价后依法确定竞得人或中标人，并与竞得人或中标人签订《深圳市土地使用权出让合同书》（以下简称《出让合同》），预先设定的项目准入条件作为合同的必要组成部分。

工业用地招标拍卖挂牌出让实施期间，土地使用权需求者要求有关主管部门答复有关咨询问题的，各部门必须积极配合，不能推诿。

四、工业用地招拍挂的后续服务和监督

市国土部门将自签订《出让合同》之日起10个工作日内，在土地交易市场、报纸、互联网等有关媒体上公示出让结果，包括出让地块的宗地号、位置、面积、成交价、土地使用权受让人、规划建设项目等信息。并将成交结果通报给市规划、发改、贸工、环保等部门，以及地块所在区政府、有关工业园区管理部门或高新办，通报时同时附送《出让合同》复印件供各职能部门备案。

收到市国土部门的出让结果资料后，市发改部门将受理土地使用权受让人的项目立项申请；市规划部门将受理土地使用权受让人的建设用地规划许可申请，核发《建设用地规划许可证》。

具体地块招标拍卖挂牌出让成交后，各主管部门按照职责范围监督、查处土地使用权受让人是否按《出让合同》约定使用土地。

国土部门负责监督项目是否按《出让合同》约定期限投资建设，逾期不开工的和逾期未竣工的须报送至城管部门依法查处。规划部门负责审核项目是否依法取得建设工程规划许可；监督项目在建设过程中是否遵守建设工程规划许可和《出让合同》约定的规划设计要求，以及建成后是否擅自改变其使用功能，违者会被报送至城管部门依法查处。发改部门负责监督、查处项目的产业类别是否符合《出让合同》约定。贸工部门负责监督、查处项目的投资强度、产出效率等是否符合《出让合同》约定。环保部门负责监督、查处项目建设过程和投产后是否达到环保要求。

地块所在区政府、有关工业园区管理部门或高新办将全力支持和配合各主管部门进行项目监督、查处工作。

第四节 日照市国有建设用地使用权挂牌出让实践

一、挂牌出让国有建设用地使用权

（一）挂牌出让国有建设用地使用权的概念和主体

《招标拍卖挂牌出让国有建设用地使用权规定》（国土资源部令 39 号）明确地提出了挂牌出让国有建设用地使用权概念。

挂牌出让国有建设用地使用权，是指出让人（市、县人民政府国土资源行政主管部门）发布挂牌出让（国有建设用地使用权）公告，按照公告规定的期限将拟出让宗地的交易条件在指定的土地交易场所挂牌公布，接受竞买人的报价申请并更新挂牌价格，根据挂牌期限截止时的出价结果或者现场竞价结果确定国有建设用地使用权人的行为。

国土资源部《招标拍卖挂牌出让国有建设用地使用权规范》（国土资发［2006］114 号）明确规定挂牌出让国有建设用地的使用权人的主体是市、县国土资源行政主管部门。

（二）挂牌出让国有建设用地使用权的特点及现实意义

挂牌出让国有建设用地使用权是在国有建设用地使用权出让实践的基础上创新出来的，完善了国有建设用地使用权公开出让行为，为国有建设用地使用权公开出让提供了更多的选择方式。

挂牌出让国有建设用地使用权，综合了招标拍卖方式出让国有建设用地使用权的优点，同时增添了招标拍卖、协议出让所不具有的独特优势，遵循了“公开、公平、公正”出让国有建设用地使用权的原则，为竞买国有建设用地使用权者提供了更多的了解市场的时间，有利于解决国有建设用地使用权出让过程中出让价格虚高等不合理现象的发生。

因此，挂牌出让国有建设用地使用权具有国有建设用地使用权招标拍卖所不具有的特点：一是挂牌出让国有建设用地使用权的挂牌报价时间不少于10个工作日，为竞买人更加详细、客观、全面地了解是当地土地市场行情提供更多的时间保证，并为竞买人参与竞买提供了较多的决策时间。二是挂牌出让报价期间，允许竞买申请人继续报名参与竞买，为更多的竞买人参与竞买提供保证，增强了挂牌出让竞价的强度（国土资源部39号令第十一条明确规定：申请截止时间应当为挂牌出让结束日前2天）。三是在国有建设用地使用权挂牌报价期间，竞买人可以多次报价，其间隔时间不限，有利于竞买人理想决策和理性竞争。四是操作简便、便于开展，基本上不需要组织专门会场，安排众多人员聚集在一起，竞买人只需填写一份报价单便能参与竞买；五是有利于各地土地有形市场的形成和运作，在各地土地交易市场中均设交易电子显示屏，利用电子显示屏进行竞价，有利于人们进一步认识和了解土地有形市场的运作模式；六是挂牌出让只需要有不少于一个竞买人报价，其报价高于底价，便可以成交，无需像招标会那样，至少有三个竞投人，才能够举行招标会。

并且，挂牌出让国有建设用地使用权，在促使各地建立、健全土地交易市场方面，具有重要的促进作用。市、县国土资源行政主管部门发布挂牌出让国有建设用地使用权公告后，通过公告或挂牌出让文件公开挂牌出让宗地的起始价和加价幅度，并将挂牌出让宗地的详细情况在固定场所、通过一种固定方式进行公示，在挂牌报价期限内接受具备竞买资格的竞买人的竞买报价申请，并将符合条件的报价予以公示，以便接受新的报价。这样需要各地国土资源管理部门设立固定的挂牌出让场地——土地交易市场，并配备相应的设备、和相关配套政策及交易程序。

同时，挂牌出让国有建设用地使用权，为市、县国土资源行政主管部门出让复杂情况宗地提供更多的选择方式。

当然，挂牌出让国有建设用地使用权，有其不利的因素。一是挂牌出让报价时间较长（报价公示期限不少于10日），长时间的报价公示容易造成竞买人之间相互串标；二是挂牌出让国有建设用地使用权需要固定的场所公示挂牌出让信息，对场所要求比较严格；三是挂牌出让国有土地使用权有着严格程序要求，挂牌出让报价截止并不能够确认竞得人，有时需要通过现场竞价的方式确定，因此，需要明确现场竞价的方式程序以及规则等要求。

挂牌出让国有建设用地使用权的不利因素，可以通过多种措施解决。

二、挂牌出让国有建设用地使用权方案的编制

国有建设用地使用权挂牌出让，是公开出让国有建设用地使用权的三种主要方式（招标拍卖挂牌、挂牌）之一。依法依规编制国有建设用地使用权挂牌出让方案并报有批准权限人民政府批准，是挂牌出让国有建设用地使用权的基础和前提，也是发布挂牌出让国有建设用地使用权公告、编制挂牌出让文件重要依据。

（一）挂牌出让国有建设用地使用权方案拟定和报批

根据《房地产管理法》、国土资源部《招标拍卖挂牌出让国有建设用地使用权规定》（国土资源部令39号）的规定，挂牌出让国有建设用地使用权方案由市、县人民政府国土资源行政主管部门会同城市规划、建设、房屋管理部门共同拟定，报有批准权限的人民政府批准后，由市、县人民政府国土资源行政主管部门组织实施。

根据《房地产管理法》第十二条规定：国有建设用地使用权出让，由市、县人民政府有计划、有步骤地进行。出让的每幅地块、用途、年限和其他条件，由市、县人民政府国土资源行政主管部门会同城市规划、建设、房产管理部门共同拟定方案，按照国务院规定，报经有批准权的人民政府批准后，由市、县人民政府国土资源行政主管部门实施。

因此，市、县国土资源、城市规划、建设、房屋管理等行政主管部门是编制挂牌出让国有建设用地使用权出让方案的主体，并且编制的挂牌出让方案报有批准权限的人民政府批准后，市、县人民政府国土资源行政主管部门要按照批准的挂牌出让方案的要求组织实施。挂牌出让成交的土地无需再报政府批准。

（二）挂牌出让国有建设用地使用权方案的主要内容

挂牌出让国有建设用地使用权方案是以挂牌方式出让国有建设用地使用权具体宗地的出让实施方案，应包括以下主要内容：

（1）挂牌出让宗地的来源、位置、面积、（规划）用途、出让年限、规划设计要求以及其他有关情况。

（2）挂牌出让宗地的出让时间、地点及竞买人资格范围要求等；

（3）挂牌出让宗地的竞买规则等；

（4）挂牌出让具体实施主体等。

（三）挂牌出让国有建设用地使用权方案编制过程中应注意的问题

在编制挂牌出让国有建设用地使用权方案过程中，主要注意以下几个问题：

（1）挂牌出让国有建设用地使用权方案中，必须明确出让方式是挂牌出让，而不是招标拍卖或其他方式；

（2）挂牌出让国有建设用地使用权方案中必须明确挂牌出让时间、地点、竞价方式等；

（3）挂牌出让方案中必须明确挂牌出让宗地情况，并对竞买人范围作出要求。

（4）挂牌出让方案编制主体是市、县国土资源、城市规划、建设、房屋管理等行政主管部门，不是各级人民政府及其派出机构，也不是土地储备中心等部门。

三、挂牌出让国有建设用地使用权活动的组织实施

（一）发布挂牌出让国有建设用地使用权公告

发布挂牌出让国有建设用地使用权公告前需要解决挂牌出让宗地起始价、加价幅度、竞买保证金、挂牌出让报价起止时间、挂牌出让公告发布范围、发布时间等主要事项，这些事项一般应通过集体研究决

定。

1. 起始价、加价幅度和竞买保证金确定。

起始价：挂牌出让起始价，一般由出让人确定。出让人依据土地估价结果、产业政策以及土地市场情况确定的出让宗地的起始价格，并在挂牌出让公告中明确告知。其目的是让竞买人对挂牌出让宗地的价值有一个初步的认识，避免竞买人盲目出价，造成挂牌出让价格的混乱。必须明确挂牌出让起始价，不是出让宗地的成交价，成交价格可以等于起始价，但一般不能够低于起始价。

确定挂牌出让起始价应注意以下几个问题：一是挂牌出让起始价必须是依据土地估价结果确定；二是挂牌出让起始价必须考虑土地市场情况，如果土地市场行情较好，挂牌出让起始价可以等于评估价格，如果土地市场行情不好，挂牌出让起始价可以低于评估价，但不能低于评估价的70%；三是挂牌出让起始价必须集体研究确定，并在挂牌出让公告、文件中明确告知。挂牌出让起始价不属于保密内容，但其所依据的评估地价应予以保密。

加价幅度：加价幅度属于挂牌出让公告中必须明确告知的内容，是竞买人申请竞买、填报竞买价格的重要依据。

加价幅度一般是根据出让宗地起始价格确定，出让宗地面积大、起始价高的宗地，加价幅度可确定的高，起始价与评估地价差距大的宗地，加价幅度也可以高。一般情况加价幅度确定在起始价的1%—5%之间。

竞买保证金：竞买保证金是保障挂牌出让活动顺利进行的基础之一。竞买保证金一般是根据挂牌出让宗地起始价确定，由于竞买保证金在挂牌《出让成交确认书》签订后自行转为挂牌出让成交宗地定金，因此，竞买保证金一般不应超过将来土地成交价款（土地出让金）的20%。

2. 挂牌出让及报价的起止时间。

挂牌时间：按照《招标拍卖挂牌出让国有建设用地使用权规范》的规定，挂牌时间必须大于或等于10日。

报价时间：一般情况下，竞买人报价时间应与挂牌时间是一致的，但由于在挂牌出让期间，挂牌人需要有一定的时间准备每天的挂牌活动、审查竞买人竞买报价单，公示竞买人竞买报价，因此竞买人的竞买报价时间可以限定在挂牌时间内的一定时间范围内，如挂牌人的工作时间内等，但挂牌报价时间的截止时间应与挂牌截止时间一致。

3. 公告发布时间及范围。挂牌出让国有建设用地使用权公告一般在挂牌出让开始日前不少于20天发布，按照《招标拍卖挂牌出让国有建设用地使用权规定》、《招标拍卖挂牌出让国有土地使用权规范》的要求，挂牌出让公告必须在中国土地市场网、当地报刊等媒体上发布，同时要在当地土地交易市场公示。

挂牌出让公告发布后，应及时将挂牌出让公告的相关信息告知挂牌出让宗地的预约用地人。挂牌出让国有建设用地使用权公告最好附上挂牌出让宗地的位置示意图，以方便竞买申请人初步了解挂牌出让地块的区位和周边环境状况。

4. 公告的内容。挂牌出让公告应包括：政府批准情况、出让人名称、地址、咨询方式等，授权或指定下属事业单位以及委托代理机构实施挂牌活动的，还应注明其机构名称、地址、联系电话等。挂牌出让宗地的位置、面积、开发程度、规划设计指标要求、土地出让年限和建设时间等；竞买人资格要求及申请取得竞买资格的方式要求等；挂牌出让报价起止时间、地点等；挂牌出让宗地的起始价、加价幅度以及出让金缴纳方式等；挂牌出让文件获取方式、时间、地点等；竞买保证金数额、缴纳方式和期限；其他需要公告的具体事项。

5. 其他要求。挂牌出让国有建设用地使用权公告，是出让人将挂牌出让宗地的信息向外发布的第一途径，也是《招标拍卖挂牌出让国有建设用地使用权规定》、《招标拍卖挂牌出让国有土地使用权规范》所明确要求的。

由于挂牌出让不同宗地个体因素差异较大，公告不可能将挂牌出让宗地的全部信息清晰地告知竞买申请人。因此，挂牌出让公告应简明、突出重点，对于需要告知的其他信息，可以在挂牌出让文件中进行详细说明，并在挂牌出让公告中明确告知“挂牌出让宗地详细情况和有关要求，见挂牌出让文件”。

（二）竞买申请及竞买资格审查

1. 竞买申请时间。竞买申请的受理时间一般在挂牌出让公告发布后一定时间至挂牌时间截止日前 2 日（一定时间：一般是指是在挂牌出让公告发布后 1 周左右，挂牌出让截止前 2 日是国土资源部令 39 号明确要求的截止时间）。

2. 竞买申请与资格审查。挂牌出让国有建设用地使用权的组织实施机构（挂牌人）收到竞买申请后，进行预编号或申请人自选竞买编号后，挂牌人在规定时间内对竞买人的资格进行审查。一般情况下，按照挂牌出让文件规定要求提供资料且竞买保证金按时到账的竞买申请人属于挂牌出让宗地竞买人，取得有效竞买资格，挂牌人在规定时间告知其已取得竞买资格并发出竞买资格确认书，对于无效申请或不具备竞买条件的竞买申请人，挂牌人应在规定时间内告知其未取得竞买资格。

竞买申请人提交竞买申请时，须在竞买申请书中作出承担违约责任并全面履行义务的书面承诺。

挂牌人或出让委员会对竞买申请人提交的申请进行审查，有下列情形之一的，为无效申请：

申请文件在竞买申请截止日后收到；

申请文件不齐全或不符合规定的；

申请文件字迹不清，无法辨认的；

委托他人代理的，委托文件不齐全或不符合规定要求的；

申请人不具备资格的。

被认定为无效申请的，挂牌人无需对竞买申请人进行解释。

注：对于申请人不具备资格、或申请人在竞买申请截止日后提交的申请的，工作人员应及时告知其不具备资格或申请时间已截止，以避免不必要的损失。

（三）国有建设用地使用权挂牌出让底价（保留价）确定

对于挂牌出让国有建设用地使用权设有底价（或保留价）的宗地，必须在公告或挂牌出让文件中明确告知竞买申请人。出让人应在挂牌时间截止前将底价告知挂牌出让主持人。挂牌出让主持人在主持挂牌出让国有建设用地使用权出让活动过程中，要明确地告知竞买人挂牌出让宗地设有保留价的情况。

挂牌出让宗地的底价（或保留价）应当保密。出让人如果在公告发布时同时确定挂牌出让宗地的底价，极易造成底价的泄密，从而影响挂牌出让活动顺利进行，不利于竞买人之间的公平竞争，并一定程度上影响竞买申请人竞买申请。

为了确保挂牌出让底价不泄密，挂牌出让底价可以在挂牌时间截止前的一定时间内确定，并及时密封。这样做主要考虑因素有以下几点：此时挂牌出让活动临近结束，竞买人对竞买的宗地都有明确的心理价位，对竞买人的竞买报价影响较小；出让宗地的竞买情况已经明确，便于出让人根据市场情况确定更加科学合理的底价；有利于底价（或保留价）的保密。

（四）国有建设用地使用权挂牌出让活动暨挂牌出让结果确认会组织实施

1. 挂牌前期准备的几项工作。

一是做好挂牌出让宗地相关信息公布的准备。根据国土资源部39号令的规定，在挂牌公告及挂牌出让文件规定的挂牌起始日，出让人将挂牌宗地的面积、界址、空间范围、现状、用途、使用年期、规划指标要求、开工时间和竣工时间、起始价、增价规则及增价幅度等，在挂牌公告和挂牌出让文件规定的土地交易场所挂牌公布。因此，在挂牌出让起始日，挂牌人应做好挂牌出让宗地的有关信息在挂牌出让公告、挂牌出让文件约定的场所公布的准备。

二是做好及时接收竞买人竞买报价的准备。

三是要准备好成交确认书、土地出让合同等法律文书。

四是挂牌出让主持人详细了解挂牌出让宗地有关情况和挂牌出让有关要求。

2. 挂牌报价。在挂牌出让起始日，挂牌人及时公布挂牌出让宗地的有关信息，同时按照挂牌出让公告和挂牌出让文件的约定，接受取得竞买资格的竞买人的报价申请。一般情况下，竞买人的首次报价，需要持竞买资格确认书。

挂牌出让主持人负责对竞买人的挂牌报价进行审查，对于符合规定的竞买报价单，挂牌出让主持人签字予以确认，在报价单上记明接受的时间以备后查，然后在挂牌出让宗地信息发布场所将竞买人的最新报价予以公示。公示时只公示竞买人的竞买编号，不公示竞买人的单位名称。

挂牌出让主持人审查报价单应注意以下几个问题：

一是报价单是否按照公告和挂牌出让文件规定要求填写，填写内容是否完整清晰；

二是报价单是否是法定代表人或其授权委托人亲笔签字，报价单的有关信息是否与竞买申请书一致；

三是报价是否按照规定的加价幅度报价，并且不低于当前的最高报价。

四是挂牌主持人接受挂牌报价单时间要与公告和挂牌出让的文件约定一致。

3. 挂牌出让结果确认。按照《招标拍卖挂牌出让国有建设用地使用权规定》、《招标拍卖挂牌出让国有土地使用权规范》规定，挂牌时限截止时，挂牌主持人宣布挂牌出让宗地的最高报价及其报价者，并询问竞买人是否愿意继续报价，如果有竞买人愿意继续报价，挂牌出让转入现场竞价，通过现场竞价确定竞得人。因此，在挂牌期限届满前，挂牌人应组织出让人、竞买人等有关人员及工作人员在挂牌出让宗地相关信息发布场所或土地交易市场举行挂牌出让结果确认会，确认挂牌出让宗地是否成交。挂牌出让结果确认会必须由挂牌出让主持人主持，挂牌人组织。

挂牌期限届满，挂牌出让主持人现场宣布最高报价及其报价者，并询问竞买人是否愿意继续竞价。有竞买人表示愿意继续竞价的，挂牌出让转入现场竞价，通过现场竞价确定竞得人。挂牌出让主持人连续三次报出最高挂牌价格，没有竞买人表示愿意继续竞价的，按照下列规定确定是否成交：

在挂牌期限内只有一个竞买人报价，且报价不低于底价，并符合其他条件的，挂牌成交；

在挂牌期限内有两个或者两个以上的竞买人报价的，出价最高者为竞得人；报价相同的，先提交报价单者为竞得人，但报价低于底价者除外；

在挂牌期限内无应价者或者竞买人的报价均低于底价或者均不符合其他条件的，挂牌不成交。

4. 挂牌期间注意的问题。按照《招标拍卖挂牌出让国有建设用地使用权规定》，“挂牌出让的，出让公告中规定的申请截止时间，应当为挂牌出让结束日前 2 天” 的规定，在挂牌出让期间，挂牌人不但要继续接受竞买人的竞买申请，又要接受已取得有效资格的竞买人竞买报价，这两项工作既有一定的联系，又有矛盾冲突。因此，在挂牌出让期间要处理好接受竞买申请与接受竞买报价之间的矛盾，不能因新的竞买人申请报名竞买，影响已有竞买人的竞买报价。为此，应主要注意以下几个问题：

一是要对竞买人报名情况严格保密；二是接受竞买人的竞买申请与接受竞买报价单要在不同的地点进行；三是要及时公布竞买人竞买报价情况。

四、挂牌出让国有建设用地使用权文件

（一）挂牌出让国有建设用地使用权文件的主要内容

按照国土资源部《招标拍卖挂牌出让国有土地使用权规范》的要求，挂牌出让文件主要包括以下几项内容：

（1）挂牌出让公告；

（2）挂牌出让须知；

（3）竞买申请书；

（4）挂牌竞买报价单；

（5）宗地界址图；

（6）宗地规划指标要求；

（7）《成交确认书》；

（8）《国有建设用地使用权出让合同》；

（9）其他相关文件。

（二）编制挂牌出让国有建设用地使用权文件应注意的几个问题

国有建设用地使用权挂牌出让文件，是挂牌出让国有建设用地使用权活动中的重要文件资料，是挂牌人组织挂牌出让活动、竞买人申请竞买国有土地使用权的依据，因此要高度重视。

挂牌出让国有建设用地使用权文件，一是要符合国家的有关法律、法规政策；二是要与政府批准挂牌出让方案有关要求一致，不能够出现冲突；三是内容要全面，要将挂牌出让国有建设用地使用权的有关要求、约定或瑕疵在文件中一一表述，让组织者明白、竞买者清楚，不会产生歧义；四是挂牌出让文件中的相互内容要一致，不能出现冲突。

（三）挂牌出让竞买须知

挂牌出让须知是挂牌出让文件中的重要组成部分，是挂牌人组织、竞买人参与国有建设用地使用权挂牌出让活动的主要依据性文件，对出让人、挂牌人、竞买申请人、竞买人都具有法律文书性质的约束作用。

国土资源部《招标拍卖挂牌出让国有土地使用权规范》中提供的挂牌出让须知示范文本是一个对挂牌出让国有建设用地使用权共同要求，由于挂牌出让宗地的不同情况，可以以该文本为基础，根据挂牌出让宗地的不同情况和要求，编写具体实施挂牌出让宗地的竞买须知。

一是补充挂牌出让宗地具体情况信息。如挂牌出让宗地竞买人范围、条件，有关约束、限制性因素以及宗地的瑕疵等。

二是挂牌出让活动的其他要求，如收费要求、土地出让合同签订要求等。

三是要明确挂牌出让截止后进入现场竞价的竞价方式、程序、规则等要求。

五、挂牌出让国有建设用地使用权（活动）实例

（一）实例概况

根据日照市年度土地供应计划和拟出让宗地实际情况，日照市国土资源局决定对数宗经营性用地实行挂牌出让，其挂牌出让方案初步意见经局会审会同意后，会同市规划建设委员会（规划、建设、房管）分别拟定了2007A－44、61号两宗国有建设用地使用权挂牌出让方案后，报日照市人民政府批准，由市国土资源局具体组织实施。

2007年7月21日，日照市国土资源局根据市政府批准的挂牌出让方案和土地市场需求状况，发布挂牌出让国有建设用地使用权公告，以挂牌方式公开出让2007A－44、61号两宗国有建设用地使用权，现以日国土资告字［200×］×号公告为例，就挂牌出让国有建设用地使用权活动进行解读。

1. 确定以挂牌方式出让2007A－44、61号两宗国有建设用地使用权因素。一是挂牌出让土地，土地面积相对较小，按照城市总体规划要求不具备单独建设条件，需要与周边土地一并规划建设。二是土地周边情况较为复杂，以挂牌方式出让，可以让竞买人有更多的时间了解挂牌出让宗地的有关情况，减少盲目竞争。三是有利于锻炼队伍、降低行政成本。

2. 挂牌出让公告发布及其内容。为了组织好2007A－44、61号两宗国有建设用地使用权的挂牌出让活动，日照市国土资源局主要领导召集有关科室人员对出让宗地有关情况和市场状况进行集体研究分析，委托局评估机构（事业单位）对出让宗地进行了评估，在此基础上，确定了挂牌出让宗地的起始价、加价幅度、竞买保证金等，并按照国家有关规定确定了挂牌出让的起止时间等挂牌出让公告必须具备的相关要素。

日照市国土资源局挂牌出让国有建设用地使用权公告

日国土资告字［200×］×号

经日照市人民政府批准，日照市国土资源局决定挂牌出让以下两宗国有建设用地使用权，现将有关事宜公告如下：

一、出让宗地的基本情况及规划要求（见表12－1）

表12－1

编号	位置	面积（m^2）	规划用途	出让年限	规划要求
2007A－44	秦楼街道张家台村北、山东百替用地西侧	4086.2	休疗养	至2053年12月8日止	容积率0.6—0.8 绿地率≥45%
2007A－61	日照师范学校东侧、店子村南侧	7263.0	居住	70年	容积率≤1.3 绿地率≥35%

挂牌出让宗地的其他情况，见出让文件。

二、挂牌出让时间、期限及地点

1. 挂牌期限：2007年8月15日至2007年8月28日下午15：00

2. 报价时间：挂牌期间每天8：30－11：30，15：00－17：00

3. 挂牌报价截止时间：2007年8月28日15：00

4. 挂牌报价地点：日照市国土资源局一楼交易大厅（泰安路59号）

三、竞买人范围及有关要求

中华人民共和国境内外的法人、自然人和其他组织，除法律另有规定外，均可申请参加，竞买申请人可以单独申请，也可以联合申请。但欠日照市政府土地出让金的单位和个人（包括子公司及其相关的企业）不得申请参加竞买。

四、竞买（标）保证金、起始价、加价幅度及付款方式（见表12－2）

表 12－2　　单位：万元、人民币

编号	竞买保证金	起始价	加价幅度	付款方式
2007A－44	310	310	10	成交确认书签订后5个工作日内付清全部成交价款
2007A－61	780	780	10	

五、挂牌出让文件的索取及报名

有意申请参加挂牌出让宗地的竞买者，可在2007年8月6日至2007年8月14日（工作时间），到日照市国土资源局索取材料及申请报名；申请报名时需按规定缴纳竞买保证金并提交如下资料：

（1）竞买申请书；（2）申请人有效身份证明文件原件及复印件（复印件留存）；（3）法定代表人有效身份证明文件原件及复印件（授权委托书、委托代理人身份证原件及复印件，复印件留存）；（4）需提供的其他资料（以上提供资料复印件需加盖单位公章）。

竞买保证金到账截止时间为2007年8月14日。

六、本次挂牌出让宗地详情和有关要求见挂牌出让文件。

查询电话：

查询网址：

日照市国土资源局

2007年7月26日

（二）挂牌出让文件

挂牌出让公告发布后，出让人（日照市国土资源局）组织有关人员（土地利用科工作人员）按照国土资源部《招标拍卖挂牌出让国有土地使用权规范》的有关规定，编制挂牌出让文件。

挂牌出让文件在《招标拍卖挂牌出让国有土地使用权规范》要求相关要件基础上，将挂牌出让方案、政府批准文件等有关材料纳入到挂牌出让文件之中。

本次挂牌出让文件主要包括以下内容：

（1）《日照市国土资源局挂牌出让国有土地使用权公告》（以下简称《公告》）

（2）《日照市 2007A－44、61 号国有土地使用权挂牌出让竞买须知》

（3）《日照市 2007A－44、61 号宗地挂牌出让现场竞价须知》

（4）《日照市 2007A－44、61 号宗地图》

（5）《日照市 2007A－44、61 号宗地竞买申请书（样本）》

（6）《授权委托书》

（7）《竞买资格确认书》

（8）《日照市 2007A－44、61 号宗地竞买报价单（样本）》

（9）《日照市 2007A－44、61 号宗地挂牌出让成交确认书》

（10）日照市 2007A－44、61 号宗地《国有建设用地使用权出让合同》（样本）

（11）《日照市人民政府关于日照市 2007A－44 号国有土地使用权挂牌出让方案的批复》

（12）《日照市人民政府关于日照市 2007A－61 号国有土地使用权挂牌出让方案的批复》

（13）《日照市 2007A－44 号国有土地使用权挂牌出让方案》

（14）《日照市 2007A－61 号国有土地使用权挂牌出让方案》，

（15）《规划设计条件（日照市 2007A－44、61 号）》

日照市 2007A－44、61 号挂牌出让国有
建设用地使用权竞买须知（部分）

一、本竞买须知依据《中华人民共和国土地管理法》、《中华人民共和国城市房地产管理法》、《中华人民共和国城镇国有建设用地使用权出让转让暂行条例》、国土资源部《招标拍卖挂牌出让国有建设用地使用权规定》、《招标拍卖挂牌出让国有建设用地使用权规范》（试行）、日照市人民政府令 33 号及有关法律法规制定。

二、（略）

三、本次挂牌出让国有建设用地使用权的出让人为日照市国土资源局，挂牌出让活动由日照市国土资源局具体组织实施；日照市国土资源局为本次挂牌出让国有建设用地使用权活动的挂牌人。

四、(略)

挂牌出让宗地的基本情况及要求见表 12－3。

表 12－3

编号	位置	面积 (m^2)	规划用途	出让年限	规划要求
2007A－44	秦楼街道张家台村北、山东百替用地西侧	4086.2	配套用地	至 2053 年 12 月 8 日止	容积率 1.0—1.2 绿地率≥45%
2007A－61	日照师范学校东侧、店子村南侧	7263.0	居住	70 年	容积率≤1.3 绿地率≥35%

五、(略)

六、(简)

(一) 挂牌文件取得：有意者可于 2007 年 8 月 3 日至 2007 年 8 月 26 日下午 15：00 时前（工作时间内），到日照市国土资源局（泰安路 59 号）获取本次挂牌出让文件，挂牌出让文件包括：(略)

(二) 提交申请：申请人可于 2007 年 8 月 3 日至 2007 年 8 月 26 日（工作时间），到日照市国土资源局（泰安路 59 号）提出中文书写的书面申请，缴纳竞买保证金（保证金见本须知第九条），登记报价编号。

竞买保证金到账的截止时间为 2007 年 8 月 26 日下午 17：00 时前。(略)

(三) 资格审查（略）

(四) 确认竞买人资格

经审查，申请人具备申请条件，并按规定交纳竞买保证金的，日照市国土资源局将在 2007 年 8 月 27 日上午 8：30 前通知取得竞买人资格，发给《竞买资格确认书》。

七、申请人一经申请竞买，即视为对本次挂牌出让文件及挂牌出让地块现状无异议且全面接受（包括附加条件和约定）、应全面履行《国有建设用地使用权竞买申请书》和有关书面承诺并承担责任。

八、本次挂牌出让国有建设用地使用权的挂牌报价时间、地点

1. 挂牌及报价起始时间：2007 年 8 月 15 日；

2. 挂牌及报价截止时间：2007 年 8 月 28 日 15：00；

3. 接受报价时间：挂牌期间的上午 8：30 至上午 11：30 和下午 3：00至 5：30。

4. 挂牌及报价地点：日照市国土资源局一楼交易大厅（日照市泰安路 59 号）。

九、竞买保证金、起始价、加价幅度及付款方式（见表 12－4）

表 12－4　　单位：万元、人民币

编号	竞买保证金	起始价	加价幅度	付款方式
2007A－44	60	310	10	成交确认书签订后 5 个工作日内付清全部成交价款
2007A－61	160	780	10	

十、根据市规划建设委员会日建规字［200×］×号“该地块不具备单独建设条件，需解决好出入口问题，并与周边地块一并规划建设”的意见，2007A－61 宗地的竞买人，需自行协调解决该宗地开发建设过程中遇到的上述问题。

十一、挂牌出让按下列程序进行

（一）公布挂牌信息

挂牌人在挂牌出让时间内，将本次挂牌出让宗地的位置、面积、用途、使用年限、起始价、增加幅度等在日照市国土资源局一楼交易大厅（泰安路 59 号）电子大屏幕公布。

（二）挂牌竞价

在挂牌报价时间内，竞买人填写《挂牌竞买报价单》（见样本）报价，竞买人可以多次报价。竞买人的首次报价，须持日照市国土资源局签发的《竞买资格确认书》。

1. 竞买人报价；

2. 挂牌人在挂牌报价规定的接受时间内接受竞买人的《挂牌竞买报价单》，并对报价单予以审核，对符合规定的报价，挂牌主持人签字

予以接受；

3. 挂牌主持人确认该报价后，将报价在日照市国土资源局交易大厅的电子大屏幕上公示，并随时更新竞投价格。公示时，只公示竞买人报价编号，不公示竞买人真实名称。

（三）挂牌截止

本次挂牌出让宗地竞买报价截止时间为 2007 年 8 月 28 日下午15：00；报价截止后，举行挂牌出让结果确认会暨摘牌签约仪式。

挂牌人具体组织本次挂牌出让国有建设用地使用权的挂牌出让结果确认会。挂牌出让结果确认会由挂牌主持人主持，竞买人应当出席挂牌出让结果确认会暨摘牌签约仪式现场。

1. 挂牌主持人介绍本次挂牌出让国有建设用地使用权活动有关情况。

2. 主持人宣布挂牌出让结果确认会暨摘牌签约仪式开始。

3. 出让人将密封的挂牌出让宗地底价交给挂牌主持人，挂牌主持人现场打开密封件，了解挂牌出让宗地底价。

4. 挂牌主持人主持，逐宗地确认挂牌出让结果。

5. 挂牌主持人介绍一宗地具体情况，宣布其最高报价及其报价者，并询问竞买人是否愿意继续竞价。

6. 有竞买人表示愿意继续竞价的，即属于挂牌截止时有两个或两个以上竞买人要求报价的情形，挂牌主持人应当宣布该宗地挂牌出让转入现场竞价，通过现场竞价确定该宗地竞得人。

7. 挂牌主持人连续三次报出该宗地最后挂牌价格，没有竞买人表示愿意继续竞价的，挂牌主持人按下列规定确定该宗地挂牌结果：

（1）在挂牌期限内只有一个竞买人报价，且报价不低于底价的，挂牌主持人宣布该宗地挂牌成交，该报价者为竞得人；

（2）在挂牌期限内有两个或者两个以上竞买人报价的，且最高报价不低于底价的，挂牌主持人宣布该宗地挂牌成交，出价最高者为竞得人；

（3）在挂牌期限内无应价者或者竞买人的报价均低于底价或均不符合其他条件的，挂牌主持人宣布该宗地挂牌不成交。

8. 签订《成交确认书》。确定竞得人后，挂牌人与竞得人当场签订《成交确认书》（见样本）。挂牌人或竞得人不按照规定签订《成交确认书》的，应当承担法律责任。竞得人拒绝签订《成交确认书》也不能对抗挂牌成交结果的法律效力。

9. 挂牌主持人主持确认下一宗地挂牌出让结果。

（四）现场竞价

现场竞价由土地招标拍卖挂牌主持人主持进行，取得该宗地挂牌竞买资格的竞买人均可参加现场竞价。现场竞价按下列程序举行：

（1）挂牌主持人应当宣布现场竞价的起始价、竞价规则和增价幅度，并宣布现场竞价开始。现场竞价的起始价为挂牌活动截止时的最高报价增加一个加价幅度后的价格。

（2）参加现场竞价的竞买人应当按照竞价规则报价。

（3）挂牌主持人确认该竞买人应价或者报价后继续竞价。

（4）挂牌主持人连续三次宣布同一报价而没有再报价，且该价格不低于底价的，挂牌主持人宣布最高报价者为竞得人。最高报价低于底价的，挂牌主持人宣布该宗地现场竞价终止。

在现场竞价中无人参加竞买或无人加价的，以挂牌截止时出价最高者为竞得人，但低于挂牌底价者除外。

现场竞价的竞价规则及有关要求详见《现场竞价须知》（日国土须知［2007］第19号）。

（五）（略）

（六）出让结果公布（略）

十二、报价规则

（一）本次挂牌出让以价高者得的原则确定竞得人。

（二）本次挂牌以增价方式进行报价，每次加价幅度不得小于《公告》（日国土资告字［200×］×号）、本《须知》和挂牌主持人宣布的增价幅度。

（三）竞买人以填写《挂牌竞买报价单》方式报价，《挂牌竞买报价单》一经报出，不得撤回。

（四）在报价期间，竞买人可多次报价。

（五）竞买人报价有下列情形之一的，为无效报价：

1. 报价单未在挂牌期限内收到的；

2. 不按规定填写报价单的；

3. 报价单填写人与竞买申请文件不符的；

4. 报价不符合报价规则的；

5. 报价不符合挂牌文件规定的其他要求的。

（六）有两个或两个以上竞买人报价相同的，先提交报价单者为该挂牌价格的竞得人。

十三、注意事项（略）

十四、（略）

十五、（略）

十六、（略）

十七、（略）

十八、（略）

十九、（略）

二十、国有建设用地使用权交付（略）

二十一、（略）

二十二、申请人、竞得人、出让人以外汇支付本次挂牌的竞买保证金、定金和土地出让金成交价款的，按照国家外汇管理局的规定要求办理。

二十三、本次挂牌出让国有建设用地使用权出让活动及结果由日照市公证处予以公证。土地出让合同由公证处予以公证的，费用由受让人承担。

二十四、（略）

二十五、（略）

日照市国土资源局

2007 年 7 月

日照市2007A－44、61号宗地挂牌出让现场竞价须知

根据国土资源部《招标拍卖挂牌出让国有建设用地使用权规定》第十九条，“挂牌期限届满，挂牌主持人现场宣布最高报价及其报价者，并询问竞买人是否愿意继续竞价。有竞买人表示愿意继续竞价的，挂牌出让转入现场竞价，通过现场竞价确定竞得人”的规定和《招标拍卖挂牌出让国有土地使用权规范》要求，若在2007年8月28日15：00时挂牌报价截止时，日照市2007A－44、61号宗地中，若仍有竞买人要求报价的，将组织现场竞价。为充分体现公开、公正、公平和诚实信用、价高者得的原则，根据有关法律法规、政策的规定，对日照市2007A－44、61号宗地挂牌出让的现场竞价作如下规定：

一、竞价地点：日照市国土资源局一楼交易大厅（日照市泰安路59号）。

二、竞价者：具有竞买资格的竞买人。

三、竞价时间：自2007年8月28日下午15：00时始。

四、凡符合现场竞价条件未按时参加竞价者，视为自行放弃。

五、现场竞价由日照市国土资源局主持，并由市公证处现场公证。

六、报价必须在当时最新价格的基础上按主持人现场公布的加价幅度报价。报价者须填报《挂牌出让国有建设用地使用权竞买报价单》。

七、在现场报价时，法定代表人或委托代理人须在《挂牌出让国有建设用地使用权竞买报价单》上签字并加盖公章，若时间较急，法定代表人或委托代理人只签字或盖章也视为有效。

八、主持人宣布当前最新价位和新一轮增价幅度，并宣布新一轮竞价开始后，竞买人新的竞价必须在2—5分钟内（主持人可根据现场情况确定报价时间）填报，即填写呈报《挂牌出让国有建设用地使用权竞买报价单》。报价经确认生效后予以公示。下一轮竞价以此类推。

九、主持人可根据现场竞价情况适当调整增价幅度。

十、新一轮竞价在规定时间结束后无报价者，主持人连续3次报出最高报价，仍无报价者，最高报价（不低于保留价）者即为竞得人；若有两个或者两个以上报价相同者，先报价者为竞得人。

十一、其他事宜仍以《日照市国土资源局挂牌出让国有建设用地使用权公告》（日国土资告字［200×］×号）、《日照市2007A－44、61号挂牌出让国有建设用地使用权竞买须知》（日国土须知［200×］第×号）等约定为准。

十二、现场竞价的程序：

1. 主持人宣布竞价开始，并宣布报价时间、最新报价及加价幅度；
2. 竞买人在规定时间填报《挂牌出让国有建设用地使用权报价单》；
3. 受理人员审查确定报价生效后予以公示；
4. 主持人宣布最新报价，并宣布下一轮竞价开始。

日照市国土资源局

2007年7月

（三）竞买申请的受理及竞买资格确认

按照《公告》和挂牌出让文件的约定，自2007年8月3日至2007年8月26日的工作时间内，挂牌人（按照竞卖须知，日照市国土资源局既是出让人，又是挂牌人）组织有关工作人员开始受理竞买申请人提交的竞买申请。主要是审查竞买申请人提交的有关申请资料是否符合《公告》和挂牌出让文件的要求、核实竞买保证金是否到账，申请人是否欠缴政府土地出让金。

截止到2008年8月26日，本次挂牌出让的两宗国有土地使用权共有三个竞买申请人提交了竞买申请，且提交的资料符合《公告》和出让文件规定要求。

工作人员将受理的竞买申请资料及时提交由局领导、财务、纪检等部门工作人员组成的竞买资格审查小组进行审查，三个竞买申请人全部取得竞买资格，成为有效竞买人。工作人员及时将竞买资格确认书颁发给竞买申请人，告知其已取得竞买申请人资格，成为有效竞买人。

竞买申请书

挂牌出让竞买申请书

日照市国土资源局：

经认真审阅贵局本宗挂牌出让国有建设用地使用权文件，并实地踏勘了本宗挂牌出让的土地后，我们完全接受贵局挂牌出让国有建设用地使用权文件的要求和规定，对《挂牌出让国有建设用地使用权成交确认书》、《国有建设用地使用权出让合同》样本无异议并全面接受，特申请参与贵局于2007年8月15日至2007年8月28日下午15：00时举行的日照市2007A ______号挂牌出让国有建设用地使用权的竞买，按时参加挂牌人组织的挂牌出让结果确认会。

我们愿意按规定缴纳竞买保证金人民币____万元（大写：_________万元整）。

如能竞得，我们保证即时与贵局签订挂牌出让国有建设用地使用权《成交确认书》、《国有建设用地使用权出让合同》，严格履行《成交确认书》、《国有建设用地使用权出让合同》。

若我方在挂牌出让国有建设用地使用权活动中，出现不能按期付款或有其他违约行为，我方愿意赔偿由此产生的损失和承担全部法律责任。

特此申请和承诺。

附件：

1. ______________________；
2. ______________________；

……

申请人：__________（加盖公章）

法定代表人（或授权委托代理人）签名：____________

联 系 人：______________________

地　　址：______________________

邮政编码：______________________

电　　话：______________________

申请日期：________年____月____日

附件：资格确认书

附件：

竞买资格确认书

A有限公司：

你方提交的对2007A－44号地块的竞买申请书及相关文件资料收悉。通过审查，你方提交文件资料符合我方此次挂牌出让文件的规定和要求，现确认你方具备参加此次挂牌出让国有建设用地使用权竞买人资格。请按照出让公告（日国土告字［200×］×号）和竞买须知（日国土须知［200×］×号）规定的时间报价，首次报价须持此《竞买资格确认书》。

日照市国土资源局

2007年8月27日

（四）挂牌出让

1. 出让宗地信息公示。2007年8月15日上午，日照市国土资源局按照挂牌出让国有建设用地使用权《公告》和挂牌出让文件的约定要求，将2007A－44、61号宗地相关信息在土地交易市场交易大厅电子大屏幕上公示（见表12－5），并举行了简单挂牌出让开始仪式。

表12－5　日照市挂牌出让宗地信息及竞价公示

（挂牌出让时间：2007年8月15日至2007年8月28日下午15：00）

（报时表：2007年8月15日8时30分00秒）

宗地编号	宗地位置	宗地面积（平方米）	规划用途及出让年限	起始价（万元）	加价幅度（万元）	竞买人编号	报价时间	报价次序	最新报价
2007A－44	秦楼街道张家台村北	4086.2	配套用地至2053年12月8日止	310	10				
2007A－61	日照师范学校东侧、店子村南侧	7263.0	商业40 居住70	780	10				

参加人员：挂牌出让主持人，公证员、监督人员及其工作人员（未邀请竞买人参加，防止串标）。

挂牌主持人宣布挂牌出让宗地信息及公示时间、范围、竞买人挂牌报价时间要求以及竞买规则等。

并从即日开始接受竞买人的报价申请。

2. 接受竞买人报价及公示竞买价格。2007年8月16日，竞买编号16的竞买人在公告和挂牌文件规定的时间内提交了2007A－44号挂牌出让宗地竞买报价单（表12－6），经挂牌主持人审查符合要求予以确认后，在电子大屏幕上公示。2007年8月22日11时5分，竞买编号66的竞买人提交了2007A－61号宗地的竞买报价单，挂牌出让主持人确认后予以公示（表12－7）。

表12－6　　挂牌出让国有建设用地使用权竞买报价单

第1次

竞买编号：16

竞投单位	竞买人名称： 法定代表人或委托人（签字）： （公章） 2008年8月16日
竞买地块宗地号	日照市2007A－44号
位置及面积	位置：位于秦楼街道张家台村北、山东百替用地西侧 面积：4086.2平方米
竞投价	¥310万元 人民币（大写）叁佰壹拾万元整
报价时间	2007年8月16日9时56分
挂牌人	日照市国土资源局
挂牌主持人	（挂牌主持人签字）
确认时间	2007年8月16日9时57分00秒

（日照市国土资源局制）

接受竞买人报价后公示栏情况

表 12－7　　　　日照市挂牌出让宗地信息及竞价公示

（挂牌出让时间：2007 年 8 月 15 日至 2007 年 8 月 28 日下午 15：00）

（报时表：2007 年 8 月 22 日 11 时 5 分 00 秒）

宗地编号	宗地位置	宗地面积（平方米）	规划用途及出让年限	起始价（万元）	加价幅度（万元）	竞买人编号	报价时间	报价次序	最新报价（万元）
2007A－44	秦楼街道张家台村北	4086.2	配套用地至 2053 年 12 月 8 日止	310	10	16	2007 年 8 月 16 日 9 时 5 分 00 秒	1 次	310
2007A－61	日照师范学校东侧、店子村南侧	7263.0	商业 40 居住 70	780	10	66	2007 年 8 月 22 日 11 时 5 分 00 秒	1 次	780

注意：公布的竞买报价时间是挂牌出让主持人确认的时间。

3. 挂牌报价时间截止。表 12－8 是挂牌报价时间截止时的情况。自 2007 年 5 月 15 日至 2007 年 8 月 28 日下午 15：00 期间，本次挂牌出让的两宗国有建设用地使用权中，2007A－44 号国有建设用地使用权有一个竞买人报价 1 次，最高报价 310 万元；2007A－61 号国有建设用地使用权有两个竞买人分别报价 1 次，共报价 2 次，最高报价 790 万元。

报价时间截止时公示栏公示情况

表 12－8　　　　日照市挂牌出让宗地信息及竞价公示

（挂牌出让报价时间：2007 年 8 月 15 日至 2007 年 8 月 28 日下午 15：00）

（报时表：2007 年 8 月 27 日 15 时 00 分 00 秒）

宗地编号	宗地位置	宗地面积（平方米）	规划用途及出让年限	起始价（万元）	加价幅度（万元）	竞买人编号	报价时间	报价次序	最新报价（万元）
2007A－44	秦楼街道张家台村北	4086.2	配套用地至 2053 年 12 月 8 日止	310	10	16	2007 年 8 月 16 日 9 时 5 分 00 秒	1 次	310
2007A－61	日照师范学校东侧、店子村南侧	7263.0	商业 40 居住 70	780	10	77	2007 年 8 月 22 日 14 时 56 分 00 秒	2 次	790

4. 挂牌出让结果确认。按照公告和挂牌出让文件的约定和要求，挂牌报价时间截止时，挂牌人组织了挂牌出让结果确认会。2007A－44、61 号国有建设用地使用权的竞买人、出让人、公证人员、监督人员及社会各界人士出席了挂牌出让结果确认会。

确认会从 2007 年 8 月 28 日下午 15：00 开始。

挂牌出让主持人首先介绍本次挂牌出让国有建设用地使用权出让活动的组织情况等，然后宣布挂牌报价时间截止时 2007A－44、61 号国有建设用地使用权最高报价情况（见表 12－8），同时宣布2007A－44、61 号国有建设用地使用权挂牌出让结果确认会开始。

出让人将 2007A－44、61 号国有建设用地使用权的密封底价经公证人员现场公证后交挂牌出让主持人拆封（此前 1 小时，2007A－44、61 号国有建设用地使用权底价经出让人集体研究刚刚确定）。

挂牌出让主持人主持，依次确认宗地挂牌出让结果。

挂牌出让主持人宣布首先进行 2007A－44 号宗地挂牌出让结果确认。此时屏幕上显示该宗地的情况，见表 12－9。

表 12－9　日照市 2007A－44 号宗地挂牌出让报价截止时情况公示

（挂牌出让报价时间：2007 年 8 月 15 日至 2007 年 8 月 28 日下午 15：00）

宗地编号	宗地位置	宗地面积（平方米）	规划用途及出让年限	起始价（万元）	加价幅度（万元）	竞买人编号	报价时间	报价次序	最高报价
2007A－44	秦楼街道张家台村北	4086.2	配套用地至 2053 年 12 月 8 日止	310	10	16	2007 年 8 月 16 日 9 时 5 分 00 秒	1 次	310

挂牌主持人介绍该宗地挂牌出让报价截止的有关情况，3 次询问该宗地的竞买人是否有再次报价的意向，并示意现场公证人员做好记录。

挂牌主持人 3 次询问，无人表示再次报价（公证人员认可、记录），挂牌出让主持人现场核实该宗地的底价，确认该宗地的最高报价不低于底价，挂牌主持人宣布该宗地挂牌出让成交，并公布取得该宗国有土地使用权挂牌出让竞得人资格的单位名称和最高报价，见表12－10。然后挂牌人与竞得人现场签订《挂牌出让成交确认书》。

表12－10　日照市2007－44号宗地挂牌出让成交公示

（挂牌出让报价时间：2007年8月15日至2007年8月28日下午15：00）

宗地编号	宗地位置	宗地面积（平方米）	规划用途及出让年限	起始价（万元）	加价幅度（万元）	竞买人编号	报价时间	报价次序	最高报价
2007A－44	秦楼街道张家台村北	4086.2	其他50	310	10	16	2007年8月16日9时5分00秒	1次	
竞得人名称：A有限公司									

挂牌出让主持人宣布进行2007A－61号宗地挂牌出让结果确认。此时屏幕上显示该宗地的情况，见表12－11。

表12－11　日照市2007A－61号宗地挂牌出让报价截止时情况公示

（挂牌出让报价时间：2007年8月15日至2007年8月28日下午15：00）

宗地编号	宗地位置	宗地面积（平方米）	规划用途及出让年限	起始价（万元）	加价幅度（万元）	竞买人编号	报价时间	报价次序	最高报价
2007A－61	日照师范学校东侧店子村南侧	7263.0	商业40 居住70	780	10	77	2007年8月22日14时56分00秒	2次	790

挂牌主持人介绍该宗地挂牌报价截止的有关情况，3次询问该宗地的竞买人是否有再次报价的意向，并示意现场公证人员做好记录。

挂牌出让主持人询问3次后，有竞买人示意愿意再次报价，该宗地挂牌出让进入现场竞价，此时大屏幕上公示现场竞价的有关内容，见表12－12。

表 12－12　　日照市国土资源局 2007A－61 号宗地现场竞价情况

时间显示　　倒计时显示

宗地编号	宗地位置	宗地面积（平方米）	规划用途及出让年限	起始价（万元）	挂牌截止时最高报价
2007A－61	日照师范学校东侧店子村南侧	7263.0	商业 40 居住 70	780	790

挂牌出让主持人重申挂牌出让现场竞价的有关要求和注意事项等，主要是宣读现场竞价须知。然后，挂牌出让主持人再次介绍该宗地目前报价情况，宣布现场竞价在目前最高报价（790 万元）的基础上，加价幅度不低于 10 万元，报价时间限定在 5 分钟内，竞价方式是填写报价单，并宣布第一轮次现场竞价开始，大屏幕倒计时器开始计时。

在现场竞价规定的时间内，有两位竞买人分别提交竞买报价单，经挂牌出让主持人确定后，由工作人员在电子大屏幕上公示，见表12－13。

表 12－13　　日照市 2007－61 号宗地现场竞价情况公示

第 1 轮

时间表显示　　倒计时显示

竞买人编号	竞报价格（万元）	竞投时间
66	800	2007 年 8 月 27 日 15 时 36 分 30 秒
77	810	2007 年 8 月 27 日 15 时 37 分 02 秒

挂牌出让主持人宣布第一轮次的现场竞价情况，并宣布最高报价 810 万元和竞买人编号 77 号。第二轮次的现场竞价在 810 万元的基础上，加价幅度不低于 10 万元，报价时间依旧限定在 5 分钟内，第二轮次竞价开始。

在规定报价时间内，66号竞买人报出830万元的最高报价，见表12－14。

表12－14　日照市2007－61号宗地现场竞价情况公示

第2轮

时间表显示　倒计时显示

竞买人编号	竞报价格（万元）	竞投时间
66	830	2007年8月27日15时39分15秒

此后，现场竞价依此顺序，直至无人报价，其间挂牌出让主持人调整了加价幅度和竞价时间，加价幅度从10万元，调整5万元，竞价时间从5分钟调整至2分钟内，经过6个轮次的现场竞价，报价达到865万元，挂牌出让主持人连喊三声最高报价，并三次询问竞买人，无人愿意再次报价，主持人现场核实该宗地的底价后，确认最高报价不低于确定的底价，宣布该宗国有建设用地使用权挂牌出让成交，并宣布最高报价和竞得人名称，见表12－15。然后挂牌人与竞得人现场签订《挂牌出让成交确认书》。

表12－15　日照市2007－61号宗地挂牌出让成交公示

宗地编号	宗地位置	宗地面积（平方米）	规划用途及出让年限	起始价（万元）	加价幅度（万元）	竞买人编号	报价时间	最高报价
2007A－61	日照师范学校东侧店子村南侧	7263.0	商业40 居住70	830	5	77	2007年8月22日14时56分00秒	865万元
竞得人名称：×××有限责任公司								

5. 公证人员宣读本次挂牌出让活动公证情况。

6. 其他参考资料。

（1）日照市其他几宗地挂牌出让有关情况

日照市 2002－06 号宗地挂牌出让情况

宗地情况

位置：海滨三路西侧、日照市邮政局北侧；面积：30085 平方米；商住综合用地，容积率小于等于 1.2，绿地率大于等于 30%。

起始价：1800 万元，加价幅度：50 万元。

挂牌时间：2002 年 9 月 16 日—9 月 27 日，报价时间：每天上午 8：30—11：30，下午 3：00—5：30（节假日除外）

申请竞买时间：2002 年 9 月 11 日至 9 月 21 日

一、挂牌报价情况（见表 12－16）

表 12－16

报价顺序	报价单位	单位报价次序	报价价格（万元）	加价幅度（万元）	报价时间	接收时间
1	××房地产	1	1800	50	2002 年 9 月 20 日 9 时 48 分	2002 年 9 月 20 日 9 时 48 分
2	日照××置业	1	1900		2002 年 9 月 20 日 15 时 30 分	2002 年 9 月 20 日 15 时 31 分
3	临沂××房地产	1	1950		2002 年 9 月 23 日 15 时 00 分	2002 年 9 月 23 日 15 时 02 分
4	日照××房地产	1	2050		2002 年 9 月 25 日 16 时 48 分	2002 年 9 月 25 日 16 时 50 分
5	××房地产	2	2100		2002 年 9 月 27 日 4 时 18 分	2002 年 9 月 27 日 16 时 18 分 30 秒
6	日照××置业	2	2300		2002 年 9 月 27 日 17 时 28 分	2002 年 9 月 27 日 17 时 28 分 13 秒

二、现场竞价情况（见表 12－17）

表 12－17

报价顺序	报价单位	单位报价次序	报价价格（万元）	加价幅度（万元）	报价时间	接收时间
1	日照××德房地产	2	2350		2002 年 9 月 27 日 17 时 38 分	2002 年 9 月 27 日 17 时 38 分 57 秒
2	日照埃菲尔置业	3	2500		2002 年 9 月 27 日 5 时 39 分	2002 年 9 月 27 日 17 时 39 分 01 秒
3	日照××房地产	3	2600	50	2002 年 9 月 27 日 17 时 41 分	2002 年 9 月 27 日 17 时 42 分 09 秒
4	××房产	3	2650		2002 年 9 月 27 日 17 时 48 分	2002 年 9 月 27 日 17 时 48 分 04 秒
5	日照××地产	4	2700		2002 年 9 月 27 日 17 时 49 分	2002 年 9 月 27 日 17 时 49 分 45 秒
6	日照××置业	4	2900	50	2002 年 9 月 27 日 17 时 51 分	2002 年 9 月 27 日 17 时 55 分 33 秒
7	××房产	4	2930	30	2002 年 9 月 27 日 18 时 0 分	2002 年 9 月 27 日 18 时 0 分 18 秒
8	日照××置业	5	2990	30	2002 年 9 月 27 日 18 时 3 分	2002 年 9 月 27 日 18 时 4 分 50 秒
9	××房产	5	3000		2002 年 9 月 27 日 18 时 8 分	2002 年 9 月 27 日 18 时 8 分 50 秒
10	日照××置业	6	3100		2002 年 9 月 27 日 18 时 11 分	2002 年 9 月 27 日 18 时 11 分 24 秒
11	××房产	6	3110		2002 年 9 月 27 日 18 时 15 分	2002 年 9 月 27 日 18 时 15 分 00 秒
12	日照××置业	7	3160	10	2002 年 9 月 27 日 18 时 19 分	2002 年 9 月 27 日 18 时 20 分 00 秒
13	××房产	7	3200		2002 年 9 月 27 日 18 时 22 分	2002 年 9 月 27 日 18 时 22 分 42 秒
14	日照××置业	8	3300		2002 年 9 月 27 日 18 时 28 分	2002 年 9 月 27 日 18 时 28 分 00 秒

续表

报价顺序	报价单位	单位报价次序	报价价格（万元）	加价幅度（万元）	报价时间	接收时间
15	××房产	8	3310	10	2002年9月27日18时32分	2002年9月27日18时32分18秒
16	日照××置业	9	3400		2002年9月27日18时33分	2002年9月27日18时33分00秒
17	××房产	9	3410		2002年9月27日18时40分	2002年9月27日18时41分00秒
18	日照××置业	10	3500		2002年9月27日18时42分	2002年9月27日18时42分00秒
19	××房产	10	3510		2002年9月27日18时49分	2002年9月27日18时50分00秒
20	日照××置业	11	3550		2002年9月27日18时51分	2002年9月27日18时52分00秒

日照市2003－02号宗地挂牌出让情况

宗地情况

位置：山海天旅游度假区内、沿海路以西、太公三路以南；面积：365850平方米，一类居住用地，容积率小于等于0.8，绿地率大于等于40%。

起始价：26000万元，加价幅度：1000万元。

挂牌时间：2003年6月9日—6月20日，报价时间：每天上午8：30—11：30，下午15：00—17：00（节假日除外）

申请竞买时间：2002年6月2日至6月6日

一、挂牌报价情况（见表12－18）

表 12－18

报价顺序	报价单位	单位报价次序	报价价格（万元）	加价幅度（万元）	报价时间	接收时间
1	日照××房产	1	36000	1000	2003 年 6 月 9 日 8 时 30 分	2003 年 6 月 9 日 8 时 30 分
2	日照××房地产	1	39000		2003 年 6 月 9 日 8 时 48 分	2003 年 6 月 9 日 8 时 50 分
3	日照××房地产	1	40000		2003 年 6 月 9 日 15 时 18 分	2003 年 6 月 9 日 15 时 20 分
4	山东××房地产	1	42000		2003 年 6 月 11 日 9 时 58 分	2003 年 6 月 11 日 9 时 59 分
5	日照××城建	1	43000		2003 年 6 月 19 日 16 时 43 分	2003 年 6 月 19 日 16 时 46 分

二、现场竞价情况（6 月 20 日 9：00 始）（见表 12－19）

表 12－19

报价顺序	报价单位	单位报价次序	报价价格（万元）	加价幅度（万元）	报价时间	接收时间
1	山东××房地产	2	44000	1000	2003 年 6 月 20 日 9 时 12 分	2003 年 6 月 20 日 9 时 12 分
2	日照××房地产	2	46000		2003 年 6 月 20 日 9 时 12 分	2003 年 6 月 20 日 9 时 13 分
3	日照×××城建	2	46500		2003 年 6 月 20 日 9 时 18 分	2003 年 6 月 20 日 9 时 18 分
4	山东××房地产	3	47000		2003 年 6 月 20 日 9 时 26 分	2003 年 6 月 20 日 9 时 26 分
5	日照×××城建	3	47500	500	2003 年 6 月 20 日 9 时 33 分	2003 年 6 月 20 日 9 时 35 分

续表

报价顺序	报价单位	单位报价次序	报价价格（万元）	加价幅度（万元）	报价时间	接收时间
6	山东××房地产	4	47700	200	2003年6月20日9时38分	2003年6月20日9时38分
7	日照×××城建	4	47900		2003年6月20日9时48分	2003年6月20日9时48分
8	山东××房地产	5	48500		2003年6月20日9时50分	2003年6月20日9时50分
9	日照×××城建	5	48700		2003年6月20日9时58分	2003年6月20日10时01分

（2）挂牌出让主持人主持挂牌活动主持词

各位竞买人、各位领导、各位来宾：

上午好！

根据《中华人民共和国土地管理法》、《中华人民共和国城市房地产管理法》、国土资源部《招标拍卖挂牌出让国有土地使用权规定》等有关法律法规的规定，经日照市人民政府批准，日照市国土资源局于2007年6月13日起，先后在中国土地市场网、《黄海晨报》、日照国土资源网、土地有形市场等媒体，发布了《国有土地使用权挂牌出让公告》（日土资告字［200×］×号），挂牌出让4宗国有建设用地使用权。竞买申请的截止时间为2007年7月15日。报名截止后，挂牌人按照规定对竞买申请人资格进行了审查，对具备条件的申请人确认竞买资格。2007K－40号宗地的竞买人因保证金未能全额到账，未取得有效竞买人资格，该宗地挂牌出让不成交。

本次挂牌出让宗地的报价时间为2007年7月4日至2007年7月17日上午9：30整。目前时间是2007年7月17日上午9：30，至此时，挂牌报价已结束。

按照公告和挂牌出让文件的约定和要求，今天在此举行日照市2007K－36、2007A－49、50号国有建设用地使用权挂牌出让结果确认会暨成交签约仪式。

莅临本次拍卖会现场监督指导的有：开发区管委、市监察局、财政局、市公证处及市直有关部门、有关单位的同志；同时，光临本次挂牌出让结果确认会暨成交签约仪式现场的还有：关心我市土地市场建设和本次国有建设用地使用权挂牌出让的社会各界人士。

让我们以热烈的掌声对各位竞买人、各位领导和各位来宾的光临表示欢迎！

日照市2007K－36、2007A－49、50号国有建设用地使用权挂牌出让结果确认会暨成交签约仪式现在开始。

按照有关规定，日照市国土资源局对本次挂牌出让的宗地均设有底价，并在竞买须知等文件中告知各位竞买人：如最高报价达不到底价，则挂牌出让不成交。

下面请出让人交付本次挂牌出让宗地的保留价（底价）。请公证员验证底价的密封情况（公证员验证后交付主持人当面折封记录后交公证员）

按照国土资源部39号令的规定以及挂牌出让文件的约定："在挂牌期限截止时仍有两个或两个以上的竞买人要求报价的，出让人应当对挂牌宗地进行现场竞价，出价高者为竞得人。"挂牌报价截止时，该三宗地的最高报价分别为____万元，报价时间分别为：2007年__月__日__时__分；其最高报价分别由____号竞买人报出。

下面，我将就各位竞买人是否还有报价意向，进行现场咨询。各位竞买人，如有意报价，请举手示意或声明、点头表示，请公证人员注意竞买人的意向表示。

请问各位竞买人，您是否还有报价意向？（三次）

（公证人员说明竞买人的意向）还有竞买人要求报价。

宣读《国有土地使用权挂牌出让现场竞价须知》。（无人报价不再宣读）

现在进行逐宗地现场竞价（无报价的，将根据竞买人目前报价情况，逐宗地进行摘牌）……

介绍目前的价位、报价情况、进一步介绍出让宗地情况等；宣布加价幅度、本轮次报价时间和竞价要求后，开始报价……

宣布最高报价后开始新一轮次竞价……（无人报价、宣布竞得人）请出让人与竞得人××公司签订《成交确认书》

新一宗地现场竞价开始……

请公证员致公证词。

日照市2007K－36、40、2007A－49、50号国有建设用地使用权挂牌出让结果确认会暨成交签约仪式现在结束。谢谢各位的现场监督，谢谢各位竞买人的积极参与。

第五节　福建省国有土地使用权网上挂牌出让探索

一、网上挂牌交易的内容与含义

（一）网上挂牌交易的内容

网上挂牌交易的内容主要包括：

（1）挂牌人在网上发布国有土地使用权出让公告；

（2）竞买人在网上注册登记，提出竞买申请；

（3）挂牌人发放竞买号和初始交易密码；

（4）竞买人在规定的期间内进行网上报价和竞买等。

（二）国有土地使用权网上挂牌交易内涵

本节所称网上交易，是指市、县国土资源管理部门通过“××国有土地使用权挂牌出让网上交易系统”（以下简称“网上交易系统”），按公告规定的期限将拟出让宗地的交易条件在网络上挂牌公布，接受竞买人的报价申请并更新挂牌价格，根据挂牌期限截止时的网上报价结果确定土地使用者的行为。

本节所称网上拍卖，是指在挂牌人规定的挂牌交易期限截止时点前1小时内（即在挂牌交易截止期限最后1日的最后1小时内，下同），仍有竞买人提出新的更高报价，挂牌人通过网上交易系统预先设定的程序自动以该报价为新的起始价，并将拟出让宗地的交易方式由网上挂牌交易转换为网上拍卖，并按“价高者得”的原则确定竞得人的土地使用权出让行为。

二、网上挂牌交易的实施

（一）发布交易公告

凡进行网上交易的地块，当地挂牌人必须登录“××国有土地使用权挂牌出让网上交易系统”的后台管理模块，进行公告信息、宗地信息、交易须知的信息录入，凡是系统输入框后带*的栏目为必须输入项。

挂牌交易公告的发布必须符合国土资源部《招标拍卖挂牌出让国有土地使用权规定》、《××省国有土地使用权挂牌交易管理办法》的规定。

国有土地使用权挂牌出让公告内容一经发布，即具有公信力，不得随意更改。如由于特殊原因确需在公告期间调整拟出让宗地的使用条件（包括土地面积、使用年期、用途、规划设计要求等），或者更改其他公告内容的，挂牌人必须发布补充公告，将变更的内容向社会公布，并顺延交易期限。变更后的公告内容不得违反法律、法规或规章的规定。

挂牌人除了在交易网络系统上发布国有土地使用权网上挂牌出让公告外，还可以通过电视、报纸等媒体发布国有土地使用权网上挂牌出让公告。

（二）竞买申请

网上挂牌交易的竞买申请程序及要求如下：

（1）只有通过网上注册申请竞买的单位和个人，方可参与网上挂牌交易。网上土地使用权挂牌交易不接受电话、邮寄及口头竞买申请。

（2）竞买人在提交注册信息之前，须详细阅读网上国有土地使用权挂牌出让公告、挂牌交易规则、宗地信息，以及有关土地使用权挂牌交易的法规、规章等文件资料，在网上进行登记注册，并在表格上如实填写相关信息。

(3) 竞买人对挂牌交易文件有疑问的，可向挂牌人咨询。注册信息提交后，视为对挂牌交易文件无异议，并同意接受其约束。竞买人可现场踏勘挂牌交易的宗地，对宗地现状有异议的，应在注册提交竞买申请前提出。竞买申请人递交《竞买申请书》后，视为对土地使用权、地块现状无异议。

(4) 任何通过密码验证后提交的竞买申请，都将视为竞买人自身行为或法定代表人合法授权的行为，该等行为所引起的法律后果应由竞买人直接承担。

(5) 竞买人在网上注册申请成功后，应下载并填写《竞买申请书》(须以中文书写)，并按照挂牌人的通知要求，持有效的营业执照、法定代表人证明、身份证、履约保证金缴纳凭证、授权委托书及委托代理人身份证等文件，到意向购买宗地的挂牌人处进行确认。经挂牌人审查同意后，通过网上交易系统获得竞买号和初始交易密码。

(6) 竞买人在交易系统网络上的身份以竞买号表示。在挂牌交易期间，挂牌人不得泄露竞买人的真实身份、所注册的信息和所获得的初始密码，以确保公平交易，维护竞买人的合法权益不受侵害。违反上述规定的，依法追究其法律责任。给竞买人造成损失的，应依法承担赔偿责任。

(三) 网上交易

网上交易须知如下：

(1) 竞买人登录网上进行交易，需通过竞买号和密码的验证。初始密码必须通过网上交易系统修改后，方可进行交易。密码的长度不少于8位，建议由英文和数字共同组成，防止密码被窃取，以提高其安全性。

(2) 竞买人应妥善保管交易密码以防泄漏，由于竞买人自身的原因导致密码泄漏所引起的一切法律后果，由竞买人自行承担。

(3) 网上交易系统全天候（每日24小时）开通，挂牌交易时间以宗地挂牌公告中发布的时间为准。挂牌人网上交易的时间以系统自动记录的服务器时间为准。

(4) 由于不可抗力、网络入侵和非挂牌人因素，导致网上交易时间的变更、网络堵塞等，造成竞买人不能及时提交注册申请和竞买报价等的，挂牌人不承担责任，但必须及时采取补救措施。

(5) 竞买人可于公告规定的挂牌交易期间，通过互联网在挂牌起始价基础上报价。每次竞买报价必须按照规定的竞价阶梯（增价幅度，下同）进行。竞价阶梯是指相邻两次报价，后一次报价与前一次报价的最小递增幅度。只有满足竞价阶梯等竞买条件的报价，系统才予以确认。

(6) 竞买人须谨慎在网上报价，报价一经提交即视为报价有效，不得撤回。

(7) 土地使用权挂牌交易期限届满，系统自动根据下列条件确定竞得人：

最高挂牌价格不低于底价，且符合挂牌其他条件的，挂牌出让成交，最高挂牌价格的出价人为竞得人；最高挂牌价格低于底价的，挂牌出让不成交；在挂牌人规定的挂牌交易期限截止时点前1小时内，仍有竞买人提出新的更高报价的，系统对挂牌交易的宗地自动转为网上拍卖，按不低于底价和“价高者得”的原则确定竞得人。

(8) 在挂牌交易期限内，无人应价竞买或者竞买人的报价低于底价或不符合其他条件的，拟出让宗地的挂牌交易活动终止。挂牌人可调整交易底价或其他交易条件，重新开始挂牌交易。

(四) 网上拍卖

网上拍卖相关要求如下：

(1) 国有土地使用权网上拍卖活动按电脑预先设定的程序运行，其规则与程序不同于网络外的现场拍卖。竞买人应仔细阅读并确认熟知交易规则后，方可参加网上竞买，并对自己的行为承担相应的法律责任。

(2) 国有土地使用权网上拍卖是网上挂牌交易活动的转换和延伸，凡通过网上注册申请参与国有土地使用权挂牌交易、已缴纳履约保证金并取得竞买号和交易密码的单位和个人，方可参与网上拍卖活动。

(3) 挂牌人应善意提示所有竞买人在挂牌交易截止期限最后一日的最后数小时的时间段内务必登录本交易系统，密切观察交易动态，以确定挂牌交易的宗地是否转为网上拍卖，以及自己是否参与网上拍卖宗地的竞买等有关事项。

（4）在挂牌人规定的挂牌交易期限截止时点前 1 小时内，仍有竞买人提出新的更高报价的，电脑即会提示土地使用权网上挂牌交易转为网上拍卖，并提示网上拍卖的起始时间，同时电脑屏幕上出现倒计时钟。倒计时的时间为 5 分钟。

倒计时开始后，竞买人即可进行正式竞买报价，报价必须在 5 分钟内作出。如超过 5 分钟无人报价，电脑会自动确认最后一次最新的报价为成交价，同时在相关信息栏中显示交易结果。

三、其他相关规定

（一）一般规定

土地使用权网上挂牌交易的竞价阶梯可能与网上拍卖的竞价阶梯不同，竞买人应时时留意挂牌人公布的交易条件。如有不明事项，可按当地挂牌人确定的联系方式向相关工作人员进行咨询。

土地使用权成交后，竞得人应根据交易规则、交易须知或电脑提示，在挂牌人规定的期限内，到挂牌人处办理签订《国有建设用地使用权出让合同》等有关手续。

土地使用权竞得人所支付的履约保证金直接抵作土地使用权出让价款，不再退还。其他未竞得人的履约保证金于挂牌交易活动结束之日起 5 日内予以退还。

挂牌交易文件规定的币种为人民币，竞买人或竞得人若以外汇支付，须征得挂牌人同意许可。

竞得人有下列行为之一的，视为违约。竞得人违约，挂牌人或委托挂牌人可取消其竞得资格，其所支付的履约保证金不予退还，并可依法要求违约赔偿：

（1）开出的银行支票或汇票在有效期内不能兑现或不能全部兑现的；

（2）不在规定的时间内与挂牌人签订《国有建设用地使用权出让合同》的；

(3) 提供虚假文件或隐瞒重要事实。

(二) 风险提示

为确保网络传输的安全，保障竞买人的利益，网上交易系统对网络资料的传输采用数据加密处理，但无法保证电子信息绝对安全，或者毫无错误，或者指定网址不被恶意攻击，或者因存在电子病毒所导致的故障，也不为此承担任何责任。

为了保证系统运行安全、稳定、高效，竞买人必须以 ADSL 等宽带方式连接 Internet 网，并将系统的 IE 浏览器升级到 6.0 版本。

网上交易系统有权对竞买人网上交易的电子数据进行保留，并作为竞买人交易行为的证明。

四、国有土地使用权网上挂牌出让工作流程（见图 12－1）

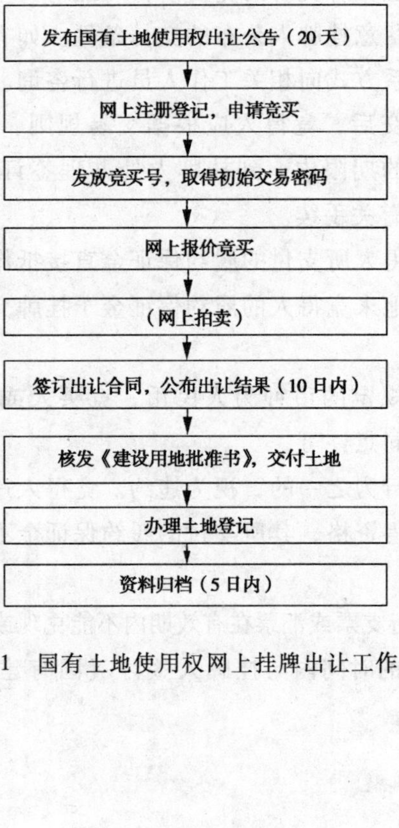

图 12－1 国有土地使用权网上挂牌出让工作流程图

五、示范文本格式

国有土地使用权挂牌出让网上交易须知示范文本

国有土地使用权挂牌出让网上交易须知

一、只有从××省国土资源厅 Internet 网站 www. fjgtzy. gov. cn 登陆“××省国有土地使用权挂牌交易系统”，在网上注册申请的单位和个人，方可参与网上挂牌交易。网上土地使用权挂牌交易不接受电话、邮寄及口头竞买申请。

二、中华人民共和国境内外的公司、企业、其他组织和个人，除法律法规另有规定外，均可参加竞买国有土地使用权。

三、有意竞买者须详细阅读网上挂牌公告、挂牌交易须知、挂牌交易规则、宗地信息，以及有关土地使用权挂牌交易的法规、规章等文件资料，在网上进行登记注册，并在表格上如实填写相关信息。

土地使用权挂牌交易的条件及其他事项一经挂牌公告，不能变更。如有特殊原因确需变更，则本次挂牌交易活动中止，由挂牌人另行组织挂牌，有意竞买者重新注册申请竞买。

四、有意竞买者在网上注册申请成功后，下载并填写《竞买申请书》，并按照挂牌人的通知要求，亲自到意向购买宗地的挂牌人处进行确认，支付履约保证金，获取竞买号和交易密码。同时递交《竞买申请书》（须以中文书写）、申请人身份证复印件或营业执照副本（或组织机构代码证）、法定代表人身份证明等。如委托代理，应提交授权委托书及委托代理人身份证影印件。

五、土地使用权挂牌交易竞买申请人须全面审阅挂牌交易文件内容，对挂牌交易文件有疑问的，可向挂牌人咨询。竞买人参加竞买的，视为对挂牌交易文件无异议。竞买人可现场踏勘挂牌交易的地块，对地块现状有异议的，应在竞买前提出。竞买申请人递交《竞买申请书》后，视为对土地使用权、地块现状及挂牌交易文件无异议并全部接受。

六、土地使用权竞得人所支付的履约保证金直接抵作土地使用权出让价款，不再退还。其他未竞得人的履约保证金于挂牌交易活动结束后

5日内予以退还，不计利息。

七、竞买人可于公告规定的挂牌竞价期间，通过互联网在挂牌起始价基础上报价，竞买报价必须按照规定的竞价阶梯进行竞价。竞价阶梯是指相邻两次报价，后一报价比前一报价的最小递增幅度。挂牌竞价期间挂牌人可根据竞买人竞价情况调整竞价阶梯。

竞买人须谨慎在网上报价，报价一经提交即视为报价有效，不得撤回。

八、公开挂牌交易期限届满当日，挂牌人根据下列条件确定竞得人：

（一）最高挂牌价格不低于底价，且符合挂牌其他条件的，挂牌出让成交，最高挂牌价格的出价人为竞得人；

（二）最高挂牌价格低于底价的，挂牌出让不成交；

（三）在挂牌人规定的挂牌交易期限截止时点前1小时内（即在挂牌交易截止期限的最后1小时内），仍有竞买人提出新的最高报价的，挂牌人以该最高报价为新的起始价，并对挂牌交易的宗地进行网上拍卖，出价最高且不低于底价者为竞得人。

九、在挂牌交易竞价期限内，无应价竞买者或者竞买人的报价均低于底价或均不符合其他条件的，挂牌不成交。挂牌人可调整交易底价或交易条件，重新开始挂牌交易。

十、出让人与竞得人依据《成交确认书》约定或接到《成交确认书》之日起3个工作日内与挂牌人签订《国有建设用地使用权出让合同》。

十一、挂牌成交价即为该幅地块的总地价款，包括［不包括］________。挂牌交易文件规定的币种为人民币，竞买人或竞得人若以外汇支付，须征得挂牌人同意许可。

十二、竞得人有下列行为之一的，视为违约。竞得人违约，挂牌人可取消其竞得资格，其所支付的履约保证金不予退还，并可依法要求违约赔偿：

（一）开出的银行支票或汇票在有效期内不能兑现或不能全部兑现的；

（二）不在规定的时间内与挂牌人签订《国有建设用地使用权出让合同》的；

（三）提供虚假文件或隐瞒重要事实。

十三、本须知为国有土地使用权挂牌出让网上交易的一般规则。竞买人参加土地使用权竞买，除遵守本须知外，还应遵守法律、法规、规章和挂牌人制定的其他具体的交易规则。

承诺书示范文本

承　诺　书

为了确保土地使用权网上挂牌交易顺利进行，本着公平、公正、公开和诚实信用的原则，本竞买人做出如下承诺：

一、遵守《××省国有土地使用权挂牌出让网上交易规则（试行）》和挂牌人发布的补充细则；

二、土地使用权网上挂牌交易系统如出现故障，应在发现故障时，当即按挂牌人提供的联系方式（联系人：　　　电话：　　　）告知挂牌人，同时通过电脑截图或拍照的方式保存系统出错提示，并送交挂牌人。

三、因电信运营商问题或其他系统故障，造成土地使用权网上挂牌交易系统不能正常运行，同意挂牌人在报经省国土资源厅确认后，采取以下措施：

（一）宣布交易结果无效；

（二）终止网上交易，视具体情况重新组织网上挂牌交易或现场竞拍。

承诺人：

年　月　日

第六节 长沙市国有建设用地使用权网上挂牌出让探索

国有建设用地使用权网上挂牌出让，是指市、县（市）国土资源局或其委托的下属国土资源交易中心利用网上挂牌出让信息系统发布网上挂牌出让公告、挂牌信息，按公告和国有建设用地使用权网上挂牌出让须知等要求接受申请人的竞买申请，在网上自动确认申请人竞买资格，通过计算机程序组织竞买者在网上竞买国有建设用地使用权并由系统自动确认是否成交的过程。

一、长沙市国有建设用地使用权网上挂牌出让系统主要功能

该系统主要包括网上信息发布、浏览、注册申请、交纳保证金、获得竞买资格、网上报价、网上询问；网上限时竞价、成交、下载成交确认书；同时结合了网上银行、CA数字认证等功能，系统客户端和服务端的实时交互采用了最新的Ajax技术，从始至终全自动、全封闭运行，系统的安全性和易用性得到很好结合。

二、网上挂牌出让的基本程序与规定

（一）网上发布挂牌出让公告

国有建设用地网上挂牌出让公告、出让须知、出让宗地相关文字与视频信息由挂牌人通过长沙市国土资源网站发布，文字信息同时在长沙市国土资源局国土资源电子显示屏、有关报刊公开发布。

（二）网上申请与竞买资格确认

1. 网上注册。法人、自然人和其他组织应按网上操作系统说明填写注册表格、提供自然人或法人单位的有效身份证明文件。法人、自然人和其他组织需对宗地进行联合竞买的，应当以联合竞买人其中一方的名义在网上注册，按系统要求如实填写各方的相关信息和出资比例。

2. 网上浏览。注册用户可以登录系统对出让公告与宗地信息自由浏览，下载网上发布的有关出让公告、须知、宗地现场图等资料文件；对网上挂牌出让相关文件有疑问的可向挂牌人咨询，可现场踏勘网上挂牌出让宗地。

3. 办理数字证书。注册用户如有竞买意向，应在规定时间内，携带或邮寄相关有效证件资料到有信息产业部核准资质并与网上挂牌出让

系统进行了关联的电子认证服务提供机构申办数字证书。

4. 网上申请。申请人在网上注册并在电子认证服务机构办理了数字证书后，可通过系统递交竞买申请书，从而获得订单流水号。

5. 网上交纳保证金。申请人可通过长沙市商业银行网上银行系统交纳申购宗地的竞买保证金（也可去柜台支付保证金），可跨行支付、多笔累计或多渠道支付。交纳保证金时必须填写订单流水号。

6. 网上获得竞买资格。申请人足额交纳了意向申购宗地保证金后，系统通过与银行的专线，实时接收银行到账信息，并自动从网上给申请人颁发相应宗地的竞买资格确认书，赋予与订单流水号相对应的竞买人的竞买权限。系统以此订单流水号作为识别竞买人的惟一依据。

（三）网上挂牌出让活动实施

1. 网上公布挂牌信息。

2. 网上报价。竞买人通过输入用户名、密码、插入存储了数字证书的介质登录系统进行报价，报价的规则与现场报价相同。

3. 网上确认报价。符合相关条件的报价，一经提交并经系统数据库服务器记录即视为有效报价，系统即时公布在每位参与网上报价的电脑上。

4. 网上挂牌截止。在网上挂牌期限截止前半小时，由两名纪检监察人员互相监督，向系统输入宗地出让底价。网上报价期限截止，网上报价系统将自动关闭，系统转入网上询问过程。凡在挂牌期进行了一次有效报价的用户都会收到系统的询问，如没有愿意参加网上限时竞价的，系统将根据有关规则判断宗地是否成交并在相关信息栏中显示出让结果及底价。判断宗地是否成交的规则与现场挂牌出让相同。

5. 网上竞价。网上报价期限截止，经系统询问，有竞买人表示愿意继续竞价则系统自动转入限时竞价程序；系统开始第一次 4 分钟倒计时的限时竞价，具有网上限时竞价资格的竞买人可以参加限时竞价，限时竞价中的报价应当在 4 分钟倒计时内提交，报价规则与网上报价或现场报价规则相同。如在系统 4 分钟倒计时内的任一时刻任一竞买人有新的报价，系统即时确认报价并从此时刻再顺延一个新的 4 分钟倒计时，具有网上限时竞价资格的竞买人可参加新一轮竞价，并按此方式不断顺延下去。在每一次4分钟倒计时的最后1分钟内，系统会出现该宗地网上限时竞价即将截止的3次提示。4分钟截止时，系统会自动关闭限时竞价中的报价通道，确认当前系统接受的最高报价为宗地的最终报价，由系统按"价高者得和最终竞买价高于或者等于底价"的原则判断是否成交，并在相关信息栏中显示出让结果及底价。在网上限时竞价中无人报价的，以挂牌截止时网上报价出价最高者为竞得人，但低于挂牌出让底价者除外。

6. 网上生成与下载《成交确认书》。网上挂牌出让结束后，网上成交的则由系统自动生成《国有建设用地使用权网上挂牌出让成交确认书》，确认书上已有挂牌人的电子签名与电子印章；竞得人应当根据本规则、出让须知和系统提示，自行下载打印纸质《国有建设用地使用权网上挂牌出让成交确认书》，并在"竞买人"处签名盖章。挂牌出让报价与竞价等过程由系统管理员从服务器中下载打印成纸质的挂牌记录。

（四）签订出让合同，公布出让结果

在挂牌人规定的期限内，竞得人应持有关资料原件（含身份证明材料、营业执照副本、授权文件、竞买保证金交纳证明等）到长沙市国土资源局签订纸质《国有建设用地使用权出让合同》，出让结果随即在国土网站公布，并在挂牌出让活动结束后10个工作日内通过中国土地市场网以及土地有形市场等指定场所向社会公布。其他规定与现场挂牌出让相同。

（五）核发《建设用地批准书》，交付土地

（六）办理土地登记

（七）资料存档

第（五）、（六）、（七）项程序及其规定与现场挂牌出让相同。

为保证竞买人、挂牌人、出让人的合法权益，保障网上挂牌出让系

统的安全稳定运行，《长沙市国有建设用地使用权网上挂牌出让规则》中还包含了系统管理员制度、免责说明与安全提示等内容。在网上发布了《网上挂牌出让系统操作说明》、《保证金交纳指南》等。

三、研发与推行网上挂牌出让的工作步骤与方法

（一）正视问题，统一思想

根据《中华人民共和国房地产管理法》、国土资源部《国有土地使用权招标拍卖挂牌出让暂行规定》，在国土资源部、湖南省国土资源厅、长沙市委、市政府的正确领导下，长沙市国土资源局和全国各地一样，积极推行了经营性用地招标拍卖挂牌出让制度，2007 年 1 月起又开始推行工业用地招标拍卖挂牌出让。通过多年的努力，基本建立了一套招拍挂出让制度，配备了现场实施招拍挂的硬件设施，为优化配置国土资源，促进城市建设与社会经济发展作出了较大贡献。但是，当经营性用地、工业用地协议出让退出历史舞台，人工现场式的经营性用地、工业用地招拍挂出让登台后，一些问题也伴随而来：

（1）交易效率不高、成本不小。参与一次竞买土地活动，申请人一般要来国土资源交易中心领取招拍挂出让资料、申请表格、咨询业务、递交申请、联系宗地踏勘、交纳保证金、现场报价、现场竞价共计 5—6 次甚至更多。本地投资者费时不少，外地投资者更要一笔不小的开支；国土局及其国土资源交易中心（以下简称“管理方”）则要配备一批人员来进行各个环节的管理与服务，保证刊登公告、资料提供与业务接待、会场组织、现场保安、综合服务等财务开支。从依法批准的出让方案开始实施到竞买成交，一般要耗时 2 个多月，有的甚至更长。

（2）交易的公正性难以保证。由于是手工现场式的土地使用权挂牌出让，申请人身份等信息易被他人获取，申请人之间，申请人与委托挂牌方之间较易接触，互相串通、“围标”等现象屡见不鲜，甚至出现了非真实申购人假借报名竞价向有真实意向申购人索要钱财的“地霸”；有的委托挂牌出让的土地早已谈好协议预付款项，出让方要么要

求管理方设置非公平竞争的限制性条款，要么在挂牌出让现场、宗地现场“守地”，利用各种手段劝退申购人；甚至在竞价现场几方发生冲突。土地市场的正常秩序维持难度大，“公开、公平、公正”原则受到挑战。

(3) 交易的增值效益有退减趋势。由于“串标”、“围标”、“劝退”等现象出现，有些宗地挂牌出让竞争者少、出让起始价之上竞争增值较少，以致国有土地资产显化效果不明显。

(4) 廉政建设难度加大。因挂牌出让涉及相关利益者的利益巨大，相关利益者为此采取了很多非正当竞争手段，给管理方造成了很大压力，管理者和服务者拒绝各种利益诱惑、保廉守节任务艰巨。

针对上述问题，长沙市国土资源局召开局党委会和有关处室单位负责人会议，组织大家认真学习了中央、省市有关建设用地招拍挂出让的法规政策，联系实际进行深入剖析。大家认识到：手工现场式招拍挂出让中存在问题的原因是多方面的，但从本质上来看，对于申请人或土地委托方来讲是利益之争，对于管理方来讲是“权利困境”。要减少非正当竞争就要从根本上规范与精简土地使用权挂牌出让程序，减少权力干预；想在维护土地市场竞争秩序中“有为”，首先就要在组织土地招拍挂出让活动中“无为”。要减少甚至杜绝竞争者之间的串通或冲突，就要隔断竞争者之间的当面接触与信息交流渠道。为此，在会上提出了运用现代信息与网络技术研发全自动全封闭网上挂牌出让信息系统，解决土地挂牌出让中有关问题，规范土地市场秩序，加强廉政建设的新思路，并布置了研发与推行网上挂牌出让总体工作任务。

(二) 加强领导，组织保障

研发与推行网上挂牌出让是一项技术性、实用性、系统性、革命性很强的创新工作，必须要有强有力的领导与组织保障。长沙国土资源局成立局长挂帅的领导小组，分管法规、地产管理、国土资源交易中心、信息化的局领导参加，按工作需要与单位职能明确了地产处、法规处、交易中心、信息中心各自职责与任务。

（三）调研需求，出台规则

一是在局内部调研，形成研发的基本需求。根据有关土地招拍挂出让法律法规、《中华人民共和国电子签名法》和长沙实际，既继承手工现场模式中有益的成分，又重点解决过去存在的主要问题，对有关网上挂牌出让需求进行归类，起草了《长沙市国有土地使用权网上挂牌出让规则》（后按国土资源部规定改为《长沙市国有建设用地使用权网上挂牌出让规则》）。二是解放思想，创新突破。实现网上申请和获得竞买资格，对申购者身份等信息保密、网上成交并下载成交确认书等网上挂牌出让系统是切实解决手工现场式挂牌出让主要问题的关键。按照部颁规定，只有提供了申请人身份证明、单位营业执照等有效证件并到交易中心现场经管理方审查后，才能确认其竞买资格，而这恰恰又不便于对申购者身份等信息进行保密，为此长沙国土资源局经反复讨论，认为只要申购方在网上填写注册表，提供真实、有效的注册信息，成为注册用户并提交成功后，即视其为真实有效。注册用户如有竞买意向，应在规定时间内，携带或邮寄相关有效证件资料到有信息产业部核准资质的电子认证服务提供机构申办数字证书。竞买人在确定参加意向宗地的网上挂牌出让活动和办理了数字证书后，可通过向系统递交竞买申请获得订单流水号，并凭此订单流水号向指定银行账号足额交纳竞买保证金。保证金确认到账后，赋予与此订单流水号相对应的竞买人对应宗地的竞买权限。为避免因改革资格审查带来的问题，《长沙市国有建设用地使用权网上挂牌出让规则》中规定，竞买人有下列行为之一的，竞得结果无效，造成损失的，竞得人应依法承担赔偿责任：（1）提供的注册信息不真实、不准确、不完整等原因造成宗地出让无法成交的；（2）不按网上注册时登记的内容提供有关文件材料或提供虚假文件材料、隐瞒重要事实、引起出让纠纷的；（3）逾期或拒绝与挂牌人签订出让合同的；（4）构成违约责任的其他行为。这些规定是申请人提交注册信息时必须阅读并点击“我同意”的。《国有建设用地使用权出让成交确认书》是保持手工填写还是网上自动生成下载，通过反复协调，最终决定“把权力交给电脑”，由系统按“价高者得和最终竞买价高于或等于底价”的原则判断是否成交、自动生成并在相关信息栏中显示出让结果及底价。竞得者可在自己的电脑上下载《成交确认书》，凭此并持有关资料原件（含身份证明材料、营业执照副本、授权文件、保证金交纳证明等）来国土局签订纸质的《国有建设用地使用权出让合同》、交纳出让地价款。这种事前告知与承诺，事中凭“网络身份证”竞买土地，事后对有关资料原件核对才能签订纸质出让合同的方式，从根本上解决了申购者身份等信息难以保密的问题，基本上可以杜绝“串标、围标、劝退、地霸”、现场冲突等问题的发生，真正实现了网上申请到网上成交的全自动全封闭运行，最大限度地减少了人为因素的干预。三是国土资源厅法规处、长沙市政府法制办审查同意，于2007年5月18日出台了《关于印发〈长沙市国有土地使用权网上挂牌出让规则（试行）〉的通知》（长国土资政发［2007］43号），从而为系统的研发与应用奠定了制度基础。

（四）多方协调，系统试行

比较手工现场式挂牌出让，网上挂牌出让仍需纪检监察部门通过随机抽取专家库专家制定宗地出让底价，并由纪检人员在网上报价期限截止前半小时向系统输入宗地底价；要求公安网监部门的大力支持，需要银行、数字认证服务机构的密切配合。为此，长沙市国土资源局召开了有市纪检、公安、公证、商业银行、广东省数字证书认证中心及局有关处室单位参加的网上挂牌出让试运行准备协调会，请有关部门分别制定了保证金到账突发事件应急处理预案、数字认证应急处理预案、宗地网上挂牌出让活动中（终）止预案。同时邀请了全市近200家房地产开发商参加网上挂牌出让系统及试运行出让宗地情况介绍会，提供一对一的培训服务，使广大的未来用户认识、认同进而使用该系统。通过精心准备与大力宣传，2007年6月25日，第一宗出让面积为516.214亩的国有建设用地使用权网上挂牌出让成功，网上竞价达76次，成交价款95200万元，溢出出让起始价61085万元。从而为系统的进一步试运行及推广应用打开了局面。

（五）总结完善，验收系统

通过两次宗地网上挂牌出让的试运行成功后，长沙市国土资源局及时组织了有关人员进行总结，针对问题及时改进，在此基础上该软件系统于 2007 年 11 月通过了专家验收。

（六）强化措施，面上推行

一是对利用手工现场式挂牌出让的遗留宗地限期处理完毕；二是主动向国土资源部、湖南省国土厅、长沙市委、市政府、市纪委汇报，争取支持与指导；三是在国土门户网站及政务大厅发布公告进行宣传，使网上挂牌出让这一新的模式逐步为广大管理者、申购人所接受；四是在长沙市国土管理的有关会议上向四县（市）局提出要求，将推行网上挂牌出让列入年度目标管理，长沙市国土资源局向各县（市）局支持经费与软件，长沙市国土资源局信息中心负责技术指导；五是请长沙市委、市政府领导现场办公，市纪委牵头出台国有建设用地网上挂牌出让监管办法。2008 年 4 月底，长沙市相关负责人到国土资源局专门研究网上挂牌出让。长沙市委、市政府决定从 2008 年 5 月 1 日起，市五区范围所有经营性用地、工业用地出让一律采用网上挂牌出让；7 月 1 日起市辖四个县（市）一律推行国有建设用地使用权网上挂牌出让，所有网上挂牌出让宗地必须是“熟地”。

四、网上挂牌出让的主要成效及今后打算

截至 2008 年 6 月 10 日：市五区范围内已通过网上成功出让国有建设用地使用权 7 宗，面积 49.0395 公顷，成交价款 130991 万元，溢出起始价 71676 万元。已进入网上挂牌出让程序的宗地 11 宗，面积 63.3917 公顷，估计在 6 月 24 日与 7 月 8 日成交；市辖四县（市）中望城县已进入挂牌出让试运行阶段，长沙县、宁乡县、浏阳市已签订并实施软件安装与服务合同，长沙县、浏阳市局正在安装调试硬件设施。长沙市的网上挂牌出让研发与推广应用工作从开始至今已近两年，走过了一段艰难创新的历程，对于进一步规范国有建设用地使用权出让秩

序、提高土地交易效率、优化配置国土资源，加强廉政建设、促进科学发展、维护社会和谐作出了一定的探索与贡献。具体成效体现在：

一是提高了交易效率，降低了交易成本。参与一次竞买土地活动，申购者往返国土交易中心减少了3—4次；在挂牌期内，报价竞价没有了时间上、地域上的限制；管理方不再需配挂牌主持人、记录员、现场保安员、甚至公安干警，挂牌工作场所可大大减少。

二是增强了交易的公正性，规范了市场秩序。基本杜绝了“串标、围标、劝退、地霸”、现场冲突等现象，维护了公平竞争者与公正管理者的合法权益，参与竞争者人数与竞价次数增加。已出让的7宗地，网上竞价次数达165次。

三是土地交易增值效益明显。已成功网上挂牌出让的7宗用地，起始价上溢出71676万元，增值120.86%，比同期手工现场式的挂牌出让增值比例明显增加。

四是廉政建设得到加强。从网上发布挂牌出让公告到网上成交下载《成交确认书》全自动全封闭运行，管理方基本做到“无为”；申购方也只能按系统规定程序操作，非正当竞争难有“作为”。管理方压力大大减少。

五是优化了投资环境，有利于节约集约用地。挂牌出让信息在网上全程全面公开，扩大了受众范围，加上挂牌出让信息系统的效率与公正性的提高，吸引了外地投资者来长沙投资。已成交的7宗土地中有2宗土地受让者就是外省投资商。长沙市规定网上挂牌出让必须实行“熟地交易”，必须先完成拆迁安置补偿的法律关系和必要的基础设施，不设置可能影响公平交易的附加条件，使土地交易在充分的竞争条件下，按照市场竞争规律优化配置土地资源，防止了新的土地闲置和拆迁安置纠纷。

六是展示了网上挂牌出让推广应用的光明前景。自2007年6月以来，除长沙市范围已推广外，先后有湖南省及全国各地的10多个城市的同行前往考察，湖北省襄樊市国土局参照其系统进行了升级开发，湘潭市局已购买软件，准备9月份在全市试行。可以预见国土资源网上挂牌出让技术平台的推广应用，对于在湖南省乃至全国进行土地市场动态监测、及时进行土地供应网上备案，实施城市基准地价及工业用地最低出让价管理，规范国土资源市场秩序，将产生积极的推动作用。

随着网上挂牌出让的进一步推广应用，过去手工现场式挂牌出让过程中出现的非正当竞争手段与问题将随之发生变化。国土局信息中心网上挂牌出让系统、银行网银系统的系统管理员将是非正当竞争者重点进攻对象；网上黑客攻击、篡改页面信息、网上阻止对手报价竞价，甚至是破坏软件与网络硬件设施，来自互联网上的病毒侵袭将使网上挂牌工作面临更高层次的考验。因此必须加强以下几方面的工作：一是进一步落实系统管理员制度、系统安全责任制度，加强对申购者的网络安全教育；二是在添置必要的网络安全设施的同时，加强与公安网监部门的合作，请公安部门将网上挂牌出让系统作为重点保护系统，发现问题及时查处；三是适时出台与现行国有建设用地使用权招标拍卖挂牌出让规定规范并行的网上挂牌出让规定或规范，为网上挂牌出让系统健康稳定地推广应用提供法律法规保障。

附录

关于进一步推行招标拍卖出让国有土地使用权的通知

（国土资发［1999］30号）

各省、自治区、直辖市及计划单列市土地（国土）管理局（厅），解放军土地管理局，新疆生产建设兵团土地管理局：

随着我国经济体制改革的深入，各地在推行国有土地有偿使用、建立和发展土地市场方面取得了显著成绩。但是，目前各地出让国有土地使用权采用招标、拍卖方式的比例很小，经营性房地产开发用地的出让仍主要以协议方式进行，不利于建设公开、公平、公正的土地市场，不利于国有土地资产价值的实现，也不利于集约用地、节省土地资源。为进一步依法推行招标、拍卖出让国有土地使用权，特通知如下：

一、推行招标、拍卖出让国有土地使用权，是深化土地使用制度改革和健全土地市场的客观要求

招标、拍卖出让国有土地使用权不仅集中体现了公开、公平、公正的原则，同时可以实现政府按规划统一开发、统一供地，以供应引导和制约需求，实现土地优化配置，还可以有效防止土地出让中的不正之风和腐败行为，保障依法行政。各级土地行政主管部门要从完善土地市场、建立社会主义市场经济和反腐倡廉的高度，充分认识推行招标、拍卖出让国有土地使用权的深远意义，积极推进招标、拍卖出让国有土地使用权工作。

二、严控建设用地总量，整顿土地市场，为推行招标、拍卖出让国有土地使用权创造良好环境

要严格控制建设用地供应总量，盘活现有建设用地，建立良好的土地供求关系。除建设项目选址有特殊要求外，各项建设需要使用国有土地的，必须在土地利用总体规划确定的城市建设用地范围内。凡有闲置土地可以利用的，一律不得新增建设用地。

要严格限定行政划拨供地的范围，除按《土地管理法》和《城市房地产管理法》规定可以行政划拨供地的以外，其他建设用地必须以有偿方式提供。要严格限制协议出让国有土地使用权的范围，除划拨土地使用权转让、国有企业改革中处置划拨土地使用权以及特殊用途等用地外，都不得协议出让国有土地使用权。协议出让国有土地使用权的出让金，不得低于出让底价和国家规定的最低价，协议出让结果和地价评估结果要报上级土地行政主管部门备案，并向社会公开披露，接受上级土地行政主管部门和社会监督。

要继续加大清理划拨土地使用权自发交易的力度，严厉打击各类土地违法交易，重点查处各类国有划拨土地使用权和集体土地非法入市，为推行招标、拍卖出让国有土地使用权创造良好的环境。

三、加大土地使用制度改革力度，进一步扩大招标、拍卖出让国有土地使用权的范围

今后，商业、旅游、娱乐和豪华住宅等经营性用地，有条件的，都必须招标、拍卖出让国有土地使用权。其中，属于下列情况之一的，必须拍卖出让：

1. 以获取最高出让金为主要目标，以出价最高为条件确定受让人的；

2. 对土地使用者资格没有特别限制，一般单位或个人均可能有受让意向；

3. 土地用途无特别限制及要求。

对不具备拍卖条件，但属于下列情况之一的，必须公开招标出让：

1. 除获取较高出让金外，还具有其他综合目标或特定的社会、公益建设条件；

2. 土地用途受严格限制，仅少数单位或个人可能有受让意向。

对土地使用者有资格限制或特别要求的，可对符合条件的用地申请者进行邀请招标。

四、加强领导，建立健全工作制度，保证招标、拍卖出让国有土地使用权工作的落实

推行招标、拍卖出让国有土地使用权是今年土地管理的一项重点工作。当前，要尽快建立健全招标、拍卖出让国有土地使用权制度，制定具体管理办法，明确招标拍卖的具体范围，提出拟订方案、审查报批、组织实施和信息披露等工作要求，使此项工作逐步制度化。各省级土地行政主管部门要加强领导，主要领导亲自抓，定期检查指导，并将其纳入各级土地行政主管部门的工作目标，严格考核，真正把招标、拍卖工作落到实处。

各市、县要针对具体情况，制定招标、拍卖出让国有土地使用权的工作计划、目标任务和保证措施，尽快实现国有土地使用权出让以协议为主向以招标、拍卖为主的转变。

各地要积极推进国有土地使用权招标、拍卖的中介机构建设，为建立和规范土地市场提供保障。省级土地行政主管部门要加强人员培训，配合国土资源部做好从事国有土地使用权招标、拍卖的中介人员和机构的管理工作，国土资源部将在各省培训的基础上，通过考试、评审，进行国有土地使用权招标、拍卖中介人员资格和中介机构的资质认证工作。

各地要将本通知的贯彻落实情况，于 1999 年 5 月底前报我部土地利用管理司。

国土资源部

1999 年 1 月 27 日

国土资源部　监察部关于严格实行经营性土地使用权招标拍卖挂牌出让的通知

（国土资发［2002］265号）

各省、自治区、直辖市国土资源厅（国土环境资源厅、国土资源和房屋管理局、房屋土地资源管理局、规划和国土资源局）、监察厅（局），计划单列市国土资源行政主管部门、监察局，解放军土地管理局，新疆生产建设兵团国土资源局、监察局：

《国务院关于加强国有土地资产管理的通知》（国发［2001］15号）下发以来，全国国有土地使用权招标拍卖挂牌出让工作取得了明显成效。但是，各地工作进展不平衡，本应用市场机制配置土地的，一些领导仍然行政干预土地供应方式，没有实行经营性土地使用权招标拍卖挂牌出让，致使国有土地使用权招标拍卖挂牌出让制度不落实。为全面贯彻落实中央纪委第七次全会和国务院第四次廉政工作会议精神，严格实行商业、旅游、娱乐和商品住宅等各类经营性土地（以下简称经营性土地）使用权以招标、拍卖或者挂牌的方式出让，加强廉政建设，现就有关问题通知如下：

一、通过招标拍卖挂牌方式出让国有土地使用权是从源头防治土地供应环节产生腐败的有效措施

由于土地资产数额巨大，并且具有价值增值性和供给稀缺性等特点，土地供应环节成为腐败分子非法牟取暴利的重点领域。分析土地批租领域发生的腐败现象，实质就是在土地资源配置上，特别是在经营性土地的配置上，个别腐败分子违背市场规律，利用行政职权，搞权钱交易和“暗箱操作”，攫取巨额的地价差额。国有土地使用权招标拍卖挂牌出让制度充分体现了公开、公平、公正的市场经济原则，抑制权力进入市场，减少了人为因素对土地配置的干预和影响，从制度和源头上保证了土地批租领域的廉政建设。

党中央、国务院对此高度重视。今年，中央纪委部署从源头防治腐败任务时明确提出，要实行经营性土地使用权出让招标拍卖制度；国务院第四次廉政工作会议明确要求：今年，各地区、各部门都要实行经营性土地出让招标拍卖制度。为此，各级人民政府土地行政主管部门一定要统一思想，充分认识招标拍卖挂牌出让国有土地使用权的重要意义。对经营性土地使用权全部实行招标、拍卖或者挂牌出让，并将其作为国土资源管理的重要制度和行政纪律，切实抓好落实。

二、规范领导干部从政行为，严禁干预土地资源配置

要适应社会主义市场经济发展的要求，进一步转变政府职能，必须充分发挥市场配置土地资源的基础作用，经营性土地使用权出让必须通过市场机制来运作。各级领导干部不得干预经营性土地使用权的招标拍卖挂牌出让。严禁用行政手段，以打招呼、批条子等各种形式指定供地对象、供地位置、供地面积、供地用途、供地方式和供地价格等。经营性土地使用权出让必须进入市场，全部实行招标、拍卖或者挂牌出让。如果领导干部继续搞个人审批，无论有没有权钱交易的行为，都属于违反纪律。

三、强化政府土地的集中统一管理，保证土地使用权招标拍卖挂牌出让制度的落实

坚持土地的集中统一管理，严格控制土地供应总量，实行土地集中统一供应是保证土地使用权招标拍卖挂牌出让制度落实，避免多头供地、恶性竞争的基本前提。各类工业园、科技园、开发区用地和各单位使用的原划拨土地改变为商业、旅游、娱乐、商品住宅项目用地的，必须由当地人民政府土地行政主管部门统一管理、统一供应。出让的每幅地块位置、面积、用途、年限和其他条件，由市、县人民政府土地行政主管部门会同城市规划、建设、房产管理部门拟定方案，报经有批准权的人民政府批准后，由市、县人民政府土地行政主管部门集中统一组织实施。

四、加大土地供应的信息披露力度，创造市场竞争的环境

土地供应信息在更广泛的领域公开，不仅是政府提供服务的重要职责，也是创造有效需求，形成市场竞争环境的重要保证。市、县人民政府土地行政主管部门要根据当地社会经济发展计划、土地利用总体规划、土地利用年度计划、城市规划和土地市场状况制定土地使用权出让计划，报同级人民政府批准后实施。土地使用权出让计划及土地供应信息要在有关媒体向社会广泛公布，防止"暗箱操作"。

五、严格依法规范土地使用权招标拍卖挂牌出让，确保土地交易的公开、公平、公正

国有土地使用权招标拍卖挂牌出让必须严格按照《招标拍卖挂牌出让国有土地使用权规定》（国土资源部令第 11 号）的规范要求执行。市、县人民政府土地行政主管部门要定期及时向社会公开发布国有土地使用权出让计划。经营性土地使用权必须以招标、拍卖或者挂牌方式出让，其他土地的供应计划公布后，同一宗地有两个以上意向用地者的，也应当采取招标、拍卖或者挂牌方式出让。招标拍卖挂牌底价必须根据土地估价结果和政府产业政策集体决策，并严格保密。要统一土地使用权招标拍卖挂牌出让文件，严格规范土地使用权招标拍卖挂牌出让程序。各地要积极采取有效措施，全面落实《招标拍卖挂牌出让国有土地使用权规定》，确保土地使用权招标拍卖挂牌出让的规范、有序进行，促进土地市场的健康发展。

六、加强监督检查，防治土地批租领域的腐败

各级土地行政主管部门和监察机关要加强对经营性土地使用权招标

拍卖挂牌出让的监督检查。对经营性土地使用权规避招标拍卖挂牌，仍采取协议出让和划拨的；对单位和个人擅自先行立项、先行选址定点、先行确定地价的；对在土地使用权招标拍卖挂牌出让中弄虚作假、徇私舞弊的；对领导干部干预和插手土地使用权招标拍卖挂牌出让等违纪违法行为，都要严厉追究主管部门及有关人员的责任。应当给予党纪处分的，移送党的纪律检查机关处理；涉嫌犯罪的，移送司法机关处理。

今年年底前，国土资源部和监察部要对各地的经营性土地使用权招标拍卖挂牌出让工作进行联合检查。重点检查土地使用权招标拍卖挂牌出让制度的落实和协议出让土地使用权的情况。

2002 年 8 月 26 日

关于印发《中共中央纪委监察部关于领导干部利用职权违反规定干预和插手建设工程招标投标、经营性土地使用权出让、房地产开发与经营等市场经济活动，为个人和亲友谋取私利的处理规定》的通知

（中纪发［2004］3号）

各省、自治区、直辖市纪委、监察厅（局），中央和国家机关各部委纪检组（纪委）、监察局，中央纪委各派驻纪检组，监察部各派驻监察局、监察专员办公室，中央直属机关纪工委，中央国家机关纪工委，军委纪委：

现将《中共中央纪委监察部关于领导干部利用职权违反规定干预和插手建设工程招标投标、经营性土地使用权出让、房地产开发与经营等市场经济活动，为个人和亲友谋取私利的处理规定》印发给你们，请遵照执行。

中共中央纪委
监　察　部
2004年2月3日

第一条 为进一步规范领导干部廉洁从政行为，加强建设工程招标投标、经营性土地使用权出让、房地产开发与经营等市场经济活动的监督管理，根据《中国共产党纪律处分条例》及有关法律、法规，制定本规定。

第二条 本规定所称违反规定干预和插手，是指领导干部违反法律、法规及其他政策性规定或者议事规则等，利用职权向相关部门采取暗示、授意、打招呼、批条子、指定、强令等方式，影响正常市场经济活动的行为。

第三条 领导干部利用职权或者职务上的影响，违反规定干预和插手建设工程招标投标活动，为个人和亲友谋取私利，有下列情形之一的，按照本规定第六条进行处理：

（一）对依法必须进行招标的建设工程项目不招标，或者依法应当公开招标的建设工程项目实行邀请招标，以及将依法必须进行招标的建设工程项目化整为零，或者假借保密工程、抢险救灾等特殊工程的名义规避招标的；

（二）为招标人指定招标代理机构，强制招标人委托招标代理机构办理招标事宜的；

（三）操纵或者以暗示、授意、指定等方式影响建设工程招标投标活动中投标人资格的确定或者评标、中标结果，擅自变更建设工程项目中标人的；

（四）要求中标人分包、转包建设工程，或者指定使用工程建设材料、构配件、设备以及生产厂家、供应商的；

（五）有其他违反规定干预和插手建设工程招标投标活动行为的。

第四条 领导干部利用职权或者职务上的影响，违反规定干预和插手经营性土地使用权出让，为个人和亲友谋取私利，有下列情形之一的，按照本规定第六条进行处理：

（一）对应当实行招标拍卖挂牌出让的经营性土地使用权采用划拨方式或者协议出让方式供地，以及采用合作开发、招商引资、历史遗留问题等名义或者使用先行立项、先行选址定点确定用地者等手段规避招标拍卖挂牌出让的；

（二）操纵经营性土地使用权招标拍卖挂牌出让活动中申请人的确

定或者招标拍卖挂牌出让结果的；

（三）土地使用权出让金确定后，擅自批准调整土地用途、容积率等规划设计条件或者减免土地使用权出让金的；

（四）对未按合同约定支付国有土地使用权出让金或者其他不具备发放国有土地使用证书条件，而为其发放国有土地使用证书的；

（五）有其他违反规定干预和插手经营性土地使用权出让活动行为的。

第五条 领导干部利用职权或者职务上的影响，违反规定干预和插手房地产开发与经营活动，为个人和亲友谋取私利，有下列情形之一的，按照本规定第六条进行处理：

（一）允许不具备房地产开发资质或者资质等级不相符的企业从事房地产开发与经营活动的；

（二）对不符合商品房预售条件的开发项目，为其发放商品房预售许可证的；

（三）对未经验收或者验收不合格的房地产开发项目，允许其交付使用的；

（四）有其他违反规定干预和插手房地产开发用地、立项、规划、建设和销售等行为的。

第六条 领导干部有本规定第三条至第五条行为之一，本人从中收受或者变相收受财物的，依照《中国共产党纪律处分条例》第八十五条处理。

领导干部有本规定第三条至第五条行为之一，其父母、配偶、子女及其配偶以及其他共同生活的家庭成员收受财物的，追究该领导干部的责任，依照《中国共产党纪律处分条例》第七十五条第一款、第三款处理。

领导干部有本规定第三条至第五条行为之一，并指定其他第三人从中收受财物的，追究该领导干部的责任，依照《中国共产党纪律处分条例》第七十五条第二款处理。

第七条 需要给予领导干部行政处分或者其他纪律处分，如有相应处分规定的，从其规定；没有相应处分规定的，参照本规定给予相应的处分。根据实际情况，必要时，还可以对其给予免职或者辞退等组织处理。

第八条 领导干部利用职权或者职务上的影响，干扰、妨碍有关部门对建设工程招标投标、经营性土地使用权出让、房地产开发与经营等市场经济活动中的违纪违法行为进行查处的，依照《中国共产党纪律处分条例》第一百六十三条处理。

第九条 本规定适用于党的机关、人大机关、行政机关，政协机关、审判机关、检察机关中副科级以上领导干部。

人民团体、国有企业、事业单位中相当于副科级以上职务实行管理的领导干部参照执行本规定。

对建设工程招标投标、经营性土地使用权出让、房地产开发与经营等市场经济活动负有管理、监督职责的单位的其他干部参照执行本规定。

第十条 本规定由中共中央纪律检查委员会、监察部负责解释。

第十一条 本规定自发布之日起施行。

关于继续开展经营性土地使用权招标拍卖挂牌出让情况执法监察工作的通知

（国土资发［2004］71 号）

各省、自治区、直辖市国土资源厅（国土环境资源厅、国土资源和房屋管理局、房屋土地资源管理局、规划和国土资源局）、监察厅（局），计划单列市国土资源行政主管部门、监察局，解放军土地管理局，新疆生产建设兵团国土资源局、监察局：

2003 年，各级国土资源行政主管部门和监察机关按照中央纪委全会和国务院廉政工作会议的部署，认真开展经营性土地使用权招标拍卖挂牌出让情况执法监察。经过努力，经营性土地使用权招标拍卖挂牌出让制度已经初步建立，经营性土地使用权招标拍卖挂牌出让的比例有所提高。但从全国看，这项制度还未得到全面落实，领导干部违反规定干预和插手经营性土地使用权出让的行为依然存在，有些地方的问题还比较严重。为贯彻落实中央纪委第三次全会和国务院第二次廉政工作会议关于认真落实经营性土地使用权招标拍卖挂牌出让制度，严肃查处违法违规批地用地行为的部署和要求，从源头上预防和治理土地出让中的腐败行为，国土资源部和监察部决定，2004 年继续在全国开展经营性土地使用权招标拍卖挂牌出让情况执法监察。现就有关问题通知如下：

一、突出重点，明确执法监察的范围和内容

2004年执法监察的工作重点是，继续全面推行并严格执行经营性土地使用权招标拍卖挂牌出让制度，建立健全具体制度和操作规范，认真纠正和严肃查处土地出让中违规操作的问题和违纪违法行为。执法监察的范围是，2004年1月1日后各类经营性土地使用权实行招标拍卖挂牌出让的情况；对2003年执法监察中发现但尚未处理的违规操作和违纪违法出让经营性土地问题，也要纠正和查处。主要内容包括：

一是市、县建立经营性土地使用权招标拍卖挂牌出让制度的情况。已建立制度的市、县，要督促抓好制度的规范和完善，制定监督管理措施；尚未建立制度的，要责成有关地方政府和部门于6月底以前建立，届时仍不建立的，要追究主要领导的责任。

二是市、县政府和国土资源行政主管部门执行经营性土地使用权招标拍卖挂牌出让程序的情况，特别是国有土地使用权出让规范操作和信息公开的有关情况。对不按规定操作和公开有关信息的，要及时纠正，造成严重后果的，要追究有关人员的责任。

三是经营性土地使用权出让中存在的突出问题。对规避招标拍卖挂牌或仍采取协议方式出让和划拨，单位和个人先行立项、先行选址定点和先行确定地价，以及假招标、假拍卖、假挂牌或陪标、串标等问题；领导干部违反规定干预和插手经营性土地使用权出让等问题，要认真纠正和查处。

四是2003年遗留问题的清查处理情况。对2003年执法监察中发现但尚未处理的问题，要在2004年纠正和查处完结。在2003年执法监察和土地市场秩序治理整顿中，对有关问题已予以处理，并通过了国土资源部、发展改革委、监察部、建设部、审计署联合验收的，不再重复检查。

二、明确政策，严格和规范执行经营性土地使用权招标拍卖挂牌出让制度

各地要严格和规范执行经营性土地使用权招标拍卖挂牌出让制度。

2002 年 7 月 1 日《招标拍卖挂牌出让国有土地使用权规定》（国土资源部令第 11 号）实施后，除原划拨土地使用权人不改变原土地用途申请补办出让手续和按国家有关政策规定属于历史遗留问题之外，商业、旅游、娱乐和商品住宅等经营性用地必须采用招标拍卖挂牌方式供应，其他土地的供地计划公布后，同一宗地有两个或两个以上意向用地者的，也要采用招标拍卖挂牌方式供应。各地要严格按国家政策规定界定《招标拍卖挂牌出让国有土地使用权规定》实施前的历史遗留问题，不得擅自扩大范围，不得弄虚作假、变相搭车，并要加快工作进度，于 2004 年 8 月 31 日前将历史遗留问题处理完毕。对 8 月 31 日后以历史遗留问题为由采用协议方式出让经营性土地使用权的，要从严查处。

为加强管理和监督，经营性土地使用权出让计划、招标拍卖挂牌出让公告、出让申请条件和出让结果等必须按《招标拍卖挂牌出让国有土地使用权规定》向社会公开，除了按该规定在相关媒体上公布外，还应同时在中国土地市场网（www. landchina. com）上发布，信息公开必须及时、准确、真实。市、县国土资源行政主管部门组织实施经营性土地使用权招标拍卖挂牌出让活动，必须制定明确的操作程序和工作规程，规范操作。地方各级监察机关要制定具体的监督检查措施，对不按规定公布出让信息、影响经营性土地使用权招标拍卖挂牌出让规范进行的，监察机关和上级国土资源行政主管部门要责成责任单位及时纠正，完善相关制度，并追究有关人员责任。

三、加强领导，强化监督检查

地方各级人民政府要进一步认识经营性土地使用权实行招标拍卖挂牌出让的重要意义，加强组织领导，及时研究和协调解决工作中的困难和问题。各级国土资源行政主管部门、监察机关要进一步完善联席会议制度，结合本地实际，制定工作方案，统一组织，协调行动。既各尽其职、各负其责，又相互支持、密切配合，形成整体合力。

各省（区、市）国土资源行政主管部门和监察机关要采取全面检查和重点抽查相结合的方法，加大监督检查的力度。检查工作可采取下查一级或组织地（市）、县（市）之间交叉检查等方式进行；省（区、市）要针对所辖地区存在的突出问题确定重点进行抽查，对2003年发现问题较多的地方，必须列入重点抽查范围。要及时掌握工作进展情况，总结推广行之有效的做法和经验，对措施不力、进展缓慢的，要加强督查。同时，要按要求认真做好经营性土地使用权出让情况和违纪违法案件查处情况的汇总上报工作（见附件）。

各省（区、市）国土资源行政主管部门、监察机关要于11月10日前，分别向国土资源部、监察部书面报告执法监察工作情况。国土资源部、监察部将根据各地的工作情况适时组织联合检查。

四、严肃执纪，加大查处违纪违法案件的力度

《中共中央纪委监察部关于领导干部利用职权违反规定干预和插手建设工程招标投标、经营性土地使用权出让、房地产开发与经营等市场经济活动，为个人和亲友谋取私利的处理规定》（中纪发［2004］3号）已经颁布实施，各地区、各部门必须认真贯彻执行。

各级监察机关要认真履行职责，充分发挥职能作用，注意发现案件线索，扩大案源，会同国土资源等有关部门严肃查处经营性土地使用权出让中的违纪违法案件。对在经营性土地使用权出让中弄虚作假、徇私舞弊的，领导干部违反规定干预或插手经营性土地使用权出让等违纪违法行为，要坚决予以查处。涉嫌犯罪的，要移送司法机关处理。对有关地方和部门瞒案不报、压案不查、查而不处的，将予以严肃处理，追究有关责任人员的责任。

附件：1. 国有经营性土地供应情况一览表（略）

2. 国有经营性土地供应情况汇总表（略）

3. 经营性土地使用权出让违纪违法案件统计表（略）

国土资源部

2004年3月18日

国土资源部　财政部　解放军总后勤部关于加强军队空余土地转让管理有关问题的通知

（国土资发［2007］29号）

各省、自治区、直辖市国土资源厅（国土环境资源厅、国土资源局、国土资源和房屋管理局、房屋土地资源管理局）、财政厅（局），计划单列市国土资源行政主管部门、财政局；各军区联勤部，各兵种后勤部，总参三部、管理保障部，总政直工部，总装后勤部，军事科学院院务部，国防大学、国防科技大学校务部，总后所属直供单位：

为进一步加强军队空余土地转让管理，规范土地转让行为，严格执行经营性用地招标拍卖挂牌出让制度，根据国家土地管理法律政策规定和军队的有关规定，现就军队空余土地转让的有关问题通知如下：

一、严格控制军队空余土地的转让范围

军队土地是保障部队战备、训练、工作和生活的重要物质基础。军队空余土地应当首先满足军队单位的用地需求，凡是军队新上建设项目需要使用土地的，应当尽量从现有军队空余土地中调整解决。今后，转让军队空余土地，要按照总后勤部的有关规定，除整宗空余土地、部队部署调整搬迁后空出土地、军队售房区土地、独立坐落干休所土地，以及地方城市规划修建市政基础设施和公益性设施占用土地外，其他军队

空余土地原则上不得转让。同时，军队空余土地转为民用之前，军队单位应当严格审查转让是否涉及军事安全、保密等问题，凡涉及军事安全、保密的，一律不得转让。

二、严格实行军队土地转让计划管理

转让军队空余土地，由军队土地使用单位提出申请，按程序报总后勤部批准后，纳入军队空余土地转让计划。军队空余土地在申请转让时，应当征求当地国土资源管理部门和城市规划管理部门的意见，符合土地利用总体规划和城市规划的，应当明确宗地转让后的土地用途、容积率等土地开发利用和规划设计条件。军队空余土地转让计划经总后勤部批准后，抄送有关省（自治区、直辖市）国土资源管理部门和土地所在地的市、县人民政府。市、县人民政府在编制年度土地供应计划时，应优先安排纳入军队空余土地转让计划的土地。未纳入军队空余土地转让计划和当地土地年度供应计划的土地，不得转让。

三、规范军队空余土地转让行为

经依法批准，可以依法转让的军队空余土地，其土地面积、用途、开发利用和规划设计条件、转让方式、交易结果等信息，在当地土地有形市场和中国土地市场网等相关媒体上公布。凡属于商业、旅游、娱乐、商品住宅和工业用途的，必须在当地统一的土地市场公开转让，按价高者得的原则，确定土地使用权人。

军队空余土地转让可采用以下三种模式：（一）由当地政府收购储备，再由政府统一出让；（二）直接在当地的土地有形市场公开转让，由军队与土地所在地的市、县人民政府国土资源管理部门协商一致后共同实施，招标拍卖挂牌的具体事务性工作可由当地国土资源管理部门承办；（三）由军队单位按照总后勤部的有关规定组织公开转让，确定受让人，市、县国土资源管理部门按规定与受让人签订《国有土地使用权出让合同》，按市场价格核定土地出让收益。具体采用哪种模式，由军队单位与土地所在地的市、县国土资源管理部门协商后，在申报军队空余土地转让计划时一并上报总后勤部审批。

军队空余土地转让项目应当上报总后勤部审批，未经总后勤部批准并确认许可的，各级国土资源管理部门不得办理有关手续。具体办法，由总后勤部另行制定。

四、加强军队空余土地转让后的监督管理

军队空余土地转让后不再属于军用土地，纳入地方职能部门的监督管理。土地用途、开发利用和规划设计条件应当作为军队空余土地转让的前置条件，并在转让文件和《国有土地使用权出让合同》中明确。用地者应当严格按照军队空余土地转让批准文件和《国有土地使用权出让合同》的约定开发利用土地，国土资源管理部门应当加强《国有土地使用权出让合同》管理。对于改变土地用途、容积率等土地使用条件的，应当严格按照《国有土地使用权出让合同》的约定，补交不同用途、容积率的土地价款差额或收回土地使用权重新公开出让。

五、规范军队空余土地转让收益分配和管理

军队空余土地由当地政府收购储备再统一出让的，由当地政府按照土地收购储备的有关规定，向军队支付土地补偿费、安置补助费、地上附着物补偿费、拆迁补偿费等相关费用。

军队空余土地由当地国土资源管理部门实行招标拍卖挂牌转让的，转让收入归军队所有。军队应当按照规定支付土地出让业务费等相关费用。土地出让业务费等相关费用，统一并入土地出让收入，全额缴入地方国库，纳入地方政府预算，实行“收支两条线”管理。

军队空余土地由军队自行组织公开转让的，转让收入归军队所有。受让人与当地国土资源管理部门签订国有土地出让合同时，应当按照规定缴纳土地过户中的有关费用，并全额缴入地方国库，纳入地方政府预算，实行“收支两条线”管理。

军队所得的转让空余土地收入，专项用于部队营房建设，具体管理办法由财政部会同总后勤部另行制定。

各级国土资源管理部门、财政部门以及军队单位要切实做好政策衔接工作。本通知下发之前，已领取《军用土地补办出让手续许可证》的，可按原有规定办理，并在2007年6月30日前办理完毕。

2007年1月31日

招标拍卖挂牌出让国有建设用地使用权规定

（国土资源部令第 39 号）

《招标拍卖挂牌出让国有建设用地使用权规定》，已经 2007 年 9 月 21 日国土资源部第 3 次部务会议审议通过。现将《招标拍卖挂牌出让国有建设用地使用权规定》公布，自 2007 年 11 月 1 日起施行。

2007 年 9 月 28 日

第一条 为规范国有建设用地使用权出让行为，优化土地资源配置，建立公开、公平、公正的土地使用制度，根据《中华人民共和国物权法》、《中华人民共和国土地管理法》、《中华人民共和国城市房地产管理法》和《中华人民共和国土地管理法实施条例》，制定本规定。

第二条 在中华人民共和国境内以招标、拍卖或者挂牌出让方式在土地的地表、地上或者地下设立国有建设用地使用权的，适用本规定。

本规定所称招标出让国有建设用地使用权，是指市、县人民政府国土资源行政主管部门（以下简称出让人）发布招标公告，邀请特定或者不特定的自然人、法人和其他组织参加国有建设用地使用权投标，根据投标结果确定国有建设用地使用权人的行为。

本规定所称拍卖出让国有建设用地使用权，是指出让人发布拍卖公告，由竞买人在指定时间、地点进行公开竞价，根据出价结果确定国有建设用地使用权人的行为。

本规定所称挂牌出让国有建设用地使用权，是指出让人发布挂牌公告，按公告规定的期限将拟出让宗地的交易条件在指定的土地交易场所挂牌公布，接受竞买人的报价申请并更新挂牌价格，根据挂牌期限截止时的出价结果或者现场竞价结果确定国有建设用地使用权人的行为。

第三条 招标、拍卖或者挂牌出让国有建设用地使用权，应当遵循公开、公平、公正和诚信的原则。

第四条 工业、商业、旅游、娱乐和商品住宅等经营性用地以及同一宗地有两个以上意向用地者的，应当以招标、拍卖或者挂牌方式出让。

前款规定的工业用地包括仓储用地，但不包括采矿用地。

第五条 国有建设用地使用权招标、拍卖或者挂牌出让活动，应当有计划地进行。

市、县人民政府国土资源行政主管部门根据经济社会发展计划、产业政策、土地利用总体规划、土地利用年度计划、城市规划和土地市场状况，编制国有建设用地使用权出让年度计划，报经同级人民政府批准后，及时向社会公开发布。

第六条 市、县人民政府国土资源行政主管部门应当按照出让年度计划，会同城市规划等有关部门共同拟订拟招标拍卖挂牌出让地块的出让方案，报经市、县人民政府批准后，由市、县人民政府国土资源行政主管部门组织实施。

前款规定的出让方案应当包括出让地块的空间范围、用途、年限、出让方式、时间和其他条件等。

第七条 出让人应当根据招标拍卖挂牌出让地块的情况，编制招标拍卖挂牌出让文件。

招标拍卖挂牌出让文件应当包括出让公告、投标或者竞买须知、土地使用条件、标书或者竞买申请书、报价单、中标通知书或者成交确认书、国有建设用地使用权出让合同文本。

第八条 出让人应当至少在投标、拍卖或者挂牌开始日前20日，在土地有形市场或者指定的场所、媒介发布招标、拍卖或者挂牌公告，公布招标拍卖挂牌出让宗地的基本情况和招标拍卖挂牌的时间、地点。

第九条 招标拍卖挂牌公告应当包括下列内容：

（一）出让人的名称和地址；

（二）出让宗地的面积、界址、空间范围、现状、使用年期、用途、规划指标要求；

（三）投标人、竞买人的资格要求以及申请取得投标、竞买资格的办法；

（四）索取招标拍卖挂牌出让文件的时间、地点和方式；

（五）招标拍卖挂牌时间、地点、投标挂牌期限、投标和竞价方式等；

（六）确定中标人、竞得人的标准和方法；

（七）投标、竞买保证金；

（八）其他需要公告的事项。

第十条 市、县人民政府国土资源行政主管部门应当根据土地估价结果和政府产业政策综合确定标底或者底价。

标底或者底价不得低于国家规定的最低价标准。

确定招标标底，拍卖和挂牌的起叫价、起始价、底价，投标、竞买保证金，应当实行集体决策。

招标标底和拍卖挂牌的底价，在招标开标前和拍卖挂牌出让活动结束之前应当保密。

第十一条 中华人民共和国境内外的自然人、法人和其他组织，除法律、法规另有规定外，均可申请参加国有建设用地使用权招标拍卖挂牌出让活动。

出让人在招标拍卖挂牌出让公告中不得设定影响公平、公正竞争的限制条件。挂牌出让的，出让公告中规定的申请截止时间，应当为挂牌出让结束日前 2 天。对符合招标拍卖挂牌公告规定条件的申请人，出让人应当通知其参加招标拍卖挂牌活动。

第十二条 市、县人民政府国土资源行政主管部门应当为投标人、竞买人查询拟出让土地的有关情况提供便利。

第十三条 投标、开标依照下列程序进行：

（一）投标人在投标截止时间前将标书投入标箱。招标公告允许邮寄标书的，投标人可以邮寄，但出让人在投标截止时间前收到的方为有效。

标书投入标箱后，不可撤回。投标人应当对标书和有关书面承诺承担责任。

（二）出让人按照招标公告规定的时间、地点开标，邀请所有投标人参加。由投标人或者其推选的代表检查标箱的密封情况，当众开启标箱，点算标书。投标人少于三人的，出让人应当终止招标活动。投标人不少于三人的，应当逐一宣布投标人名称、投标价格和投标文件的主要内容。

（三）评标小组进行评标。评标小组由出让人代表、有关专家组成，成员人数为五人以上的单数。

评标小组可以要求投标人对投标文件作出必要的澄清或者说明，但是澄清或者说明不得超出投标文件的范围或者改变投标文件的实质性内容。

评标小组应当按照招标文件确定的评标标准和方法，对投标文件进行评审。

（四）招标人根据评标结果，确定中标人。

按照价高者得的原则确定中标人的，可以不成立评标小组，由招标主持人根据开标结果，确定中标人。

第十四条　对能够最大限度地满足招标文件中规定的各项综合评价标准，或者能够满足招标文件的实质性要求且价格最高的投标人，应当确定为中标人。

第十五条　拍卖会依照下列程序进行：

（一）主持人点算竞买人；

（二）主持人介绍拍卖宗地的面积、界址、空间范围、现状、用途、使用年期、规划指标要求、开工和竣工时间以及其他有关事项；

（三）主持人宣布起叫价和增价规则及增价幅度。没有底价的，应当明确提示；

（四）主持人报出起叫价；

（五）竞买人举牌应价或者报价；

（六）主持人确认该应价或者报价后继续竞价；

（七）主持人连续三次宣布同一应价或者报价而没有再应价或者报价的，主持人落槌表示拍卖成交；

（八）主持人宣布最高应价或者报价者为竞得人。

第十六条 竞买人的最高应价或者报价未达到底价时，主持人应当终止拍卖。

拍卖主持人在拍卖中可以根据竞买人竞价情况调整拍卖增价幅度。

第十七条 挂牌依照以下程序进行：

（一）在挂牌公告规定的挂牌起始日，出让人将挂牌宗地的面积、界址、空间范围、现状、用途、使用年期、规划指标要求、开工时间和竣工时间、起始价、增价规则及增价幅度等，在挂牌公告规定的土地交易场所挂牌公布；

（二）符合条件的竞买人填写报价单报价；

（三）出让人确认该报价后，更新显示挂牌价格；

（四）出让人在挂牌公告规定的挂牌截止时间确定竞得人。

第十八条 挂牌时间不得少于10日。挂牌期间可根据竞买人竞价情况调整增价幅度。

第十九条 挂牌截止应当由挂牌主持人主持确定。挂牌期限届满，挂牌主持人现场宣布最高报价及其报价者，并询问竞买人是否愿意继续竞价。有竞买人表示愿意继续竞价的，挂牌出让转入现场竞价，通过现场竞价确定竞得人。挂牌主持人连续三次报出最高挂牌价格，没有竞买人表示愿意继续竞价的，按照下列规定确定是否成交：

（一）在挂牌期限内只有一个竞买人报价，且报价不低于底价，并符合其他条件的，挂牌成交；

（二）在挂牌期限内有两个或者两个以上的竞买人报价的，出价最高者为竞得人；报价相同的，先提交报价单者为竞得人，但报价低于底价者除外；

（三）在挂牌期限内无应价者或者竞买人的报价均低于底价或者均不符合其他条件的，挂牌不成交。

第二十条 以招标、拍卖或者挂牌方式确定中标人、竞得人后，中标人、竞得人支付的投标、竞买保证金，转作受让地块的定金。出让人应当向中标人发出中标通知书或者与竞得人签订成交确认书。

中标通知书或者成交确认书应当包括出让人和中标人或者竞得人的名称，出让标的，成交时间、地点、价款以及签订国有建设用地使用权出让合同的时间、地点等内容。

中标通知书或者成交确认书对出让人和中标人或者竞得人具有法律效力。出让人改变竞得结果，或者中标人、竞得人放弃中标宗地、竞得宗地的，应当依法承担责任。

第二十一条 中标人、竞得人应当按照中标通知书或者成交确认书约定的时间，与出让人签订国有建设用地使用权出让合同。中标人、竞得人支付的投标、竞买保证金抵作土地出让价款；其他投标人、竞买人支付的投标、竞买保证金，出让人必须在招标拍卖挂牌活动结束后5个工作日内予以退还，不计利息。

第二十二条 招标拍卖挂牌活动结束后，出让人应在10个工作日内将招标拍卖挂牌出让结果在土地有形市场或者指定的场所、媒介公布。

出让人公布出让结果，不得向受让人收取费用。

第二十三条 受让人依照国有建设用地使用权出让合同的约定付清全部土地出让价款后，方可申请办理土地登记，领取国有建设用地使用权证书。

未按出让合同约定缴清全部土地出让价款的，不得发放国有建设用地使用权证书，也不得按出让价款缴纳比例分割发放国有建设用地使用权证书。

第二十四条 应当以招标拍卖挂牌方式出让国有建设用地使用权而擅自采用协议方式出让的，对直接负责的主管人员和其他直接责任人员依法给予处分；构成犯罪的，依法追究刑事责任。

第二十五条 中标人、竞得人有下列行为之一的，中标、竞得结果无效；造成损失的，应当依法承担赔偿责任：

（一）提供虚假文件隐瞒事实的；

（二）采取行贿、恶意串通等非法手段中标或者竞得的。

第二十六条 国土资源行政主管部门的工作人员在招标拍卖挂牌出

让活动中玩忽职守、滥用职权、徇私舞弊的，依法给予处分；构成犯罪的，依法追究刑事责任。

第二十七条 以招标拍卖挂牌方式租赁国有建设用地使用权的，参照本规定执行。

第二十八条 本规定自 2007 年 11 月 1 日起施行。

关于落实工业用地招标拍卖挂牌出让制度有关问题的通知

国土资发［2007］78 号

各省、自治区、直辖市国土资源厅（国土环境资源厅、国土资源局、国土资源和房屋管理局、房屋土地资源管理局）、监察厅（局），新疆生产建设兵团国土资源局、监察局：

为贯彻《国务院关于加强土地调控有关问题的通知》（国发［2006］31 号，下称国务院 31 号文件），落实工业用地招标拍卖挂牌出让制度，现就有关问题通知如下。

一、统一思想，提高对实行工业用地招标拍卖挂牌出让制度重要性的认识

国务院 31 号文件明确要求："工业用地必须采用招标拍卖挂牌方式出让。"实行工业用地招标拍卖挂牌出让制度，对于加强宏观调控，严把土地"闸门"，有效控制土地供应总量；对于遏制工业用地压价竞争、低成本过度扩张，实现国有资产保值增值；对于建立完善土地市场机制，更大程度地发挥市场配置资源的基础性作用，不断提高土地利用效率；对于节约集约用地，优化土地利用结构，促进经济增长方式的转变和产业结构的优化升级；对于从源头上防治土地出让领域的腐败行为，加强党风廉政建设，都具有十分重要的作用。各级国土资源管理部门、监察机关必须统一思想，提高认识，密切配合，加大工作力度，共同落实好工业用地招标拍卖挂牌出让制度。

二、明确范围，坚定不移地推进工业用地招标拍卖挂牌出让

（一）政府供应工业用地，必须采取招标拍卖挂牌方式公开出让或租赁，必须严格执行《招标拍卖挂牌出让国有土地使用权规定》和《招标拍卖挂牌出让国有土地使用权规范》规定的程序和方法。

（二）国务院31号文件下发前，市、县人民政府已经签订工业项目投资协议，确定了供地范围和价格，所涉及的土地已办理完农用地转用和土地征收审批手续的，可以继续采取协议方式出让或租赁，但必须按照《协议出让国有土地使用权规范》的有关规定，将意向出让、租赁地块的位置、用途、土地使用条件、意向用地者和土地价格等信息向社会公示后，抓紧签订土地出让或租赁合同，并在2007年6月30日前签订完毕。不符合上述条件或者超过上述期限的，应按规定采用招标拍卖挂牌方式出让或租赁。

（三）原划拨土地使用权人申请办理土地出让或改变土地用途的，按照土地管理的法律法规办理。

三、适应工业项目用地特点，有针对性地组织实施工业用地招标拍卖挂牌出让工作

市、县国土资源管理部门要根据工业项目用地的特点，采取有针对性的措施，大力推进本地区的工业用地招标拍卖挂牌出让工作，应当注意把握以下关键环节：

（一）做好工业用地招标拍卖挂牌出让与农用地转用、土地征收审批的衔接。工业用地出让涉及农用地转用和土地征收的，应当先行办理农用地转用和土地征收审批手续，再依法采取招标拍卖挂牌方式确定土地使用权人。

（二）建立健全土地储备制度，做好工业用地的前期开发，为招标拍卖挂牌出让创造条件。

（三）建立用地预申请制度，及时了解工业用地的需求情况，科学合理安排工业用地出让的规模、结构、布局、进度和宗地规模、产业类别、土地使用条件等，保证工业用地招标拍卖挂牌制度的有效落实。

（四）依据土地利用总体规划、城市规划、国家产业政策，以及拟出让地块周边产业布局情况等，进一步细化拟出让工业用地的地类和产业类型，科学合理地确定拟出让工业用地的地块面积、具体用途、土地使用条件、产业类型、生产技术要求等内容。出让方案中确定的产业类型、用地标准和用地规模等，应当符合《建设项目用地预审管理办法》和《工业项目建设用地控制指标（试行）》的有关要求。

（五）根据土地估价结果、产业政策和土地市场情况等，集体决策，综合确定出让底价。出让底价不得低于国家公布的最低价标准。

（六）工业用地出让文件中，应当明确拟出让地块的投资强度要求、产业类型、具体地类等内容。

（七）采取灵活的方式，合理确定工业项目的用地面积。既可以确定出让地块面积后招标拍卖挂牌出让，也可以先不确定出让地块的具体面积，招标拍卖挂牌中通过竞单位面积地价的方式确定土地使用者，然后再根据工业项目的类别、规模、土地使用标准等合理确定出让地块的具体面积。

（八）与竞得人签订《成交确认书》或向中标人发放《中标通知书》后，应当向竞得人、中标人核发建设项目用地预审批准文件。

（九）要根据《国有土地使用权出让合同》和《国有土地使用权出让合同补充协议》示范文本，完善工业用地出让合同，明确约定工业项目的投资强度要求、产业要求、具体地类等内容。加强合同管理，督促用地者严格按照合同约定的条件开发利用土地。

四、强化执法监察，促进工业用地招标拍卖挂牌出让制度的全面落实

（一）省级国土资源管理部门要加强对本地区工业用地招标拍卖挂牌出让的政策指导，及时研究工作中的困难和问题，全面掌握工作进展情况，总结推广有效做法和经验。省级监察机关要把对落实工业用地招标拍卖挂牌出让制度的监督检查作为一项重要任务和日常工作，定期作出安排部署并组织实施，保证执法监察工作的效果。

各级监察机关要认真履行职责，注意发现案件线索，严肃查处工业用地出让中的违纪违法案件。对工业用地出让规避招标拍卖挂牌、仍采取协议出让和划拨的；对工业项目通过计划立项、规划定点先行确定土地使用者的；对工业用地以招标拍卖挂牌方式出让后擅自调整土地用途、容积率等规划条件；对不按规定及时准确地在中国土地市场网公开发布国有土地使用权出让公告和出让结果等信息等违法违规行为，要认真纠正和查处。领导干部以任何形式违反规定干预和插手工业用地招标拍卖挂牌出让，特别是在工业用地出让中不经招标拍卖挂牌程序继续搞个人审批的，要坚决予以查处。对有关地方和部门瞒案不报、压案不查的，要严肃处理，并追究有关责任人的责任。

（二）强化对工业用地招标拍卖挂牌出让工作的监督。监察部、国土资源部决定，2007 年在全国开展工业用地招标拍卖挂牌出让工作专项执法监察。执法监察的重点是，全面推行并严格执行工业用地招标拍卖挂牌出让制度情况，全面执行《招标拍卖挂牌出让国有土地使用权规范》和《协议出让国有土地使用权规范》情况。

地方各级监察机关、国土资源管理部门要根据《工业用地招标拍卖挂牌出让情况执法监察工作方案》（详见附件）的要求，密切配合，共同制订工作方案，统一组织，协调行动，共同做好工业用地招标拍卖挂牌出让执法监察工作。市、县国土资源部门要会同监察机关，对国务院 31 号文件下发以来的工业用地出让情况逐宗自查，发现问题要及时纠正、处理。各省、自治区、直辖市监察机关、国土资源管理部门要采取全面检查和重点抽查相结合的方法，加大监督检查力度。各省、自治区、直辖市执法监察情况，要在 2007 年 10 月底前报送监察部和国土资源部。监察部、国土资源部将根据各地的工作情况，适时组织联合检查。

国土资源部　监察部

2007 年 4 月 4 日

附件

工业用地招标拍卖挂牌出让情况执法监察工作方案

为贯彻《国务院关于加强土地调控有关问题的通知》（国发［2006］31号，以下简称国务院31号文件），认真落实工业用地招标拍卖挂牌出让制度，监察部、国土资源部决定，今年在全国开展工业用地招标拍卖挂牌出让情况执法监察。

一、指导思想和目标

认真贯彻中央纪委全会和国务院廉政工作会议精神，根据国务院31号文件的要求，集中一年时间，在全国范围内开展工业用地招标拍卖挂牌出让情况执法监察。通过执法监察，全面推行并严格执行工业用地招标拍卖挂牌出让制度，全面执行《招标拍卖挂牌出让国有土地使用权出让规范》和《协议出让国有土地使用权出让规范》，实现工业用地出让全部进入市场，以招标拍卖挂牌方式交易，领导干部在工业用地出让中违规干预甚至以权谋私等违纪违法行为得到及时、严肃地查处，有效遏制土地交易中的腐败行为。

二、范围和内容

（一）执法监察的范围：2006年国务院31号文件下发以来，各地工业用地招标拍卖挂牌出让情况。

（二）执法监察的主要内容包括：

1. 地方各级人民政府和国土资源管理部门建立和完善工业用地招标拍卖挂牌出让制度情况。

2. 地方各级人民政府和国土资源管理部门执行《招标拍卖挂牌

出让国有土地使用权出让规范》和《协议出让国有土地使用权出让规范》的情况。重点是：是否按规定公开土地出让信息，特别是是否按规定将土地面积、用途、土地使用条件、价款及出让结果等信息在中国土地市场网上公开；是否存在操作程序和操作行为不规范的问题。

3. 纠正工业用地出让中存在问题的情况。一是工业用地出让中是否存在规避招标拍卖挂牌出让、仍采取协议方式出让的问题；工业用地出让涉及农用地转用和土地征收的，是否存在农用地转用和土地征收审批时确定用地单位的问题。二是工业用地出让中是否存在假招标、假拍卖、假挂牌等弄虚作假、徇私舞弊等问题，是否存在领导干部违规干预和插手工业用地招标拍卖挂牌出让问题。

三、方法和步骤

本次执法监察分为自查整改、重点检查和联合检查三个阶段。

（一）自查整改。本执法监察工作方案下发后，各地要结合实际，制定具体实施方案，周密安排此项工作。本《通知》下发至8月底前，市、县监察机关和国土资源管理部门要按照方案的要求，对国务院31号文件下发以来，本地区工业用地出让情况逐宗进行检查，发现问题要立即督促整改。

（二）重点检查。9月至10月，各省（区、市）监察厅（局）、国土资源厅（局）对市、县开展工业用地招标拍卖挂牌出让情况执法监察工作进行重点检查。各省（区、市）要将执法监察工作情况形成书面报告，于10月底前分别报监察部和国土资源部。

（三）联合检查。监察部、国土资源部将适时对各地工业用地出让情况进行联合检查。

附表1　工业用地供应情况一览表

附表2　工业用地供应情况汇总表

附表3　工业用地出让违纪违法案件统计表

附表 1

工业用地供应情况一览表

______市（县） 单位：平方米，万元

项目名称	档案编号	土地来源	用地面积	土地使用者	批准供地机关	供地时间	供地方式	供地价款	未招拍挂的原因	处理意见

说明：

1. 该表由各市、县填写。

2. 土地来源应注明新增建设用地、政府储备土地、原划拨用地者补办出让手续等。

3. 供地方式按实际供地情况填写，分为协议出让（租赁）、招标拍卖挂牌出让（租赁）、作价出资（入股）等。

4. 对未采取招标拍卖挂牌出让（租赁）的宗地，应当认真进行清查和处理，并填写本表后两栏的“未招拍挂原因”和“处理意见”。

附表 2

工业用地供应情况汇总表

______省（区、市）

	合计	招标拍卖挂牌	协议			
			小计	属于31号文件下发前已签订协议的工业项目用地	属于补办出让手续	其他情况
宗数（宗）						
面积（公顷）						
价款（万元）						

说明：该表由省级国土资源管理部门和监察机关汇总各县、市报表后填写，并于今年10月底前上报国土资源部和监察部。

附表 3

工业用地出让违纪违法案件统计表

填报单位（盖章）：　　　　　　　　　　　　　　　　填报时间：　年　月　日

发现违纪违法问题线索（个）		
立案情况（起）	合计	
	其中：在查案	
	已结案	
人员处理情况（人）	政纪处分	
	党纪处分	
	移送司法机关	
	其他	
受处理人员情况（人）	合计	
	其中：地厅级	
	县处级	
	科级以下	
违纪违法金额（万元）		

招标拍卖挂牌出让国有土地使用权规范

（试行）

2006 年 5 月 31 日发布　　　　　　2006 年 8 月 1 日实施

中华人民共和国国土资源部 发布

前 言

为完善国有土地使用权出让制度，规范国有土地使用权招标拍卖挂牌出让行为，统一程序和标准，优化土地资源配置，推进土地市场建设，根据《中华人民共和国土地管理法》、《中华人民共和国城市房地产管理法》、《中华人民共和国城镇国有土地使用权出让和转让暂行条例》、《招标拍卖挂牌出让国有土地使用权规定》等规定，制定本规范。

本规范的附录 B 为招标拍卖挂牌出让公告应当使用的文本格式，附录 A、附录 C、附录 D、附录 E、附录 F、附录 G、附录 H、附录 I、附录 J 为招标拍卖挂牌出让活动中所需其他文本的示范格式。

本规范由国土资源部提出并归口。

本规范起草单位：国土资源部土地利用管理司，国土资源部土地整理中心，辽宁省国土资源厅，江苏省国土资源厅，福建省国土资源厅，山东省国土资源厅，广东省国土资源厅，深圳市国土资源和房产管理局。

本规范主要起草人员：廖永林、冷宏志、岳晓武、雷爱先、高永、谢量雄、宋玉波、黄启才、潘光明、涂高坤、王联珠、牟傲风、叶卫东、钟松钇、林立森、申亮、陈梅英、周旭、沈飞、张昉。

本规范参加起草人员（以姓氏笔画为序）：于世专、马尚、王薇、车长志、邓岳方、叶元蓬、叶东、任钊洪、关文荣、刘显祺、刘祥元、刘瑞平、朱育德、闫洪溪、严政、吴永高、吴迪、吴海洋、张万中、张英奇、李延荣、李晓娟、李晓斌、束克欣、杨玉芳、杨江正、肖建军、陈永真、陈国庆、林君衡、罗演广、祝军、胡立兵、胡红兵、赵春华、郝吉虎、高志云、徐建设、秦水龙、钱友根、梁红、黄文波、韩建国、韩洪伟、靳薇、潘洪嵩、魏成、魏莉华。

本规范由国土资源部负责解释。

1 适用范围

在中华人民共和国境内以招标、拍卖或者挂牌方式出让国有土地使用权，适用本规范；以招标、拍卖或者挂牌方式租赁国有土地使用权、出让国有土地他项权利，参照本规范执行。

以招标、拍卖或者挂牌方式转让国有土地使用权，以及依法以招标、拍卖或者挂牌方式流转农民集体建设用地使用权，可参照本规范执行。

2 引用的标准和文件

下列标准和文件所包含的条文，通过在本规范中引用而构成本规范的条文。本规范颁布时，所示版本均为有效。使用本规范的各方应使用下列各标准和文件的最新版本。

GB/T 18508－2001《城镇土地估价规程》

国土资发［2000］303 号《国有土地使用权出让合同示范文本》

国土资发［2001］255 号《全国土地分类》

国土资发［2004］232 号《工业建设项目用地控制指标》

3 依据

(1)《中华人民共和国土地管理法》

(2)《中华人民共和国城市房地产管理法》

(3)《中华人民共和国城市规划法》

(4)《中华人民共和国行政许可法》

(5)《中华人民共和国合同法》

(6)《中华人民共和国城镇国有土地使用权出让和转让暂行条例》

(7)《建立健全教育、制度、监督并重的惩治和预防腐败体系实施纲要》(中发[2005]3号)

(8)《国务院关于加强国有土地资产管理的通知》(国发[2001]15号)

(9)《国务院关于深化改革严格土地管理的决定》(国发[2004]28号)

(10)《中共中央纪委监察部关于领导干部利用职权违反规定干预和插手建设工程招投标、经营性土地使用权出让、房地产开发与经营等市场经济活动,为个人和亲友谋取私利的处理规定》(中纪发[2004]3号)

(11)《招标拍卖挂牌出让国有土地使用权规定》(国土资源部令第11号)

4 总则

4.1 招标拍卖挂牌出让国有土地使用权内涵

本规范所称招标出让国有土地使用权,是指市、县国土资源管理部门发布招标公告或者发出投标邀请书,邀请特定或者不特定的法人、自然人和其他组织参加国有土地使用权投标,根据投标结果确定土地使用者的行为。

本规范所称拍卖出让国有土地使用权,是指市、县国土资源管理部门发布拍卖公告,由竞买人在指定时间、地点进行公开竞价,根据出价结果确定土地使用者的行为。

本规范所称挂牌出让国有土地使用权,是指市、县国土资源管理部门发布挂牌公告,按公告规定的期限将拟出让宗地的交易条件在指定的土地交易场所挂牌公布,接受竞买人的报价申请并更新挂牌价格,根据挂牌期限截止时的出价结果或现场竞价结果确定土地使用者的行为。

4.2 招标拍卖挂牌出让国有土地使用权原则

(1)公开、公平、公正;

（2）诚实信用。

4.3 招标拍卖挂牌出让国有土地使用权范围

（1）供应商业、旅游、娱乐和商品住宅等各类经营性用地以及有竞争要求的工业用地；

（2）其他土地供地计划公布后同一宗地有两个或者两个以上意向用地者的；

（3）划拨土地使用权改变用途，《国有土地划拨决定书》或法律、法规、行政规定等明确应当收回土地使用权，实行招标拍卖挂牌出让的；

（4）划拨土地使用权转让，《国有土地划拨决定书》或法律、法规、行政规定等明确应当收回土地使用权，实行招标拍卖挂牌出让的；

（5）出让土地使用权改变用途，《国有土地使用权出让合同》约定或法律、法规、行政规定等明确应当收回土地使用权，实行招标拍卖挂牌出让的；

（6）法律、法规、行政规定明确应当招标拍卖挂牌出让的其他情形。

4.4 招标拍卖挂牌出让国有土地使用权组织实施

4.4.1 实施主体

国有土地使用权招标拍卖挂牌出让由市、县国土资源管理部门组织实施。

4.4.2 组织方式

市、县国土资源管理部门实施招标拍卖挂牌出让国有土地使用权活动，可以根据实际情况选择以下方式：

（1）市、县国土资源管理部门自行办理；

（2）市、县国土资源管理部门指定或授权下属事业单位具体承办；

（3）市、县国土资源管理部门委托具有相应资质的交易代理中介机构承办。

4.4.3 协调决策机构

国有土地使用权出让实行集体决策。市、县国土资源管理部门根据实际情况，可以成立国有土地使用权出让协调决策机构，负责协调解决出让中的相关问题，集体确定有关事项。

4.4.4 土地招标拍卖挂牌主持人

国有土地使用权招标拍卖挂牌出让活动，应当由符合国土资源部确定的土地招标拍卖挂牌主持人条件并取得资格的人员主持进行。

4.4.5 招标拍卖挂牌出让程序

(1) 公布出让计划，确定供地方式；

(2) 编制、确定出让方案；

(3) 地价评估，确定出让底价；

(4) 编制出让文件；

(5) 发布出让公告；

(6) 申请和资格审查；

(7) 招标拍卖挂牌活动实施；

(8) 签订出让合同，公布出让结果；

(9) 核发《建设用地批准书》，交付土地；

(10) 办理土地登记；

(11) 资料归档。

4.5 地方补充规定

地方可对本规范作出补充规定或实施细则，并报上一级国土资源管理部门备案。

5 公布出让计划，确定供地方式

5.1 市、县国土资源管理部门应当将经批准的国有土地使用权出让计划向社会公布。有条件的地方可以根据供地进度安排，分阶段将国有土地使用权出让计划细化落实到地段、地块，并将相关信息及时向社会公布。国有土地使用权出让计划以及细化的地段、地块信息应当同时在中国土地市场网（www. landchina. com）上公布。

5.2 市、县国土资源管理部门公布国有土地使用权出让计划、细化的地段、地块信息，应当同时明确用地者申请用地的途径和方式，公开接受用地申请。

5.3 需要使用土地的单位和个人（以下简称意向用地者）应当根

据公布的国有土地使用权出让计划、细化的地段、地块信息以及自身用地需求，向市、县国土资源管理部门提出用地申请。

5.4　用地预申请

为充分了解市场需求情况，科学合理安排供地规模和进度，有条件的地方，可以建立用地预申请制度。单位和个人对列入招标拍卖挂牌出让计划内的具体地块有使用意向的，可以提出用地预申请，并承诺愿意支付的土地价格。市、县国土资源管理部门认为其承诺的土地价格和条件可以接受的，应当根据土地出让计划和土地市场情况，适时组织实施招标拍卖挂牌出让活动，并通知提出该宗地用地预申请的单位或个人参加。提出用地预申请的单位、个人，应当参加该宗地竞投或竞买，且报价不得低于其承诺的土地价格。

5.5　根据意向用地者申请情况，符合4.3规定条件的土地使用权出让，应当采取招标拍卖挂牌方式。对不能确定是否符合4.3规定条件的具体宗地，可由国有土地使用权出让协调决策机构集体认定。

对具有综合目标或特定社会、公益建设条件、开发建设要求较高、仅有少数单位和个人可能有受让意向的土地使用权出让，可以采取招标方式，按照综合条件最佳者得的原则确定受让人；其他的土地使用权出让，应当采取招标、拍卖或挂牌方式，按照价高者得的原则确定受让人。

采用招标方式出让国有土地使用权的，应当采取公开招标方式。对土地使用者有严格的限制和特别要求的，可以采用邀请招标方式。

6　编制、确定出让方案

6.1　编制招标拍卖挂牌出让方案

市、县国土资源管理部门应当会同城市规划管理等有关部门，依据国有土地使用权出让计划、城市规划等，编制国有土地使用权招标拍卖挂牌出让方案。

国有土地使用权招标拍卖挂牌出让方案应当包括：拟出让地块的具体位置、四至、用途、面积、年限、土地使用条件、供地时间、供地方式、建设时间等。属于综合用地的，应明确各类具体用途、所占面积及其各自的出让年期。对于各用途不动产之间可以分割，最终使用者为不同单位、个人的，应当按照综合用地所包含的具体土地用途分别确定出让年期；对于多种用途很难分割、最终使用者唯一的，也可以统一按照综合用地最高出让年限50年确定出让年期。

6.2 招标拍卖挂牌出让方案报批

国有土地使用权招标拍卖挂牌出让方案应按规定报市、县人民政府批准。

7 地价评估，确定出让底价

7.1 地价评估

市、县国土资源管理部门应当根据拟出让地块的条件和土地市场情况，依据《城镇土地估价规程》，组织对拟出让地块的正常土地市场价格进行评估。

地价评估由市、县国土资源管理部门或其所属事业单位组织进行，根据需要也可以委托具有土地估价资质的土地或不动产评估机构进行。

7.2 确定底价

有底价出让的，市、县国土资源管理部门或国有土地使用权出让协调决策机构应当根据土地估价结果、产业政策和土地市场情况等，集体决策，综合确定出让底价和投标、竞买保证金。招标出让的，应当同时确定标底；拍卖和挂牌出让的，应当同时确定起叫价、起始价等。

标底、底价确定后，在出让活动结束之前应当保密，任何单位和个人不得泄露。

8 编制出让文件

市、县国土资源管理部门应当根据经批准的招标拍卖挂牌出让方案，组织编制国有土地使用权招标拍卖挂牌出让文件。

8.1 招标出让文件应当包括：

（1）招标出让公告或投标邀请书；

（2）招标出让须知；

（3）标书；

(4) 投标申请书;
(5) 宗地界址图;
(6) 宗地规划指标要求;
(7) 中标通知书;
(8) 国有土地使用权出让合同;
(9) 其他相关文件。

8.2 拍卖出让文件应当包括:

(1) 拍卖出让公告;
(2) 拍卖出让须知;
(3) 竞买申请书;
(4) 宗地界址图;
(5) 宗地规划指标要求;
(6) 成交确认书;
(7) 国有土地使用权出让合同;
(8) 其他相关文件。

8.3 挂牌出让文件应当包括:

(1) 挂牌出让公告;
(2) 挂牌出让须知;
(3) 竞买申请书;
(4) 挂牌竞买报价单;
(5) 宗地界址图;
(6) 宗地规划指标要求;
(7) 成交确认书;
(8) 国有土地使用权出让合同;
(9) 其他相关文件。

9 发布出让公告

9.1 发布公告

国有土地使用权招标拍卖挂牌出让公告应当由市、县国土资源管理部门发布。出让公告应当通过中国土地市场网和当地土地有形市场发布，也可同时通过报刊、电视台等媒体公开发布。

出让公告应当至少在招标拍卖挂牌活动开始前20日发布，以首次发布的时间为起始日。

经批准的出让方案已明确招标、拍卖、挂牌具体方式的，应当发布具体的“国有土地使用权招标出让公告”、“国有土地使用权拍卖出让公告”或“国有土地使用权挂牌出让公告”；经批准的出让方案未明确招标、拍卖、挂牌具体方式的，可以发布“国有土地使用权公开出让公告”，发布公开出让公告的，应当明确根据申请截止时的申请情况确定具体的招标、拍卖或挂牌方式。

出让公告可以是单宗地的公告，也可以是多宗地的联合公告。

9.2 公告内容

9.2.1 招标出让公告应当包括以下内容：

(1) 出让人的名称、地址、联系电话等，授权或指定下属事业单位以及委托代理机构进行招标的，还应注明其机构的名称、地址和联系电话等；

(2) 招标地块的位置、面积、用途、开发程度、规划指标要求、土地使用年限和建设时间等；

(3) 投标人的资格要求及申请取得投标资格的办法；

(4) 获取招标文件的时间、地点及方式；

(5) 招标活动实施时间、地点，投标期限、地点和方式等；

(6) 确定中标人的标准和方法；

(7) 支付投标保证金的数额、方式和期限；

(8) 其他需要公告的事项。

9.2.2 拍卖出让公告应当包括以下内容：

(1) 出让人的名称、地址、联系电话等，授权或指定下属事业单位以及委托代理机构进行拍卖的，还应注明其名称、地址和联系电话等；

(2) 拍卖地块的位置、面积、用途、开发程度、规划指标要求、土地使用年限和建设时间等；

(3) 竞买人的资格要求及申请取得竞买资格的办法；

（4）获取拍卖文件的时间、地点及方式；

（5）拍卖会的地点、时间和竞价方式；

（6）支付竞买保证金的数额、方式和期限；

（7）其他需要公告的事项。

9.2.3 挂牌出让公告应当包括以下内容：

（1）出让人的名称、地址、联系电话等，授权或指定下属事业单位以及委托代理机构进行挂牌的，还应注明其机构名称、地址和联系电话等；

（2）挂牌地块的位置、面积、用途、开发程度、规划指标要求、土地使用年限和建设时间等；

（3）竞买人的资格要求及申请取得竞买资格的办法；

（4）获取挂牌文件的时间、地点及方式；

（5）挂牌地点和起止时间；

（6）支付竞买保证金的数额、方式和期限；

（7）其他需要公告的事项。

9.3 公告调整

公告期间，出让公告内容发生变化的，市、县国土资源管理部门应当按原公告发布渠道及时发布补充公告。涉及土地使用条件变更等影响土地价格的重大变动，补充公告发布时间距招标拍卖挂牌活动开始时间少于20日的，招标拍卖挂牌活动相应顺延。

发布补充公告的，市、县国土资源管理部门应当书面通知已报名的申请人。

10 申请和资格审查

10.1 申请人

国有土地使用权招标拍卖挂牌出让的申请人，可以是中华人民共和国境内外的法人、自然人和其他组织，但法律法规对申请人另有限制的除外。

申请人可以单独申请，也可以联合申请。

10.2 申请

申请人应在公告规定期限内交纳出让公告规定的投标、竞买保证金，并根据申请人类型，持相应文件向出让人提出竞买、竞投申请：

（1）法人申请的，应提交下列文件：

① 申请书；

② 法人单位有效证明文件；

③ 法定代表人的有效身份证明文件；

④ 申请人委托他人办理的，应提交授权委托书及委托代理人的有效身份证明文件；

⑤ 保证金交纳凭证；

⑥ 招标拍卖挂牌文件规定需要提交的其他文件。

（2）自然人申请的，应提交下列文件：

① 申请书；

② 申请人有效身份证明文件；

③ 申请人委托他人办理的，应提交授权委托书及委托代理人的身份证明文件；

④ 保证金交纳凭证；

⑤ 招标拍卖挂牌文件规定需要提交的其他文件。

（3）其他组织申请的，应提交下列文件：

① 申请书；

② 表明该组织合法存在的文件或有效证明；

③ 表明该组织负责人身份的有效证明文件；

④ 申请人委托他人办理的，应提交授权委托书及委托代理人的身份证明文件；

⑤ 保证金交纳凭证；

⑥ 招标拍卖挂牌文件规定需要提交的其他文件。

（4）境外申请人申请的，应提交下列文件：

① 申请书；

② 境外法人、自然人、其他组织的有效身份证明文件；

③ 申请人委托他人办理的，应提交授权委托书及委托代理人的有效身份证明文件；

④ 保证金交纳凭证；

⑤ 招标拍卖挂牌文件规定需要提交的其他文件。

上述文件中，申请书必须用中文书写，其他文件可以使用其他语言，但必须附中文译本，所有文件的解释以中文译本为准。

（5）联合申请的，应提交下列文件：

① 联合申请各方共同签署的申请书；

② 联合申请各方的有效身份证明文件；

③ 联合竞买、竞投协议，协议要规定联合各方的权利、义务，包括联合各方的出资比例，并明确签订《国有土地使用权出让合同》时的受让人；

④ 申请人委托他人办理的，应提交授权委托书及委托代理人的有效身份证明文件；

⑤ 保证金交纳凭证；

⑥ 招标拍卖挂牌文件规定需要提交的其他文件。

（6）申请人竞得土地后，拟成立新公司进行开发建设的，应在申请书中明确新公司的出资构成、成立时间等内容。出让人可以根据招标拍卖挂牌出让结果，先与竞得人签订《国有土地使用权出让合同》，在竞得人按约定办理完新公司注册登记手续后，再与新公司签订《国有土地使用权出让合同变更协议》；也可按约定直接与新公司签订《国有土地使用权出让合同》。

10.3 受理申请及资格审查

出让人应当对出让公告规定的时间内收到的申请进行审查。

经审查，有下列情形之一的，为无效申请：

（1）申请人不具备竞买资格的；

（2）未按规定交纳保证金的；

（3）申请文件不齐全或不符合规定的；

（4）委托他人代理但委托文件不齐全或不符合规定的；

（5）法律法规规定的其他情形。

经审查，符合规定条件的，应当确认申请人的投标或竞买资格，并通知其参加招标拍卖挂牌活动。采用招标或拍卖方式的，取得投标或竞买资格者不得少于3个。

10.4 出让人应当对申请人的情况进行保密。

10.5 申请人对招标拍卖挂牌文件有疑问的，可以书面或者口头方式向出让人咨询，出让人应当为申请人咨询以及查询出让地块有关情况提供便利。根据需要，出让人可以组织申请人对拟出让地块进行现场踏勘。

11 招标拍卖挂牌活动实施——招标

11.1 投标

市、县国土资源管理部门应当按照出让公告规定的时间、地点组织招标投标活动。投标活动应当由土地招标拍卖挂牌主持人主持进行。

投标开始前，招标主持人应当现场组织开启标箱，检查标箱情况后加封。

投标人应当在规定的时间将标书及其他文件送达指定的投标地点，经招标人登记后，将标书投入标箱。

招标公告允许邮寄投标文件的，投标人可以邮寄，但以招标人在投标截止时间前收到的方为有效。招标人登记后，负责在投标截止时间前将标书投入标箱。

投标人投标后，不可撤回投标文件，并对投标文件和有关书面承诺承担责任。投标人可以对已提交的投标文件进行补充说明，但应在招标文件要求提交投标文件的截止时间前书面通知招标人并将补充文件送达至投标地点。

11.2 开标

招标人按照招标出让公告规定的时间、地点开标，邀请所有投标人参加。开标应当由土地招标拍卖挂牌主持人主持进行。招标主持人邀请投标人或其推选的代表检查标箱的密封情况，当众开启标箱。

标箱开启后，招标主持人应当组织逐一检查标箱内的投标文件，经确认无误后，由工作人员当众拆封，宣读投标人名称、投标价格和投标文件的其他主要内容。

开标过程应当记录。

11.3 评标

按照价高者得的原则确定中标人的，可以不成立评标小组。按照综合条件最佳者得的原则确定中标人的，招标人应当成立评标小组进行评标。

11.3.1　评标小组由出让人、有关专家组成，成员人数为5人以上的单数。有条件的地方，可建立土地评标专家库，每次评标前随机从专家库中抽取评标小组专家成员。

11.3.2　招标人应当采取必要的措施，保证评标在严格保密的情况下进行。

11.3.3　评标小组可以要求投标人对投标文件中含义不明确的内容做出必要的澄清或者说明，但澄清或者说明不得超出投标文件的范围或者改变投标文件的实质性内容。

11.3.4　评标小组对投标文件进行有效性审查。有下列情形之一的，为无效投标文件：

（1）投标文件未密封的；

（2）投标文件未加盖投标人印鉴，也未经法定代表人签署的；

（3）投标文件不齐备、内容不全或不符合规定的；

（4）投标人对同一个标的有两个或两个以上报价的；

（5）委托投标但委托文件不齐全或不符合规定的；

（6）评标小组认为投标文件无效的其他情形。

11.3.5　评标要求

评标小组应当按照招标文件确定的评标标准和方法，对投标文件进行综合评分，根据综合评分结果确定中标候选人。

评标小组应当根据评标结果，按照综合评分高低确定中标候选人排序，但低于底价或标底者除外。同时有两个或两个以上申请人的综合评分相同的，按报价高低排名，报价也相同的，可以由综合评分相同的申请人通过现场竞价确定排名顺序。投标人的投标价均低于底价或投标条件均不能够满足标底要求的，投标活动终止。

11.4　定标

招标人应当根据评标小组推荐的中标候选人确定中标人。招标人也可以授权评标小组直接确定中标人。

按照价高者得的原则确定中标人的，由招标主持人根据开标结果，直接宣布报价最高且不低于底价者为中标人。有两个或两个以上申请人的报价相同且同为最高报价的，可以由相同报价的申请人在限定时间内再行报价，或者采取现场竞价方式确定中标人。

11.5 发出《中标通知书》

确定中标人后，招标人应当向中标人发出《中标通知书》，并同时将中标结果通知其他投标人。

《中标通知书》应包括招标人与中标人的名称，出让标的，成交时间、地点、价款，以及双方签订《国有土地使用权出让合同》的时间、地点等内容。

《中标通知书》对招标人和中标人具有法律效力，招标人改变中标结果，或者中标人不按约定签订《国有土地使用权出让合同》、放弃中标宗地的，应当承担法律责任。

12 招标拍卖挂牌活动实施——拍卖

12.1 市、县国土资源管理部门应当按照出让公告规定的时间、地点组织拍卖活动。拍卖活动应当由土地招标拍卖挂牌主持人主持进行。

12.2 拍卖会按下列程序进行：

（1）拍卖主持人宣布拍卖会开始。

（2）拍卖主持人宣布竞买人到场情况。

设有底价的，出让人应当现场将密封的拍卖底价交给拍卖主持人，拍卖主持人现场开启密封件。

（3）拍卖主持人介绍拍卖地块的位置、面积、用途、使用年限、规划指标要求、建设时间等。

（4）拍卖主持人宣布竞价规则。

拍卖主持人宣布拍卖宗地的起叫价、增价规则和增价幅度，并明确提示是否设有底价。在拍卖过程中，拍卖主持人可根据现场情况调整增价幅度。

（5）拍卖主持人报出起叫价，宣布竞价开始。

（6）竞买人举牌应价或者报价。

（7）拍卖主持人确认该竞买人应价或者报价后继续竞价。

(8) 拍卖主持人连续三次宣布同一应价或报价而没有人再应价或出价，且该价格不低于底价的，拍卖主持人落槌表示拍卖成交，拍卖主持人宣布最高应价者为竞得人。成交结果对拍卖人、竞得人和出让人均具有法律效力。最高应价或报价低于底价的，拍卖主持人宣布拍卖终止。

12.3　签订《成交确认书》

确定竞得人后，拍卖人与竞得人当场签订《成交确认书》。拍卖人或竞得人不按规定签订《成交确认书》的，应当承担法律责任。竞得人拒绝签订《成交确认书》也不能对抗拍卖成交结果的法律效力。

《成交确认书》应包括拍卖人与竞得人的名称，出让标的，成交时间、地点、价款，以及双方签订《国有土地使用权出让合同》的时间、地点等内容。

《成交确认书》对拍卖人和竞得人具有法律效力，拍卖人改变拍卖结果的，或者竞得人不按约定签订《国有土地使用权出让合同》、放弃竞得宗地的，应当承担法律责任。.

拍卖过程应当制作拍卖笔录。

13　招标拍卖挂牌活动实施——挂牌

市、县国土资源管理部门应当按照出让公告规定的时间、地点组织挂牌活动。挂牌活动应当由土地招标拍卖挂牌主持人主持进行。

13.1　公布挂牌信息

在挂牌公告规定的挂牌起始日，挂牌人将挂牌宗地的位置、面积、用途、使用年期、规划指标要求、起始价、增价规则及增价幅度等，在挂牌公告规定的土地交易地点挂牌公布。挂牌时间不得少于10个工作日。

13.2　竞买人报价

符合条件的竞买人应当填写报价单报价。有条件的地方，可以采用计算机系统报价。

竞买人报价有下列情形之一的，为无效报价：

(1) 报价单未在挂牌期限内收到的；

(2) 不按规定填写报价单的；

(3) 报价单填写人与竞买申请文件不符的；

(4) 报价不符合报价规则的；

(5) 报价不符合挂牌文件规定的其他情形。

13.3 确认报价

挂牌主持人确认该报价后，更新显示挂牌价格，继续接受新的报价。有两个或两个以上竞买人报价相同的，先提交报价单者为该挂牌价格的出价人。

13.4 挂牌截止

挂牌截止应当由挂牌主持人主持确定。设有底价的，出让人应当在挂牌截止前将密封的挂牌底价交给挂牌主持人，挂牌主持人现场打开密封件。在公告规定的挂牌截止时间，竞买人应当出席挂牌现场，挂牌主持人宣布最高报价及其报价者，并询问竞买人是否愿意继续竞价。

13.4.1 挂牌主持人连续三次报出最高挂牌价格，没有竞买人表示愿意继续竞价的，挂牌主持人宣布挂牌活动结束，并按下列规定确定挂牌结果：

(1) 最高挂牌价格不低于底价的，挂牌主持人宣布挂牌出让成交，最高挂牌价格的出价人为竞得人；

(2) 最高挂牌价格低于底价的，挂牌主持人宣布挂牌出让不成交。

13.4.2 有竞买人表示愿意继续竞价的，即属于挂牌截止时有两个或两个以上竞买人要求报价的情形，挂牌主持人应当宣布挂牌出让转入现场竞价，并宣布现场竞价的时间和地点，通过现场竞价确定竞得人。

13.5 现场竞价

现场竞价应当由土地招标拍卖挂牌主持人主持进行，取得该宗地挂牌竞买资格的竞买人均可参加现场竞价。现场竞价按下列程序举行：

(1) 挂牌主持人应当宣布现场竞价的起始价、竞价规则和增价幅度，并宣布现场竞价开始。现场竞价的起始价为挂牌活动截止时的最高报价增加一个加价幅度后的价格。

(2) 参加现场竞价的竞买人按照竞价规则应价或报价。

(3) 挂牌主持人确认该竞买人应价或者报价后继续竞价。

（4）挂牌主持人连续三次宣布同一应价或报价而没有人再应价或出价，且该价格不低于底价的，挂牌主持人落槌表示现场竞价成交，宣布最高应价或报价者为竞得人。成交结果对竞得人和出让人均具有法律效力。最高应价或报价低于底价的，挂牌主持人宣布现场竞价终止。

在现场竞价中无人参加竞买或无人应价或出价的，以挂牌截止时出价最高者为竞得人，但低于挂牌出让底价者除外。

13.6　签订《成交确认书》

确定竞得人后，挂牌人与竞得人当场签订《成交确认书》。挂牌人或竞得人不按规定签订《成交确认书》的，应当承担法律责任。竞得人拒绝签订《成交确认书》也不能对抗挂牌成交结果的法律效力。

《成交确认书》应包括挂牌人与竞得人的名称，出让标的，成交时间、地点、价款，以及双方签订《国有土地使用权出让合同》的时间、地点等内容。

《成交确认书》对挂牌人和竞得人具有法律效力，挂牌人改变挂牌结果的，或者竞得人不按规定签订《国有土地使用权出让合同》、放弃竞得宗地的，应当承担法律责任。

挂牌过程应当制作挂牌笔录。

14　签订出让合同，公布出让结果

14.1　签订《国有土地使用权出让合同》

招标拍卖挂牌出让活动结束后，中标人、竞得人应按照《中标通知书》或《成交确认书》的约定，与出让人签订《国有土地使用权出让合同》。

14.2　中标人、竞得人支付的投标、竞买保证金，在中标或竞得后转作受让地块的定金。其他投标人、竞买人交纳的投标、竞买保证金，出让人应在招标拍卖挂牌活动结束后 5 个工作日内予以退还，不计利息。

14.3　公布出让结果

招标拍卖挂牌活动结束后10个工作日内，出让人应当将招标拍卖挂牌出让结果通过中国土地市场网以及土地有形市场等指定场所向社会公布。

公布出让结果应当包括土地位置、面积、用途、开发程度、土地级别、容积率、出让年限、供地方式、受让人、成交价格和成交时间等内容。

出让人公布出让结果，不得向受让人收取费用。

15 核发《建设用地批准书》，交付土地

市、县国土资源管理部门向受让人核发《建设用地批准书》，并按照《国有土地使用权出让合同》、《建设用地批准书》确定的时间和条件将出让土地交付给受让人。

16 办理土地登记

受让人按照《国有土地使用权出让合同》约定付清全部国有土地使用权出让金，依法申请办理土地登记，领取《国有土地使用证》，取得国有土地使用权。

17 资料归档

出让手续全部办结后，市、县国土资源管理部门应当对宗地出让过程中的用地申请、审批、招标拍卖挂牌活动、签订合同等各环节相关资料、文件进行整理，并按规定归档。应归档的宗地出让资料包括：

（1）申请人的申请材料；

（2）宗地条件及相关资料；

（3）宗地评估资料；

（4）宗地出让底价及集体决策记录；

（5）宗地招标拍卖挂牌出让方案；

（6）宗地出让方案批复文件；

（7）招标拍卖挂牌出让文件；

（8）招标拍卖挂牌活动实施过程的记录资料；

（9）《中标通知书》或《成交确认书》；

(10)《国有土地使用权出让合同》及出让结果公布资料；

(11) 其他应归档的材料。

附录 A　国有土地使用权出让预申请书示范文本

国有土地使用权出让预申请书

________________国土资源局：

我方现申请受让位于________________（位置）编号为________的地块［地段中________平方米的土地使用权，具体四至为：________________］。该地块已列入你局公布的招标拍卖挂牌出让计划。我方愿意以________元/平方米，总计人民币________万元（大写）（¥________）为最低出价，若获你局同意，我方愿意签订说明此意的承诺书，交纳相应的保证金，并按要求参加你局组织的此宗地招标拍卖挂牌出让活动。

申 请 人：________________________（加盖公章）

法定代表人（或授权委托代理人）签名：________

联 系 人：________________________________

地　　址：________________________________

邮政编码：________________________________

电　　话：________________________________

申请日期：______年____月____日

附录 B　国有土地使用权出让公告文本格式

1. 国有土地使用权招标出让公告格式

____________国土资源局国有土地使用权招标出让公告

________________告字［　］　号

经________________人民政府批准，________________国土资源局决定以招标方式出让________（幅）地块的国有土地使用权。现将有关事项公告如下：

一、招标出让地块的基本情况和规划指标要求

编号	土地位置	土地面积（m^2）	土地用途	规划指标要求			出让年限（年）	投资强度要求	投标保证金	…
				容积率	建筑密度	…				

[其他需要说明的宗地情况]

二、中华人民共和国境内外的法人、自然人和其他组织均可申请参加，申请人应当［可以］单独申请［，也可以联合申请］。[申请人应具备的其他条件]

三、本次国有土地使用权招标出让按照价高者得原则确定中标人［本次国有土地使用权招标出让按照能够最大限度地满足招标文件中规定的各项综合评价标准者得的原则确定中标人］。

四、本次招标出让的详细资料和具体要求，见招标出让文件。申请人可于______年____月____日至______年____月____日，到________________（地点）获取招标出让文件。

五、申请人可于______年____月____日至______年____月____日，到________________（地点）向我局提交书面申请。交纳投标保证金的截止时间为______年____月____日____时。

经审查，申请人按规定交纳投标保证金，具备申请条件的，我局将在______年____月____日____时前确认其投标资格。

六、本次国有土地使用权招标出让活动定于______年____月____日____时至______年____月____日____时在________________（地点）投标，______年____月____日____时在________________（地点）开标。

七、其他需要公告的事项

（一）本次招标不允许［允许］邮寄投标文件［，但必须在投标截止时间前收到方为有效，具体时间以我局收到投标文件的时间为准］。

……

八、联系方式与银行账户

联系地址：________________

联系电话：________________

联 系 人：________________

开户单位：________________

开 户 行：________________

账　　号：________________

__________国土资源局

_____年____月____日

2. 投标邀请书格式

__________国土资源局国有土地使用权投标邀请书

_______________（被邀请单位名称）：

经_______________人民政府批准，_______________国土资源局决定采取邀请招标方式出让___________（幅）地块的国有土地使用权，现邀请你单位参加投标。具体事项如下：

一、招标出让地块的基本情况和规划指标要求

编号	土地位置	土地面积（m^2）	土地用途	规划指标要求			出让年限（年）	投资强度要求	投标保证金	…
				容积率	建筑密度	…				

[其他需要说明的宗地情况]

二、投标人应具备以下条件

……

三、本次国有土地使用权招标出让按照能够最大限度地满足招标文

件中规定的各项综合评价标准者得的原则确定中标人。

四、本次招标出让的详细资料和具体要求，见招标出让文件。你单位若愿意参加此次投标活动，可于______年____月____日至______年____月____日到________________（地点）获取招标文件。

五、你单位可于______年____月____日至______年____月____日到______________（地点）向我局提交书面申请。交纳投标保证金的截止时间为______年____月____日____时。

经审查，你单位按规定交纳投标保证金，具备申请条件的，我局将在______年____月____日____时前确认投标资格。

六、本次国有土地使用权招标出让活动定于______年____月____日____时至______年____月____日____时在________________（地点）投标，______年____月____日____时在________________（地点）开标。

七、其他需要注意的事项

（一）本次招标不允许［允许］邮寄投标文件［，但必须在投标截止时间前收到方为有效，具体时间以我局收到投标文件的时间为准］。

……

八、联系方式与银行账户

联系地址：________________

联系电话：________________

联 系 人：________________

开户单位：________________

开 户 行：________________

账　　号：________________

____________国土资源局

______年____月____日

3. 国有土地使用权拍卖出让公告格式

________国土资源局国有土地使用权拍卖出让公告

______告字［ ］ 号

经______人民政府批准，______国土资源局决定以拍卖方式出让______（幅）地块的国有土地使用权。现将有关事项公告如下：

一、拍卖出让地块的基本情况和规划指标要求

编号	土地位置	土地面积（m^2）	土地用途	规划指标要求			出让年限（年）	投资强度要求	竞买保证金	…
				容积率	建筑密度	…				

［其他需要说明的宗地情况］

二、中华人民共和国境内外的法人、自然人和其他组织均可申请参加，申请人应当［可以］单独申请［，也可以联合申请］。［申请人应具备的其他条件］

三、本次国有土地使用权拍卖出让采用增价拍卖方式，按照价高者得原则确定竞得人。

四、本次拍卖出让的详细资料和具体要求，见拍卖出让文件。申请人可于____年____月____日至____年____月____日，到________（地点）获取拍卖出让文件。

五、申请人可于____年____月____日至____年____月____日，到________（地点）向我局提交书面申请。交纳竞买保证金的截止时间为____年____月____日____时。

经审查，申请人按规定交纳竞买保证金，具备申请条件的，我局将在____年____月____日____时前确认其竞买资格。

六、本次国有土地使用权拍卖会定于____年____月____日____时在________（地点）举办。

七、其他需要公告的事项

……

八、联系方式与银行账户

联系地址：__________

联系电话：__________

联 系 人：__________

开户单位：__________

开 户 行：__________

账　　号：__________

__________国土资源局

______年______月______日

4. 国有土地使用权挂牌出让公告格式

__________国土资源局国有土地使用权挂牌出让公告

__________告字［ ］ 号

经__________人民政府批准，__________国土资源局决定以挂牌方式出让__________（幅）地块的国有土地使用权。现将有关事项公告如下：

一、挂牌出让地块的基本情况和规划指标要求

编号	土地位置	土地面积（m^2）	土地用途	规划指标要求			出让年限（年）	投资强度要求	竞买保证金	…
				容积率	建筑密度	…				

［其他需要说明的宗地情况］

二、中华人民共和国境内外的法人、自然人和其他组织均可申请参加，申请人应当［可以］单独申请［，也可以联合申请］。［申请人应具备的其他条件。］

三、本次国有土地使用权挂牌出让按照价高者得原则确定竞得人。

四、本次挂牌出让的详细资料和具体要求，见挂牌出让文件。申请人可于______年____月____日至______年____月____日，到________________（地点）获取挂牌出让文件。

五、申请人可于______年____月____日至______年____月____日，到________________（地点）向我局提交书面申请。交纳竞买保证金的截止时间为______年____月____日____时。

经审查，申请人按规定交纳竞买保证金，具备申请条件的，我局将在______年____月____日____时前确认其竞买资格。

六、本次国有土地使用权挂牌地点为________________；各地块挂牌时间分别：

1. ____号地块：______年____月____日____时至______年____月____日____时；

2. ____号地块：______年____月____日____时至______年____月____日____时；

……

七、其他需要公告的事项

（一）挂牌时间截止时，有竞买人表示愿意继续竞价，转入现场竞价，通过现场竞价确定竞得人。

……

八、联系方式与银行账户

联系地址：________________

联系电话：________________

联 系 人：________________

开户单位：________________

开 户 行：________________

账　　号：________________

____________国土资源局

______年____月____日

5. 国有土地使用权公开出让公告格式

________国土资源局国有土地使用权公开出让公告

________告字［ ］ 号

经________人民政府批准，________国土资源局决定公开出让________（幅）地块的国有土地使用权。现将有关事项公告如下：

一、公开出让地块的基本情况和规划指标要求

编号	土地位置	土地面积（m^2）	土地用途	规划指标要求			出让年限（年）	投资强度要求	投标、竞买保证金	…
				容积率	建筑密度	…				

［其他需要说明的宗地情况］

二、中华人民共和国境内外的法人、自然人和其他组织均可申请参加，申请人应当［可以］单独申请［，也可以联合申请］。［申请人应具备的其他条件］

三、我局将根据申请截止时的申请情况，在____年____月____日____时确定上述宗地公开出让的具体方式（招标、拍卖或挂牌），并告知所有申请人。

本次国有土地使用权公开出让按照价高者得原则确定受让人。

四、本次公开出让的详细资料和具体要求，见公开出让文件。申请人可于____年____月____日至____年____月____日，到________（地点）获取出让文件。

五、申请人可于____年____月____日至____年____月____日，到________（地点）向我局提交书面申请。交纳投标、竞买保证金的截止时间为____年____月____日____时。

经审查，申请人按规定交纳投标、竞买保证金，具备申请条件的，我局将在____年____月____日____时前确认其投标、竞买资格。

六、公开出让的时间为____年____月____日____时，地点为

＿＿＿＿＿＿＿＿＿＿。

七、其他需要公告的事项

……

八、联系方式与银行账户

联系地址：＿＿＿＿＿＿＿＿＿＿

联系电话：＿＿＿＿＿＿＿＿＿＿

联 系 人：＿＿＿＿＿＿＿＿＿＿

开户单位：＿＿＿＿＿＿＿＿＿＿

开 户 行：＿＿＿＿＿＿＿＿＿＿

账　　号：＿＿＿＿＿＿＿＿＿＿

＿＿＿＿＿＿＿国土资源局

＿＿＿＿年＿＿＿月＿＿＿日

附录 C　国有土地使用权出让须知示范文本

1. 国有土地使用权招标出让须知示范文本

国有土地使用权招标出让须知

根据《中华人民共和国土地管理法》、《中华人民共和国城市房地产管理法》、《中华人民共和国城镇国有土地使用权出让和转让暂行条例》、《招标拍卖挂牌出让国有土地使用权规定》以及《招标拍卖挂牌出让国有土地使用权规范》等有关规定，经＿＿＿＿＿＿＿＿＿人民政府批准，＿＿＿＿＿＿＿国土资源局决定以招标方式公开出让＿＿＿＿＿＿＿（幅）地块的国有土地使用权。

一、此次国有土地使用权招标出让的出让人为＿＿＿＿＿＿＿＿＿国土资源局，具体组织实施由我局［自行办理］［指定/授权下属事业单位＿＿＿＿＿＿＿＿＿土地交易中心承办］［委托＿＿＿＿＿＿＿＿＿公司承办］。

二、此次国有土地使用权招标出让遵循公开、公平、公正和诚实信用原则。

三、出让地块的基本情况及规划指标要求：

（一）地块位置：________________________；

（二）地块范围：________________________；

（三）出让面积：________________________；

（四）土地用途：________________________；

（五）规划容积率：______________________；

（六）规划建筑密度：____________________；

（七）绿地率：__________________________；

（八）土地开发程度：____________________；

（九）土地使用权出让年期：______年；

（十）投资强度要求等土地使用标准：________；

（十一）动工及竣工时间：________________；

……

四、投标资格及要求

中华人民共和国境内外的法人、自然人和其他组织均可申请参加，[申请人应具备的其他条件]。申请人应当[可以]单独申请[，也可以联合申请]。

交纳投标保证金的截止时间为______年____月____日____时。上述宗地的投标保证金分别为：

1. ____号地块为人民币________万元（大写）（¥__________）；

2. ____号地块为人民币________万元（大写）（¥__________）；

……

五、申请和资格审查

（一）招标文件取得

申请人可于______年____月____日至______年____月____日，到________________（地点）获取本次招标出让文件，具体包括：

（1）招标出让公告；

（2）招标出让须知；

（3）标书；

（4）投标申请书；

（5）宗地界址图；

（6）宗地规划指标要求；

（7）中标通知书；

（8）国有土地使用权出让合同；

（9）其他相关文件。

（二）提交申请

申请人可于______年_____月_____日至______年_____月_____日，到________________（地点）向我局提交书面申请。申请文件包括：

1. 法人申请的，应提交下列文件：

（1）申请书；

（2）法人单位有效证明文件；

（3）法定代表人的有效身份证明文件；

（4）申请人委托他人办理的，应提交授权委托书及委托代理人的有效身份证明文件；

（5）投标保证金交纳凭证；

（6）招标文件规定需要提交的其他文件。

2. 自然人申请的，应提交下列文件：

（1）申请书；

（2）申请人有效身份证明文件；

（3）申请人委托他人办理的，应提交授权委托书及委托代理人的身份证明文件；

（4）投标保证金交纳凭证；

（5）招标文件规定需要提交的其他文件。

3. 其他组织申请的，应提交下列文件：

（1）申请书；

（2）表明该组织合法存在的文件或有效证明；

（3）表明该组织负责人身份的有效证明文件；

（4）申请人委托他人办理的，应提交授权委托书及委托代理人的身份证明文件；

（5）投标保证金交纳凭证；

（6）招标文件规定需要提交的其他文件。

4. 境外申请人申请的，应提交下列文件：

(1) 申请书；

(2) 境外法人、自然人、其他组织的有效身份证明文件；

(3) 申请人委托他人办理的，应提交授权委托书及委托代理人的有效身份证明文件；

(4) 投标保证金交纳凭证；

(5) 招标文件规定需要提交的其他文件。

上述文件中，申请书必须用中文书写，其他文件可以使用其他语言，但必须附中文译本，所有文件的解释以中文译本为准。

5. 联合申请的，应提交下列文件：

(1) 联合申请各方共同签署的申请书；

(2) 联合申请各方的有效身份证明文件；

(3) 联合竞投协议，协议要规定联合各方的权利、义务，并明确签订《国有土地使用权出让合同》时的受让人；

(4) 申请人委托他人办理的，应提交授权委托书及委托代理人的有效身份证明文件；

(5) 投标保证金交纳凭证；

(6) 招标文件规定需要提交的其他文件。

(三) 资格审查

我局负责对招标出让公告规定的时间内收到的申请进行审查。按规定交纳投标保证金、通过资格审查的，方能取得有效投标资格。

经审查，有下列情形之一的，为无效申请：

(1) 申请人不具备投标资格的；

(2) 未按规定交纳投标保证金的；

(3) 申请文件不齐全或不符合规定的；

(4) 委托他人代理，委托文件不齐全或不符合规定的；

(5) 法律法规规定的其他情形。

(四) 确认投标人资格

经审查，申请人按规定交纳投标保证金、具备申请条件的，我局将在______年_____月_____日_____时前发给《投标资格确认书》，并通知其参加招标活动。通过资格审查的申请人少于3人的，我局将依照有关规定，终止招标活动。

（五）答疑及现场踏勘

申请人对招标出让文件有疑问的，可以书面或者口头方式向我局咨询。我局于______年____月____日组织申请人对拟出让地块进行现场踏勘。

六、招标程序

（一）投标

本次国有土地使用权投标活动将于______年____月____日____时至____时在________________（地点）举行。标箱从当日____时整起开始设立于________________。

投标具体程序如下：

1. 投标开始前，招标主持人现场组织开启标箱，检查标箱情况后加封；

2. 招标主持人宣布投标开始；

3. 投标人在规定的时间将标书及其他文件送达指定的投标地点，经招标人登记后，将标书投入标箱。

投标人投标后，不可撤回投标文件，并对投标文件和有关书面承诺承担责任。投标人可以对已提交的投标文件进行补充说明，但应在招标文件要求提交投标文件的截止时间前书面通知招标人并将补充文件送达。

（二）开标

本次招标于______年____月____日____时在________________（地点）开标，所有投标人参加。

开标具体程序如下：

1. 招标主持人宣布开标活动开始；

2. 招标主持人介绍参加会议的单位或个人；

3. 招标主持人宣布监标人员、记录人员名单；

4. 招标主持人邀请投标人或者其推选的代表检查标箱的密封情况，当众开启标箱；

5. 招标主持人点算标书；

6. 招标主持人组织逐一检查标箱内的投标文件，对不符合规定的标书宣布为无效标书；

7. 对确认无误的招标文件，由工作人员当众拆封；

8. 宣读投标人名称、投标价格和投标文件的其他主要内容。

（三）评标

（本次招标按照价高者得的原则确定中标人，不成立评标小组，根据开标结果，有效投标价格最高的投标人为中标候选人。有两个或两个以上申请人的报价相同且同为最高报价的，可以由相同报价的申请人在限定时间内再行报价，或者采取现场竞价方式确定中标人。）本次招标按照综合条件最佳者得的原则确定中标人，具体由评标小组按照招标文件确定的评标标准和方法，对投标文件进行评审，综合评分，并根据综合评分结果确定中标候选人。

评标小组由出让人、有关专家组成，成员人数为5人以上的单数。

评标小组可以要求评标人对投标文件中含义不明确的内容做出必要的澄清或者说明，但澄清或者说明不得超出投标文件的范围或者改变投标文件的实质性内容。

评标小组应当根据评标结果，按照综合评分高低确定中标候选人排序，但低于底价或标底者除外。同时有两个或两个以上申请人的综合评分相同的，按报价高低排名，报价也相同的，可以由综合评分相同的申请人通过现场竞价确定排名顺序。投标人的投标价均低于底价或投标条件均不能够满足标底要求的，投标活动终止。

（四）定标

我局根据评标小组推荐的中标候选人确定中标人。[我局授权评标小组直接确定中标人。]

（五）发出《中标通知书》

确定中标人后，我局向中标人发出《中标通知书》。

（六）签订《国有土地使用权出让合同》

我局与中标人依据《中标通知书》约定签订《国有土地使用权出让合同》。

（七）出让结果公布

我局将在此次国有土地使用权招标活动结束后10个工作日内，在________________（土地有形市场或者指定场所、媒介）公布此次国有土地使用权招标出让结果。

七、注意事项

（一）申请人须全面阅读有关招标文件，如有疑问可以在投标日以前用书面或口头方式向我局咨询。申请人可到现场踏勘招标出让地块。申请人一经投标，即视为投标人对招标文件及地块现状无异议并全面接受，并对有关承诺承担法律责任。

（二）申请人竞得土地后，拟成立新公司进行开发建设的，应在申请书中明确新公司的出资构成、成立时间等内容。我局可以根据中标结果与中标人签订《国有土地使用权出让合同》，在中标人按约定办理完新公司注册登记手续后，再与新公司签订《国有土地使用权出让合同变更协议》。[我局同意直接与新公司签订《国有土地使用权出让合同》。]

（三）本次招标不接受电话、口头投标，不允许［允许］投标人邮寄投标文件［，但以招标人在投标截止时间前收到的方为有效，具体时间以我局收到投标文件的时间为准，由我局代为投入标箱］。

（四）投标人向招标人递交的投标文件必须密封，封面必须注明拟竞投的地块编号及投标单位的名称，并由法定代表人签名和加盖公章，投标人为个人的，应注明"个人投标"字样，并由投标人签名。

（五）投标人投标后，不可撤回投标文件，但可以对已提交的投标文件进行补充说明。进行补充说明的，投标人应在招标文件要求提交投标文件的截止时间前书面通知我局并将补充文件送达。

（六）评标活动在严格保密的情况下进行。

（七）投标文件有下列情形之一的，为无效投标文件：

1. 投标文件未密封的；

2. 投标文件未加盖投标人印鉴，也未经法定代表人签署的；

3. 投标文件不齐备、内容不全或不符合规定的；

4. 投标人对同一个标的有两个或两个以上报价的；

5. 委托投标但委托文件不齐全或不符合规定的；

6. 评标小组认为投标文件无效的其他情形。

（八）对认定的无效申请和无效投标文件，我局将及时通知有关申请人和投标人。

（九）投标人的投标价均低于底价或投标条件均不能够满足标底要求的，招标活动终止。

（十）《中标通知书》对招标人和中标人具有法律效力。中标人交纳的投标保证金，在中标后转作出让地块的定金。招标人改变中标结果，或者中标人放弃中标宗地的，应当承担法律责任。

（十一）未中标人交纳的投标保证金，我局将在招标活动结束后5个工作日内予以退还，不计利息。

（十二）有下列情形之一的，招标人应当在开标前终止招标，并通知投标人：

1. 投标人串通损害国家利益、社会利益或他人合法权益的；

2. 招标工作人员、评标小组成员私下接触投标人，足以影响招标公正性的；

3. 取得投标资格的申请人不足3人的；

4. 应当依法终止招标活动的其他情形。

（十三）中标人有下列行为之一的，视为违约，招标人可取消其中标人资格，投标保证金不予退还：

1. 中标人逾期或拒绝签收《中标通知书》的；

2. 中标人逾期或拒绝签订《国有土地使用权出让合同》的。

（十四）在招标过程中，发生中标人被取消中标资格情形的，招标人可重新确定中标人或另行组织招标。

（十五）中标价即为该幅地块的总地价款，包括________________。

（十六）中标人与出让人签订《国有土地使用权出让合同》后，应当按出让合同约定支付中标价款。中标人付清全部中标价款后，依法申请办理土地登记，领取《国有土地使用证》。

（十七）招标未成交的，应当按规定由我局重新组织出让。

（十八）参加投标、开标活动的人员，应遵守现场的纪律，服从管理人员的管理。

（十九）其他事项。

……

（二十）我局对本《须知》有解释权。未尽事宜依照《招标拍卖挂牌出让国有土地使用权规范》办理。

______国土资源局

____年____月____日

2. 国有土地使用权拍卖出让须知示范文本

国有土地使用权拍卖出让须知

根据《中华人民共和国土地管理法》、《中华人民共和国城市房地产管理法》，《中华人民共和国城镇国有土地使用权出让和转让暂行条例》、《招标拍卖挂牌出让国有土地使用权规定》以及《招标拍卖挂牌出让国有土地使用权规范》等有关规定，经______人民政府批准，______国土资源局决定以拍卖方式出让______（幅）地块的国有土地使用权。

一、本次国有土地使用权拍卖出让的出让人为______国土资源局，具体组织实施由我局［自行办理］［指定或授权下属事业单位______土地交易中心承办］［委托______公司承办］。

二、本次国有土地使用权拍卖出让遵循公开、公平、公正和诚实信用原则。

三、出让地块的基本情况及规划指标要求：

（一）地块位置：______；

（二）地块范围：______；

（三）出让面积：______；

（四）土地用途：______；

（五）规划容积率：______；

（六）规划建筑密度：______；

（七）绿地率：______________________________；

（八）土地开发程度：________________________；

（九）土地使用权出让年期：________年；

（十）投资强度要求等土地使用标准：__________；

（十一）动工及竣工时间：____________________；

……

四、竞买资格及要求

中华人民共和国境内外的法人、自然人和其他组织均可申请参加，[申请人应具备的其他条件] 申请人应当 [可以] 单独申请 [，也可以联合申请]。

交纳竞买保证金的截止时间为______年____月____日____时。上述宗地的竞买保证金分别为：

1. ________号地块为人民币____________万元（大写）（¥____________）；

2. ________号地块为人民币____________万元（大写）（¥____________）；

……

五、申请和资格审查

（一）拍卖文件取得

申请人可于______年_____月_____日至______年_____月_____日，到____________（地点）获取本次拍卖出让文件，具体包括：

(1) 拍卖出让公告；

(2) 拍卖出让须知；

(3) 竞买申请书；

(4) 宗地界址图；

(5) 宗地规划指标要求；

(6) 成交确认书；

(7) 国有土地使用权出让合同；

(8) 其他相关文件。

（二）提交申请

申请人可于______年____月____日至______年____月____日，到____________（地点）向我局提交书面申请。申请文件包括：

1. 法人申请的，应提交下列文件：

（1）申请书；

（2）法人单位有效证明文件；

（3）法定代表人的有效身份证明文件；

（4）申请人委托他人办理的，应提交授权委托书及委托代理人的有效身份证明文件；

（5）竞买保证金交纳凭证；

（6）拍卖文件规定需要提交的其他文件。

2. 自然人申请的，应提交下列文件：

（1）申请书；

（2）申请人有效身份证明文件；

（3）申请人委托他人办理的，应提交授权委托书及委托代理人的身份证明文件；

（4）竞买保证金交纳凭证；

（5）拍卖文件规定需要提交的其他文件。

3. 其他组织申请的，应提交下列文件：

（1）申请书；

（2）表明该组织合法存在的文件或有效证明；

（3）表明该组织负责人身份的有效证明文件；

（4）申请人委托他人办理的，应提交授权委托书及委托代理人的身份证明文件；

（5）竞买保证金交纳凭证；

（6）拍卖文件规定需要提交的其他文件。

4. 境外申请人申请的，应提交下列文件：

（1）申请书；

（2）境外法人、自然人、其他组织的有效身份证明文件；

（3）申请人委托他人办理的，应提交授权委托书及委托代理人的有效身份证明文件；

(4) 竞买保证金交纳凭证；

(5) 拍卖文件规定需要提交的其他文件。

上述文件中，申请书必须用中文书写，其他文件可以使用其他语言，但必须附中文译本，所有文件的解释以中文译本为准。

5. 联合申请的，应提交下列文件：

(1) 联合申请各方共同签署的申请书；

(2) 联合申请各方的有效身份证明文件；

(3) 联合竞投协议，协议要规定联合各方的权利、义务，并明确签订《国有土地使用权出让合同》时的受让人；

(4) 申请人委托他人办理的，应提交授权委托书及委托代理人的有效身份证明文件；

(5) 竞买保证金交纳凭证；

(6) 拍卖文件规定需要提交的其他文件。

（三）资格审查

我局负责对拍卖出让公告规定的时间内收到的申请进行审查。按规定交纳竞买保证金、通过资格审查的，方能取得竞买资格。

经审查，有下列情形之一的，为无效申请：

(1) 申请人不具备竞买资格的；

(2) 未按规定交纳竞买保证金的；

(3) 申请文件不齐全或不符合规定的；

(4) 委托他人代理，委托文件不齐全或不符合规定的；

(5) 法律法规规定的其他情形。

（四）确认竞买人资格

经审查，申请人按规定交纳竞买保证金、具备申请条件的，我局将在______年____月____日____时前发给《竞买资格确认书》，并通知其领取竞买标志牌以及参加拍卖会。通过资格审查的申请人少于3人的，我局将依照有关规定终止拍卖。

（五）答疑及现场踏勘

申请人对拍卖出让文件有疑问的，可以在拍卖会开始前以书面或者口头方式向我局咨询。我局于______年____月____日组织申请人对拟出让地块进行现场踏勘。

六、各宗地的拍卖起叫价、增价幅度

1. ________号地块：起叫价为人民币__________万元（大写）（¥____________），增价幅度为人民币____________万元（大写）（¥____________）；

2. ________号地块：起叫价为人民币____________万元（大写）（¥____________），增价幅度为人民币____________万元（大写）（¥____________）；

……

七、拍卖程序

（一）拍卖会程序

1. 主持人宣布拍卖会开始；

2. 拍卖主持人、记录员就位；

3. 拍卖主持人宣布竞买人到场情况；

设有底价的，出让人应当现场将密封的拍卖底价交给拍卖主持人，拍卖主持人现场开启密封件。

4. 拍卖主持人介绍拍卖地块的位置、面积、用途、使用年限、规划指标要求、建设时间等；

5. 拍卖主持人宣布拍卖宗地的起叫价、增价规则和增价幅度，并明确提示是否设有底价。在拍卖过程中，拍卖主持人可根据现场情况调整增价幅度。

6. 拍卖主持人报出起叫价，宣布竞价开始；

7. 竞买人举牌应价或者报价；

8. 拍卖主持人确认该竞买人应价或者报价后继续竞价；

9. 拍卖主持人连续三次宣布同一应价或报价而没有人再应价或出价，且该价格不低于底价的，拍卖主持人落槌表示拍卖成交，并宣布最高应价者为竞得人。成交结果对拍卖人、竞得人和出让人均具有法律效力。最高应价或报价低于底价的，拍卖主持人宣布拍卖终止。

（二）确定竞得人后，拍卖人与竞得人当场签订《成交确认书》，拍卖人或竞得人不按规定签订《成交确认书》的，应当承担法律责任。竞得人拒绝签订《成交确认书》也不能对抗拍卖成交结果的法律效力。

（三）出让人与竞得人依据《成交确认书》约定签订《国有土地使用权出让合同》。

（四）出让结果公布

我局将在此次国有土地使用权拍卖会结束后10个工作日内，在__________（土地有形市场或者指定场所、媒介）公布本次国有土地使用权拍卖出让结果。

八、竞价规则

（一）本次拍卖采用增价拍卖方式，按价高者得的原则确定竞得人。

（二）竞买人以举牌方式应价，也可以报价，但报价的加价幅度不得小于拍卖主持人宣布或调整的增价幅度。

（三）本次拍卖设有底价，最后应价未达到底价时，拍卖主持人终止拍卖活动［本次拍卖为无底价拍卖］。

九、注意事项

（一）申请人须全面阅读有关拍卖文件，如有疑问可以在拍卖会开始日以前用书面或口头方式向我局咨询。申请人可到现场踏勘拍卖出让地块。申请一经受理确认后，即视为竞买人对拍卖文件及地块现状无异议并全部接受，并对有关承诺承担法律责任。

（二）申请人竞得土地后，拟成立新公司进行开发建设的，应在申请书中明确新公司的出资构成、成立时间等内容。我局可以根据拍卖结果与竞得人签订《国有土地使用权出让合同》，在竞得人按约定办理完新公司注册登记手续后，再与新公司签订《国有土地使用权出让合同变更协议》。［我局同意直接与新公司签订《国有土地使用权出让合同》。］

（三）竞买人一经应价或报价，不可撤回。

（四）确定竞得人后，竞得人在拍卖现场与拍卖人签订《成交确认书》。委托他人代签的，应提交法定代表人亲笔签名并盖章的授权委托书。《成交确认书》对拍卖人和竞得人具有法律效力，拍卖人改变拍卖结果的，或者竞得人放弃竞得宗地的，应当承担法律责任。

（五）竞得人交纳的竞买保证金，在拍卖成交后转作受让地块的定金。未竞得人交纳的竞买保证金，我局在拍卖活动结束后 5 个工作日内予以退还，不计利息。

（六）有下列情形之一的，拍卖人应当在拍卖会前终止拍卖活动，并通知竞买人：

1. 竞买人串通损害国家利益、社会利益或他人合法权益的；

2. 拍卖工作人员私下接触竞买人，足以影响拍卖公正性的；

3. 取得竞买资格的申请人不足 3 人的；

4. 应当依法终止拍卖活动的其他情形。

（七）竞得人有下列行为之一的，视为违约，拍卖人可取消其竞得人资格，竞买保证金不予退还：

1. 竞得人逾期或拒绝签订《成交确认书》的；

2. 竞得人逾期或拒绝签订《国有土地使用权出让合同》的。

（八）拍卖成交价即为该幅地块的总地价款，包括__________________。

（九）竞得人与出让人签订《国有土地使用权出让合同》后，应当按出让合同约定支付拍卖成交价款。竞得人付清全部拍卖成交价款后，依法申请办理土地登记，领取《国有土地使用证》。

（十）拍卖不成交的，应当按规定由我局重新组织出让。

（十一）参加拍卖活动的人员，应遵守现场的纪律，服从管理人员的管理。

（十二）其他事项

……

（十三）我局对本《须知》有解释权。未尽事宜依照《招标拍卖挂牌出让国有土地使用权规范》办理。

______________国土资源局

__________年______月______日

3. 国有土地使用权挂牌出让须知示范文本

国有土地使用权挂牌出让须知

根据《中华人民共和国土地管理法》、《中华人民共和国城市房地产管理法》，《中华人民共和国城镇国有土地使用权出让和转让暂行条例》、《招标拍卖挂牌出让国有土地使用权规定》以及《招标拍卖挂牌出让国有土地使用权规范》等有关规定，经__________人民政府批准，__________国土资源局决定以挂牌方式出让__________（幅）地块的国有土地使用权。

一、本次国有土地使用权挂牌出让的出让人为__________国土资源局，具体组织实施由我局［自行办理］［指定/授权下属事业单位__________土地交易中心承办］［委托__________公司承办］。

二、本次国有土地使用权挂牌出让遵循公开、公平、公正和诚实信用原则。

三、出让地块的基本情况及规划指标要求等：

（一）地块位置：________________________；

（二）地块范围：________________________；

（三）出让面积：________________________；

（四）土地用途：________________________；

（五）规划容积率：______________________；

（六）规划建筑密度：____________________；

（七）绿地率：__________________________；

（八）土地开发程度：____________________；

（九）土地使用权出让年期：______年；

（十）投资强度要求等土地使用标准：__________；

（十一）动工及竣工时间：__________________；

……

四、竞买资格及要求

中华人民共和国境内外的法人、自然人和其他组织均可申请参加，［申请人还应具备的其他条件］申请人应当［可以］单独申请［，也可以联合申请]。

交纳竞买保证金的截止时间为______年____月____日____时。上述宗地的竞买保证金分别为：

1. ________号地块为人民币__________万元（大写）(¥__________)；

2. ________号地块为人民币__________万元（大写）(¥__________)；

……

五、申请和资格审查

（一）挂牌文件取得

申请人可于______年____月____日至______年____月____日，到____________（地点）获取本次挂牌出让文件，具体包括：

（1）挂牌出让公告；

（2）挂牌出让须知；

（3）竞买申请书；

（4）挂牌出让报价单；

（5）宗地界址图；

（6）宗地规划指标要求；

（7）成交确认书；

（8）国有土地使用权出让合同；

（9）其他相关文件。

（二）提交申请

申请人可于______年____月____日至______年____月____日，到____________（地点）向我局提交书面申请。申请文件包括：

1. 法人申请的，应提交下列文件：

（1）申请书；

（2）法人单位有效证明文件；

（3）法定代表人的有效身份证明文件；

（4）申请人委托他人办理的，应提交授权委托书及委托代理人的有效身份证明文件；

(5) 竞买保证金交纳凭证；

(6) 挂牌文件规定需要提交的其他文件。

2. 自然人申请的，应提交下列文件：

(1) 申请书；

(2) 申请人有效身份证明文件；

(3) 申请人委托他人办理的，应提交授权委托书及委托代理人的身份证明文件；

(4) 竞买保证金交纳凭证；

(5) 挂牌文件规定需要提交的其他文件。

3. 其他组织申请的，应提交下列文件：

(1) 申请书；

(2) 表明该组织合法存在的文件或有效证明；

(3) 表明该组织负责人身份的有效证明文件；

(4) 申请人委托他人办理的，应提交授权委托书及委托代理人的身份证明文件；

(5) 竞买保证金交纳凭证；

(6) 挂牌文件规定需要提交的其他文件。

4. 境外申请人申请的，应提交下列文件：

(1) 申请书；

(2) 境外法人、自然人、其他组织的有效身份证明文件；

(3) 申请人委托他人办理的，应提交授权委托书及委托代理人的有效身份证明文件；

(4) 竞买保证金交纳凭证；

(5) 挂牌文件规定需要提交的其他文件。

上述文件中，申请书必须用中文书写，其他文件可以使用其他语言，但必须附中文译本，所有文件的解释以中文译本为准。

5. 联合申请的，应提交下列文件：

(1) 联合申请各方共同签署的申请书；

(2) 联合申请各方的有效身份证明文件；

(3) 联合竞投协议，协议要规定联合各方的权利、义务，并明确签订《国有土地使用权出让合同》时的受让人；

(4) 申请人委托他人办理的，应提交授权委托书及委托代理人的有效身份证明文件；

(5) 竞买保证金交纳凭证；

(6) 挂牌文件规定需要提交的其他文件。

(三) 资格审查

我局负责对挂牌出让公告规定的时间内收到的申请进行审查。按规定交纳竞买保证金、通过资格审查的，方能取得竞买资格。

经审查，有下列情形之一的，为无效申请：

(1) 申请人不具备竞买资格的；

(2) 未按规定交纳竞买保证金的；

(3) 申请文件不齐全或不符合规定的；

(4) 委托他人代理，委托文件不齐全或不符合规定的；

(5) 法律法规规定的其他情形。

(四) 确认竞买人资格

经审查，申请人按规定交纳竞买保证金、具备申请条件的，我局将在______年____月____日____时前发给《竞买资格确认书》确认其竞买资格，并通知其参加挂牌活动。

(五) 答疑及现场踏勘

申请人对挂牌出让文件有疑问的，可在挂牌活动开始前以书面或者口头方式向我局咨询。我局于______年____月____日组织申请人对拟出让地块进行现场踏勘。

六、本次挂牌出让活动有关时间

挂牌时间为 10 个工作日，不包括法定节假日。具体如下：

1. 挂牌起始时间：______年____月____日____时；

2. 挂牌截止时间：各挂牌地块由挂牌主持人分别在下列时间主持确定挂牌截止：

(1) ____号地块：______年____月____日____时；

(2) ____号地块：______年____月____日____时；

……

3. 接受挂牌报价时间：挂牌期间上午____时至____时和下午____时至____时。

七、各宗地的挂牌起始价、增价幅度

1. ________号地块：起始价为人民币__________万元（大写）（￥__________），增价幅度为人民币__________万元（大写）（￥__________）；

2. ________号地块：起始价为人民币__________万元（大写）（￥__________），增价幅度为人民币__________万元（大写）（￥__________）；

……

八、挂牌程序

（一）公布挂牌信息

1. 挂牌人将有关宗地的位置、面积、用途、使用年期、规划要求、起始价、增价规则及增价幅度等挂牌公布；

2. 挂牌主持人介绍各地块的情况。

（二）挂牌竞价

1. 挂牌主持人介绍挂牌起始价、增价幅度等竞价规则，宣布挂牌竞价开始；

2. 竞买人填写《挂牌竞买报价单》进行报价；

3. 挂牌主持人收到《挂牌竞买报价单》后，对报价单予以审核，对符合规定的报价予以确认；

4. 挂牌主持人确认该报价后，更新显示挂牌价格，继续接受新的报价。

（三）挂牌截止

挂牌截止应当由挂牌主持人主持确定。设有底价的，出让人应当在挂牌截止前将密封的挂牌底价交给挂牌主持人，挂牌主持人现场打开密封件。在公告规定的挂牌截止时间，竞买人应当出席挂牌现场，挂牌主持人宣布最高报价及其报价者，并询问竞买人是否愿意继续竞价。

1. 各地块由挂牌主持人分别在下列时间主持确定挂牌截止：

（1）____号地块：______年____月____日____时；

（2）____号地块：______年____月____日____时；

……

2. 挂牌主持人宣布最高报价及其报价者，并询问竞买人是否愿意继续竞价。

3. 有竞买人表示愿意继续竞价的，即属于挂牌截止时有两个或两个以上竞买人要求报价的情形，挂牌主持人应当宣布挂牌出让转入现场竞价，并宣布现场竞价的时间和地点，通过现场竞价确定竞得人。

4. 挂牌主持人连续三次报出最高挂牌价格，没有竞买人表示愿意继续竞价的，挂牌主持人宣布挂牌活动结束，并按下列规定确定挂牌结果：

（1）最高挂牌价格不低于底价的，挂牌主持人宣布挂牌成交，最高挂牌价格的出价人为竞得人；

（2）最高挂牌价格低于底价的，挂牌主持人宣布挂牌不成交。

（四）现场竞价

现场竞价由土地招标拍卖挂牌主持人主持进行，取得该宗地挂牌竞买资格的竞买人均可参加现场竞价。现场竞价按下列程序举行：

（1）挂牌主持人应当宣布现场竞价的起始价、竞价规则和增价幅度，并宣布现场竞价开始。现场竞价的起始价为挂牌活动截止时的最高报价增加一个加价幅度后的价格。

（2）参加现场竞价的竞买人按照竞价规则应价或报价。

（3）挂牌主持人确认该竞买人应价或者报价后继续竞价。

（4）挂牌主持人连续三次宣布同一应价或报价而没有人再应价或报价，且该价格不低于底价的，挂牌主持人宣布最高应价或报价者为竞得人。最高应价或报价低于底价的，挂牌主持人宣布现场竞价终止。

在现场竞价中无人参加竞买或无人加价的，以挂牌截止时出价最高者为竞得人，但低于挂牌出让底价者除外。

（五）签订《成交确认书》

确定竞得人后，挂牌人与竞得人当场签订《成交确认书》。竞得人拒绝签订《成交确认书》也不能对抗挂牌成交结果的法律效力。

（六）签订《国有土地使用权出让合同》

出让人与竞得人依据《成交确认书》约定签订《国有土地使用权出让合同》。

（七）出让结果公布

我局将在本次国有土地使用权挂牌出让活动结束后10个工作日内，在＿＿＿＿＿＿＿＿（土地有形市场或者指定的场所、媒介）公布本次国有土地使用权挂牌出让结果。

九、报价规则

（一）本次挂牌以价高者得为原则确定竞得人。

（二）本次挂牌以增价方式进行报价，每次加价幅度不得小于挂牌主持人宣布的增价幅度。

（三）竞买人以填写《挂牌竞买报价单》方式报价，《挂牌竞买报价单》一经报出，不得撤回。

（四）在报价期间，竞买人可多次报价。

（五）竞买人报价有下列情形之一的，为无效报价：

（1）报价单未在挂牌期限内收到的；

（2）不按规定填写报价单的；

（3）报价单填写人与竞买申请文件不符的；

（4）报价不符合报价规则的；

（5）报价不符合挂牌文件规定的其他情形。

（六）有两个或两个以上竞买人报价相同的，确认先提交报价单者为该挂牌价格的出价人。

十、注意事项

（一）申请人须全面阅读有关挂牌文件，如有疑问可以在挂牌活动开始日以前用书面或口头方式向我局咨询。申请人可到现场踏勘挂牌出让地块。申请一经受理确认后，即视为竞买人对挂牌文件及地块现状无异议并全部接受，并对有关承诺承担法律责任。

（二）申请人竞得土地后，拟成立新公司进行开发建设的，应在申请书中明确新公司的出资构成、成立时间等内容。我局可以根据挂牌出让结果与竞得人签订《国有土地使用权出让合同》，在竞得人按约定办理完新公司注册登记手续后，再与新公司签订《国有土地使用权出让合同变更协议》。[我局同意直接与新公司签订《国有土地使用权出让合同》。]

（三）本次挂牌地块均设有挂牌底价，在挂牌活动结束前须严格保密［本次挂牌为无底价挂牌］。

（四）竞买报价单一经提交，不可撤回。

（五）确定竞得人后，竞得人在挂牌现场与挂牌人签订《成交确认书》。委托他人代签的，应提交法定代表人亲笔签名并盖章的授权委托书。《成交确认书》对挂牌人和竞得人具有法律效力，挂牌人改变挂牌结果的，或者竞得人放弃竞得宗地的，应当承担法律责任。

（六）竞得人交纳的竞买保证金，挂牌成交后转作受让地块的定金。未竞得人交纳的竞买保证金，我局在挂牌活动结束后5个工作日内予以退还，不计利息。

（七）有下列情形之一的，挂牌人应当在挂牌开始前终止挂牌活动，并通知竞买人：

1. 竞买人串通损害国家利益、社会利益或他人合法权益的；

2. 挂牌工作人员私下接触竞买人，足以影响挂牌公正性的；

3. 应当依法终止挂牌活动的其他情形。

（八）竞得人有下列行为之一的，视为违约，挂牌人可取消其竞得人资格，竞买保证金不予退还：

1. 竞得人逾期或拒绝签订《成交确认书》的；

2. 竞得人逾期或拒绝签订《国有土地使用权出让合同》的。

（九）挂牌成交价即为该幅地块的总地价款，包括____________________。

（十）竞得人与出让人签订《国有土地使用权出让合同》后，应当按出让合同约定支付挂牌成交价款。竞得人付清全部挂牌成交价款后，依法申请办理土地登记，领取《国有土地使用证》。

（十一）挂牌不成交的，应当按规定由我局重新组织出让。

（十二）参加挂牌活动的人员，应遵守现场的纪律，服从管理人员的管理。

（十三）其他事项。

……

（十四）我局对本《须知》有解释权。未尽事宜依照《招标拍卖挂牌出让国有土地使用权规范》办理。

__________国土资源局

______年____月____日

附录D 投标［竞买］申请书示范文本

投标［竞买］申请书

__________国土资源局：

经认真阅读编号为____地块的招标［拍卖］［挂牌］出让文件，我方完全接受并愿意遵守你局国有土地使用权招标［拍卖］［挂牌］出让文件中的规定和要求，对所有文件均无异议。

我方现正式申请参加你局于______年_____月_____日在__________（地点）举行的__________地块国有土地使用权招标［拍卖］［挂牌］活动。

我方愿意按招标［拍卖］［挂牌］出让文件规定，交纳投标［竞买］保证金人民币__________万元（大写）（￥__________）。

若能中标［竞得］该地块，我方保证按照国有土地使用权招标［拍卖］［挂牌］出让文件的规定和要求履行全部义务。

若我方在国有土地使用权招标［拍卖］［挂牌］出让活动中，出现不能按期付款或有其他违约行为，我方愿意承担全部法律责任，并赔偿由此产生的损失。

特此申请和承诺。

附件：

1. ____________________；
2. ____________________；

……

申 请 人：____________________（加盖公章）

法定代表人（或授权委托代理人）签名：________

联 系 人：____________________

地 址：____________________

邮政编码：________________

电　　话：________________

申请日期：______年____月____日

附录 E　投标［竞买］资格确认书示范文本

投标［竞买］资格确认书

______________（投标［竞买］人名称）：

你方提交的对____号地块的投标［竞买］申请书及相关文件资料收悉。经审查，你方已按规定交纳了投标［竞买］保证金，所提交文件资料符合我方本次招标［拍卖］［挂牌］出让文件的规定和要求，现确认你方具备参加本次国有土地使用权投标［拍卖竞买］［挂牌竞买］资格。请持此《投标［竞买］资格确认书》参加我局于______年____月____日____时在______________（地点）举行的国有土地使用权招标［拍卖］［挂牌］活动。

______国土资源局

______年____月____日

附录 F　国有土地使用权招标出让投标书示范文本

国有土地使用权招标出让投标书

______________国土资源局：

经认真阅读____号地块招标出让文件和现场踏勘，我方完全接受招标出让文件中的规定和要求，愿意以人民币__________万元（大写）（￥__________）的价格竞投该地块国有土地使用权。按照招标文件规定，我方随本标书一同提交以下文件：

（1）__________________；

（2）__________________；

……

我方承诺，所提交的标书及相关文件真实准确。

我方已按招标出让文件的规定，交纳了人民币__________万元（大写）（￥__________）的投标保证金。我方承诺，在接到你局发出的《中标通知书》后，将按约定及时签订《国有土地使用权出让合同》。如果我方未在规定期限内签订《国有土地使用权出让合同》，或不能按《国有土地使用权出让合同》约定交付全部中标价款，或违反招标文件的规定，或不履行本投标书承诺等，均可被视为违约，你局可不退还我方交纳的投标保证金。

在《中标通知书》发出后、《国有土地使用权出让合同》签订及履行以前，本标书为你局与我方之间具有法律约束力的文件。

其他需要说明的事项：________________

投 标 人：________________（加盖公章）

法定代表人（或授权委托代理人）签名：________

联 系 人：________________

地　　址：________________

邮政编码：________________

电　　话：________________

投标日期：______年____月____日

附录 G　国有土地使用权挂牌出让竞买报价单示范文本

国有土地使用权挂牌出让竞买报价单

竞买人编号：____________

地块编号		由竞买人填写
竞买报价	人民币____________万元（大写） ¥____________	
竞 买 人	名称：　　　　　　　（加盖公章）	
法定代表人（或授权委托代理人）	（签名）	
收到报价时间	____年____月____日____时____分	由挂牌主持人填写
挂牌主持人	（签名）	
确认时间	____年____月____日____时____分	

附录 H　授权委托书示范文本

授权委托书

委托人		受托人	
姓　名		姓　名	
性　别		性　别	
出生日期		出生日期	
工作单位		工作单位	
职　务		职　务	
证件号码	身份证（　）护照（　）	证件号码	身份证（　）护照（　）

本人授权＿＿＿＿＿＿＿（受托人）代表本人参加＿＿＿年＿＿月＿＿日在＿＿＿＿＿＿＿（地点）举办的编号为＿＿地块的国有土地使用权招标［拍卖］［挂牌］出让活动，代表本人签订《国有土地使用权出让合同》等具有法律意义的文件、凭证等。

受托人在该地块招标［拍卖］［挂牌］出让活动中所做出的承诺、签署的合同或文件，本人均予以承认，并承担由此产生的法律后果。

委托人（签名）：＿＿＿＿＿＿＿

＿＿＿年＿＿月＿＿日

备注	兹证明本委托书确系本单位法定代表人＿＿＿＿＿＿＿亲自签署。 （单位公章） ＿＿＿年＿＿月＿＿日

附录 I　中标通知书示范文本

中标通知书

＿＿＿＿＿＿＿＿（中标人名称）：

现确定你方为编号＿＿＿地块的国有土地使用权招标出让中标人，有关事项通知如下：

该地块中标单价为每平方米人民币＿＿＿＿＿＿元（大写）（￥＿＿＿＿＿＿＿），总价为人民币＿＿＿＿＿＿万元（大写）（￥＿＿＿＿＿＿）。其中，出让金单价为每平方米人民币＿＿＿＿＿＿元

（大写）（¥____________），总价为人民币____________万元（大写）（¥____________）。

本《中标通知书》一经签发，即视为成交。你方交纳的投标保证金，自动转作受让地块的定金。你方应当于______年____月____日之前，持本《中标通知书》到________________（地点）与________________国土资源局签订《国有土地使用权出让合同》。不按期签订《国有土地使用权出让合同》的，视为你方放弃中标资格，你方应承担相应法律责任。

本《中标通知书》一式____份，招标人执____份，中标人执____份。

特此通知。

招标人：________________（加盖公章）

______年____月____日

附录J　成交确认书示范文本

成交确认书

在______年____月____日________________（地点）举办的国有土地使用权拍卖［挂牌］出让活动中，________________（竞得人）竞得编号____地块的国有土地使用权。现将有关事项确认如下：

该地块成交单价为每平方米人民币____________元（大写）（¥____________），总价为人民币____________万元（大写）（¥____________）。其中，出让金单价为每平方米人民币____________元（大写）（¥____________），总价为人民币____________万元（大写）（¥____________）。

竞得人交纳的竞买保证金，自动转作受让地块的定金。________________（竞得人）应当于______年____月____日之前，持本《成交确认书》到________________（地点）与________________国土资源局签订《国有土地使用权出让合同》。不按期签订《国有土地使用权出让合同》的，视为竞得人放弃竞得资格，竞得人应承担相应法律责任。

本《成交确认书》一式____份，拍卖［挂牌］人执____份，竞得人执____份。

特此确认。

拍卖［挂牌］人：________________

竞　得　人：________________

______年______月______日